El lobo de la inversión

El lobo de la inversión

Mis secretos para ganar una fortuna en Wall Street

JORDAN BELFORT

Traducción de Diego Sánchez de la Cruz

EDICIONES DEUSTO

Título original: *The Wolf of Investing*

Publicado por acuerdo con el editor original, Gallery Books,
una división de Simon & Schuster, Inc.

© de la traducción: Diego Sánchez de la Cruz, 2024

© Centro de Libros PAPF, SLU., 2024
Deusto es un sello editorial de Centro de Libros PAPF, SLU.
Av. Diagonal, 662-664
08034 Barcelona
www.planetadelibros.com

Diseño de la colección: Sylvia Sans Bassat

Primera edición: mayo de 2024
Depósito legal: B. 6.121-2024
ISBN: 978-84-234-3723-8
Composición: Realización Planeta
Impresión y encuadernación: Rotoprint by Domingo, S. L.
Printed in Spain - Impreso en España

PEFC Certificado
Este libro procede de bosques gestionados de forma sostenible
PEFC
PEFC/14-38-00305
www.pefc.es

A mi increíble esposa Cristina;
gracias por todo tu apoyo y toda tu paciencia

Sumario

1

La historia de Fernando y Gordita

«¡Increíble! —pensé—. Mi cuñado Fernando tiene el toque Midas..., pero ¡al revés! Cada inversión que toca, cada acción, cada título, cada moneda, cada token, cada maldito NFT..., ¡todos resultan ser una absoluta mierda!»

Eran poco más de las nueve de la noche. Yo estaba sentado en el comedor del elegante apartamento de Fernando en Buenos Aires, revisando sus extractos bancarios y sus operaciones de corretaje, y ésa fue la triste impresión que vino a mi cerebro. Dicho con pocas palabras, aquella cartera era un auténtico desastre.

A raíz de una serie de malas operaciones y de inversiones poco oportunas, Fernando había perdido el 97 por ciento de su capital en los dos últimos meses, dejando el saldo de su cuenta corriente en unos miserables 3.000 dólares. El resto de su dinero, poco más de 97.000 dólares, se había desvanecido en el aire, como un pedo en el viento.

Peor aún, las pérdidas se produjeron durante una época de relativa paz y estabilidad en los mercados de acciones y criptomonedas, que eran precisamente los dos campos donde se habían concentrado sus decisiones de inversión. Así que las implicaciones de todo esto eran innegables y obvias.

Mi cuñado no tenía a nadie a quien culpar más que a sí mismo.

Después de todo, si los mercados en los que Fernando había invertido se hubieran derrumbado, o si al menos hubieran bajado sustancialmente justo después de haber invertido en ellos, sus pérdidas podrían haber resultado más fáciles de explicar y de entender. De hecho, hay un viejo dicho popular en Wall Street que recuerda que «cuando sube la marea, todos los barcos se elevan». Dicho con otras palabras: cuando el mercado de valores está subiendo, el precio de cualquier acción cotizada tenderá a subir y, de igual manera, cuando el mercado de valores está bajando, el coste de cualquier título tenderá a caer. Por supuesto, esto ocurre en todo tipo de mercados. Lo vemos en el mercado de bonos, el mercado de materias primas, el mercado de criptomonedas, el mercado inmobiliario, el mercado del arte o el mercado de seguros, por nombrar algunos.

La conclusión es que, cuando un mercado en particular está experimentando una fuerte corriente alcista, casi podría decirse que puedes elegir un título tirando un dardo y lo más probable es que acabes ganando dinero. No hace falta un talento innato y genial ni es preciso contar con un agudo sexto sentido para estos temas. Tampoco se requiere una formación especializada. El mercado hace el 99 por ciento del trabajo por ti.

Es una premisa simple, ¿verdad?

El único problema es que, por sencillo que parezca todo esto en tiempos normales, las cosas se complican mucho más cuando estamos ante un mercado alcista más prolongado y dilatado en el tiempo. Son momentos de exuberancia irracional: el mercado está en auge, los chats echan humo, los expertos te bombardean y Twitter (ahora X) plantea que la fiesta no parece tener final. Y es entonces cuando la naturaleza humana se afianza y asume esa forma de pensar.

De repente, inversores aficionados que saben tanto de acciones ordinarias como de ganado empiezan a creer que son expertos y se dedican a comprar y vender a un ritmo feroz. Animados por la creencia inquebrantable de que su nuevo y repentino éxito es el resultado de su brillantez y su capacidad innata, su confianza se fortalece cada día que pasa. Sus estrategias de inversión son, casi en su totalidad, de corto plazo.

Cuando apuestan bien, obtienen rápidamente ganancias que actúan como una buena dosis de dopamina a la hora de reforzar su comportamiento. (El hecho de que las acciones sigan cotizando al alza tras la venta no les importa. «Una ganancia es una ganancia», se dicen. «¡Nadie ha quebrado ganando dinero!», se confían.) En cambio, cuando apuestan mal, simplemente promedian a la baja —«comprar la caída», como dice la frase— y dejan que la marea creciente los saque de apuros. ¿Por qué deberían hacer otra cosa? ¡Eso es lo que la mafia tuitera les dice que hagan! Además, siempre les ha funcionado en el pasado, ¿no? ¡El mercado siempre vuelve!

Mmm... No exactamente.

En realidad, los mercados suben y caen, y cuando simplemente se desploman (caso del estallido de la burbuja de las puntocom en 1999 o del pinchazo de la burbuja inmobiliaria en 2008), lo cierto es que los precios de las acciones se mueven mucho más rápida y violentamente que cuando el mercado está subiendo. Pregúntale a cualquier inversor profesional que tenga más de unos pocos años de experiencia y, sin duda, te dirá exactamente esto mismo.

Pero, de momento, volvamos a la historia de Fernando, que ciertamente no podía culpar al mercado del maltrecho estado de su cartera de inversiones —al menos no a primera vista.

Repasemos los detalles...

Durante el período de sesenta días en el que se produjeron las pérdidas (del 8 de febrero al 8 de abril de 2022), los dos mercados en los que Fernando había invertido se habían mantenido básicamente planos, lo que en el lenguaje de Wall Street significa que no habían subido ni bajado de manera significativa.

Más específicamente, el S&P 500, un índice selectivo que sirve como punto de referencia para la bolsa estadounidense en general, cotizaba a 4.521,54 dólares el 8 de febrero y alcanzaba los 4.488,28 dólares el 8 de abril, lo que se traduce en una modesta caída de apenas el 0,7 por ciento. Por otro lado, el bitcoin, la criptomoneda más popular de dicho segmento del mercado, se cambiaba por 44.340 dólares el 8 de febrero y por 42.715 dólares el 8 de abril, lo que también se traduciría en una disminución modesta de apenas un 3,7 por ciento. De modo que hablamos de correcciones muy moderadas si se comparan con la pérdida del 97 por ciento que había sufrido Fernando.

Sin embargo, para ser justo con mi cuñado, he de decir que en este análisis únicamente estoy comparando el día 1 y el día 60 de todo el período, lo que puede resultar engañoso. Si Fernando se hubiera apegado a la estrategia de *buy and hold*, o comprar y mantener (es decir, si hubiese mantenido cada una de sus compras hasta al menos el día 60), entonces habría bastado con hacer el cálculo anterior para entender la historia por completo.

Sin embargo, es evidente que ése no fue el caso.

De un vistazo rápido, me topé con docenas de órdenes de venta en los extractos bancarios, lejos de lo que implica una estrategia de comprar y mantener, que implica mantener la posición inversora durante un período más prolongado de tiempo, con independencia de las fluctuaciones de precios. Así pues, se trata de un esfuerzo por capitalizar el potencial de crecimiento a largo plazo que tiene una inversión bien elegida.

Por tanto, para tener una foto más completa y precisa de lo que realmente ocurrió, no se pueden mirar sólo los días 1 y 60, sino que también hay que estudiar lo que pasó en medio. Después de todo, el mercado de criptomonedas es mucho más volátil que la bolsa estadounidense (si bien el selectivo también tiene sus momentos complicados, especialmente en tiempos de gran miedo e incertidumbre o ante la irrupción de un cisne negro).[1] Por lo tanto, dependiendo de lo agresivo que hubiese sido Fernando en sus operaciones, las pérdidas podrían haberse derivado de las severas oscilaciones diarias que se pueden llegar a dar en el precio de cambio de la criptomoneda.

Dicho con otras palabras, en lugar de seguir el antiguo axioma comercial que anima a «comprar barato y vender caro», em-

1. Como cisne negro se alude a un evento raro e inesperado que tiene un impacto devastador en el mercado de valores y la economía. Como no pueden anticiparse, los cisnes negros nos cogen a todos por sorpresa, de modo que hacen mella en los bancos, los inversores, los políticos, los medios de comunicación...

pecé a considerar que lo que podía haber pasado era que mi cuñado había estado «comprando caro y vendiendo barato», incurriendo en este error una y otra vez hasta ver que casi todo su dinero se había esfumado.

Así pues, con todo eso en mente, vale la pena echar otro vistazo a los índices de referencia que analizamos antes, pero esta vez lo haremos tomando en consideración la volatilidad diaria. ¿Quizá es eso lo que explica las pérdidas tan fuertes que sufrió Fernando en un momento que, en teoría, fue de relativa estabilidad en los mercados?

Veamos. A continuación se muestra una representación visual de la volatilidad diaria de los dos índices de referencia que hemos empleado, cubriendo el período que va desde el 8 de febrero hasta el 8 de abril de 2022.

Grafico 1.1. Precio diario, a cierre de mercado (8/2/2022 a 8/4/2022)

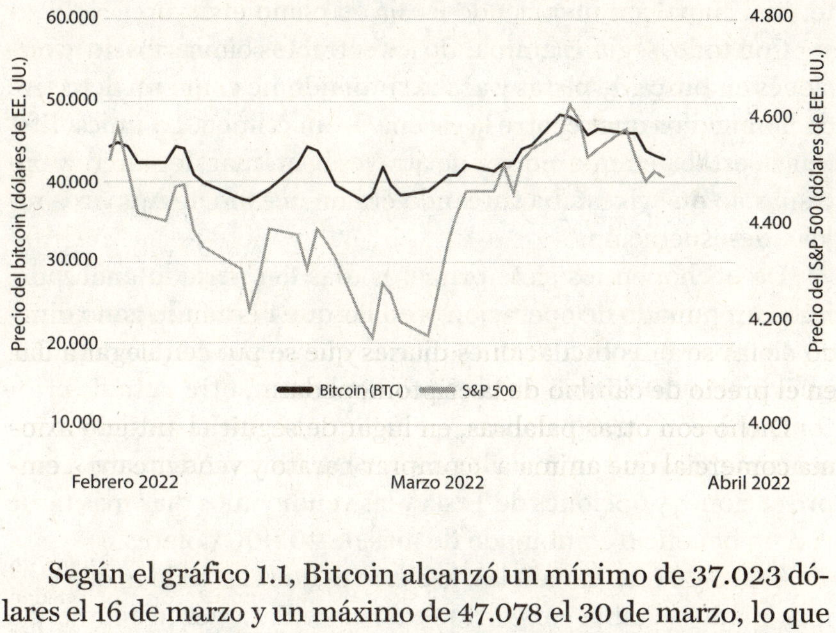

Según el gráfico 1.1, Bitcoin alcanzó un mínimo de 37.023 dólares el 16 de marzo y un máximo de 47.078 el 30 de marzo, lo que supone una variación del 21 por ciento entre el pico y el valle observados a lo largo del período de 60 días en el que Fernando sufrió sus pérdidas. En cuanto al S&P, que por lo general es mucho menos volátil, tuvo un mínimo de 4.170 dólares el 8 de marzo y un máximo de 4.631 el 30 de marzo, lo que representa una variación negativa del 9 por ciento entre el máximo y el mínimo.

Entonces, dados estos nuevos datos, ya podía hacerme la pregunta de los 97.000 dólares.

Considerada la volatilidad diaria, y a pesar de que el mercado había estado aparentemente estable a lo largo del período analizado, ¿acaso podía decirse que Fernando había sido una víctima inocente de un mercado que, en ciertas fases del ciclo estable, experimentó un rápido descenso en el que se hundieron muchas carteras, incluida la suya? Ésta era una posibilidad sugerente. Pero, intuitivamente, pensé que no podía ser ese caso.

Para que la anterior hipótesis fuera cierta, Fernando tendría que haberse jugado toda su cartera en cada una de sus operaciones y, además, debería haber invertido siempre en el peor momento posible. Sería el equivalente a equivocarse continuamente, cual Napoleón invadiendo Rusia en pleno invierno.

Con todo, seguí examinando los extractos bancarios de inversiones en busca de pistas y acabé sintiéndome como un detective de homicidios que recorre la escena de un crimen. La única diferencia estaba en que, en vez de atravesar un mar de sangre y entrañas, lo que yo estaba surcando era un océano de números rojos y desesperación.

De hecho, en los siete primeros días del período analizado, hubo un puñado de operaciones en las que Fernando ganó dinero. Compró Bitcoin a 41.000 dólares y lo vendió cuatro días después a 45.000. También compró Ethereum, otra casa de criptomonedas, a 2.900 dólares, para liquidar dicha posición una semana después con un valor de 3.350 dólares. Asimismo, compró acciones y opciones de Tesla y las vendió unos días más tarde con un beneficio combinado de más de 20.000 dólares.

Salvando esas ganancias, lo cierto es que casi todo lo que tocó mi cuñado se había convertido casi inmediatamente en mierda. Peor aún, su actividad inversora se había intensificado día tras día, hasta el punto de que, al final de la tercera semana, casi parecía reflejar la operativa de un *trader* dedicado a tiempo completo a estas operaciones.[2]

Como suele ocurrir, el éxito inicial cosechado por Fernando había aumentado su confianza, animándolo a hacer apuestas cada vez más grandes y a operar con mayor frecuencia. Y así, sin más, fue como se produjo el baño de sangre.

A mediados de la segunda semana, ya no había ganancias a la vista.

Lo único que quedaba eran pérdidas en una y otra operación, pérdidas que además iban en aumento conforme pasaba el tiempo.

Al comienzo de la tercera semana, su toque de Midas invertido estaba desplegando toda su magia y su maldad. La suerte ya estaba echada. Su capital cayó por debajo de los 50.000 dólares y su desesperación se tradujo en apuestas descomunales, con la compra de todo tipo de acciones especulativas, desde acciones sin apenas valor (denominadas *penny stocks*) a criptomonedas sin valor alguno (conocidas en el mundillo como *shitcoins*).

Al llegar la sexta semana, todo había llegado a su fin. Mi cuñado no había realizado una sola operación ganadora en un mes, y el saldo de su cuenta era inferior a 10.000 dólares e iba camino de los 3.000, en los cuales terminó.

¿Cómo puede una persona estar equivocada de forma tan sistemática? No paraba de hacerme esa pregunta.

Y la verdad es que era una buena pregunta, especialmente teniendo en cuenta qué tipo de persona es Fernando. Cuando pienso en él, lo cierto es que desprende una imagen de persona de éxito y empoderamiento financiero. Tiene poco más de cuarenta años y es ciertamente un hombre brillante, trabajador, con

2. Un *trader* dedicado a diario a comprar y vender acciones formaliza un muy amplio volumen de operaciones con el objetivo de capitalizar los vaivenes diarios que puedan experimentar los precios del mercado. Por lo general, todas las posiciones abiertas a lo largo de la jornada se venden a cierre de mercado para evitar el riesgo de que la siguiente jornada se pueda inaugurar con pérdidas debido a algún evento adverso.

educación universitaria, bien conectado socialmente, un emprendedor exitoso y, además, una persona elegante a la hora de vestir. Su negocio se centra en la fabricación de metales, y posee una gran planta manufacturera a las afueras de Buenos Aires.

Recién casado, reside con su joven esposa, Gordita, y su estrafalariamente guapo hijo de dos años, Vittorio, en un apartamento de tres dormitorios que está impecablemente decorado y ocupa todo el piso 33 de una torre de cristal que se eleva hasta 46 alturas sobre uno de los barrios más elegantes y seguros de la capital argentina.

Aquella noche, Gordita estaba sentada a mi izquierda, vestida con una blusa sin mangas de lino blanco y con una expresión de manifiesta preocupación. ¡Pobre Gordita! No podía entender la maltrecha cartera de inversiones de su marido. Me sentí realmente triste por ella. Sin embargo, incluso entonces, en aquel momento tan tenso, me resultaba difícil mirarla a los ojos, llamarla por su nombre y evitar la risa. Después de todo, aunque se llame Gordita, lo cierto es que mide 1,55, pesa menos de 50 kilos, es rubia y su aspecto es el de una mujer absolutamente hermosa.

Para mí sigue siendo un misterio por qué todo el mundo la llama Gordita, aunque me han dicho que los argentinos usan el término con cariño —salvo cuando hablamos de alguien que sí esté «gordito», en cuyo caso se buscan otros apelativos—. Desconcertado, me pregunté si quizá acostumbraba a participar en esos concursos de engullir perritos calientes. En fin...

Sea cual sea el caso, el hecho es que mi cuñada es básicamente una contradicción andante. Gordita no es su nombre real, sino Ornella, pero nadie la llama así, puesto que todos han incorporado ese apodo totalmente carente de sentido. La hermana mayor de Gordita, Cristina, es mi cuarta esposa (pero, en fin, ¿quién lleva la cuenta de esas cosas?), y guarda un extraño parecido con ella.

En aquel momento preciso, Gordita estaba inclinada hacia delante en su asiento. Estaba consternada. Tenía la cabeza entre las manos, los codos sobre la mesa y el torso encorvado en un ángulo de cuarenta y cinco grados. Movía lentamente la cabeza hacia delante y hacia atrás, como preguntándose «¿cuándo diablos termina esta pesadilla?».

Tenía sentido que se hiciese esa pregunta.

Al fin y al cabo, Gordita solamente había estado involucrada de manera marginal en las actividades inversoras de Fernando, y sus aportaciones a la causa siempre llegaron *a posteriori* como mera expresión de la orientación que brinda una esposa a su cónyuge. Evidentemente, puesto que las cosas iban como iban, la orientación era la que cabe esperar cuando alguien está dejando a cero una cuenta de inversión. Hablo de orientaciones del tipo: «¿Qué diablos te pasa, Fernando? ¿Has perdido la maldita cabeza? ¿Por qué no te ciñes a lo que sabes, cierras la maldita cuenta de Robinhood y vuelves a tu estúpida fábrica de metal? ¡Al menos así no acabaremos viviendo en la calle!».

Para complicarle aún más las cosas a Fernando, Gordita es como uno de esos asistentes fantásticos que son muy organizados y prestan mucha atención a los detalles. Es capaz de memorizar las fechas de vencimiento del permiso de conducir o los números de pasaporte de cada miembro de la familia, incluyendo a Cristina y a mí mismo. Dicho de otro modo: de tonta no tiene ni un pelo.

Esa noche, sin embargo, las cosas cambiaron.

Era uno de esos raros casos en los que Gordita confiaba la tarea a su hermana Cristina en busca de su apoyo como intérprete. Mi mujer se sentó a mi derecha, frente a Fernando y Gordita. Sin embargo, había un gran obstáculo para sacar adelante la tarea de interpretación que requería la noche: a saber, lo ridículamente rápido que habla Gordita. De hecho, cuando abre la boca es como si alguien disparase con una ametralladora Gatling de fabricación española, aunque cargada con palabras, y no con balas. Y así habla cuando está tranquila, porque en aquel momento pude ver que la cosa era aún peor cuando estaba enfadada.

—¡No entiendo! —espetó Gordita—. ¿Cómo ha perdido nuestro dinero tan rápido? ¡Es una locura! ¡La bolsa ni siquiera ha bajado! Lo he vuelto a comprobar esta mañana... ¡Mira! —Gordita señaló la pantalla de su iPhone, donde estaba visualizando una aplicación en la que se podía consultar la evolución del mercado de valores—. Lo tengo aquí. ¡Mira! De hecho, la cotización está más alta hoy que cuando él empezó a invertir. ¡Y ahora ya no nos queda nada! ¿Como es posible? ¡No puede ser! ¡Esto no debería pasar!

A pesar de tener un dominio razonable del español, apenas pude comprender las primeras palabras de Gordita y sus continuos «no entiendo». Todo lo demás pasó a mi lado como una ráfaga de viento. Me volví hacia Cristina. Levanté las palmas de las manos y las cejas, como diciendo: «¿Ves lo que quiero decir? ¡Nadie entiende a tu hermana! Es ridículo...». Cristina se encogió de hombros.

—Es que está frustrada —me transmitió.

—Sí, eso sí lo he entendido. He escuchado que decía que es imposible... —Me volví hacia Gordita y le dije lentamente en inglés—: Gordita, ¿tú... has pronunciado... la palabra... *imposible*?

—Sí, imposible —respondió ella, en un inglés con mucho acento—. Pero Fernando ha hecho posible lo imposible...

Mi cuñado estaba sentado a la izquierda de Gordita, mirando un conjunto de extractos bancarios duplicados y sacudiendo la cabeza lentamente. Vestía un polo impecable y se le podía adivinar un atisbo de sonrisa irónica, como diciendo: «Sí, definitivamente, la cagué, pero sigo siendo rico, así que no es el fin del mundo, ¿no es cierto?». Era el tipo de sonrisa que todo marido intenta desesperadamente reprimir en una situación así, porque sabe que eso solamente hace que su esposa se enfade más y pregunte: «¿Por qué diablos estás tan contento? ¿Sabes cuántos bolsos de Chanel podría haberme comprado con el dinero que has perdido?».

Volví a mirar a Cristina:

—¿Qué más ha dicho?

—Ella no entiende cómo perdieron su dinero tan rápido. No le ve sentido alguno. Descargó una aplicación en su teléfono que dice que deberían haber ganado dinero, no perderlo, porque el mercado de valores ha evolucionado al alza. Ella no ve cómo esto puede ser posible. —Luego se volvió hacia Fernando y Gordita y les repitió en español lo que me acababa de decir.

—¡Exacto! —exclamó Gordita—. ¡Esto no tiene sentido!

—¿Qué no tiene sentido? —le espetó Fernando—. ¡Muchas personas pierden dinero en bolsa! Y ahora yo soy una de ellas. ¡Esto no es el fin del mundo!

Lentamente, sin mover el torso ni un solo centímetro, Gordita giró la cabeza hacia Fernando y le clavó una mirada gélida. No hizo falta decir más palabras.

—¿Qué? ¿Qué dije de malo? —respondió inocentemente Fernando. A renglón seguido, me miró y añadió, con su mejor inglés—: ¡No estoy equivocado! Todo el mundo pierde dinero en la bolsa, ¿no? No me refiero a ti. Hablo de gente normal. ¿Entiendes?

—Sí —respondí—. Entiendo perfectamente. Cuando hablan de gente normal no suelen hablar de mí, así que estás en lo cierto.

—No quiso decir eso —añadió mi esposa haciendo de intérprete—. Fernando te tiene mucho cariño.

—Ya lo sé —respondí cálidamente—. Solamente estoy bromeando. De todos modos, interpreta mientras avanzo, ¿vale? Es demasiado complicado parar y volver a empezar como estamos haciendo...

—¡Está bien! —replicó Cristina—. Dispara, estoy lista.

Entonces, respiré hondo y procedí a dar mi respuesta:

—Veamos..., lo que dices es verdad, Fernando. La mayoría de la gente pierde dinero en el mercado y muchos terminan sin blanca, como te ha pasado a ti. Pero, y éste es un pero muy importante, no todo el mundo pierde dinero en el mercado. Hay mucha gente que gana dinero en el mercado..., y no hablo sólo de profesionales, también me refiero a inversores aficionados. Eso sí, por descontado, lo que tengo claro es que esas personas no invierten como lo has hecho tú, actuando como un *banshee* salvaje.

—¿Un qué? —preguntó mi intérprete interrumpiéndome.

—Un *banshee* salvaje.

—¿Qué es un *banshee* salvaje?

—Es como... un indio salvaje. Ya sabes, gritando, chillando, disparando flechas. De todos modos, es solamente una expresión. Mi cuestión es que es literalmente imposible que un inversor aficionado pueda ganar dinero en el mercado si está entrando y saliendo todo el rato. Con el tiempo, acaba aniquilado. Es solamente cuestión de tiempo. Y eso se aplica tanto al mercado de valores como al de criptomonedas, aunque las consecuencias serán peores en el segundo de estos ámbitos, porque el coste de operar es mayor y las estafas también son más frecuentes. Entonces, a menos que uno sepa exactamente lo que está haciendo en ese mundo, tarde o temprano terminará pisando una mina y saltando por los aires. Ésa es una certeza matemática.

Hice una pausa por un momento, Cristina asintió y siguió interpretando al español.

Mientras tanto, me dediqué a hojear de nuevo los extractos bancarios en busca de más pistas. Todavía sentía que faltaba algo, algo que aún permanecía oculto a plena vista, pero que explicaría mejor cómo Fernando logró perder casi toda su inversión durante un período de apenas 60 días en el que las condiciones del mercado fueron relativamente estables.

Por supuesto, la explicación más obvia era la que ya se me había ocurrido: que Fernando era un inversor novato cuyo éxito temprano había encendido las llamas de su avaricia, ante cuyo resplandor abandonó su proceso habitual de toma de decisiones, sólido y somero, que de repente se le antojó pintoresco y anticuado en comparación con las enormes sumas de dinero que podía ganar con una mentalidad inversora más agresiva.

Pero ¿había algo más que se me estuviese escapando, tal vez una prueba irrefutable de lo que cada vez me resultaba más evidente?

En ese momento, Cristina me miró y dijo:

—Ellos entienden todo lo ocurrido y quieren empezar de nuevo, esta vez de la manera correcta. Quieren saber qué crees que deberían comprar. ¿Deberían invertir en acciones? ¿Quizá en criptomonedas? —Después añadió—: Gordita quiere recomendaciones específicas.

—Bueno, para responder a su primera pregunta, a su edad, definitivamente deberían invertir la gran mayoría de su dinero en el mercado de valores, porque ahí es donde, a largo plazo, la gente obtiene históricamente los mejores rendimientos. Además, hay un truco sorprendente y casi infalible para operar con éxito en bolsa. Sin embargo, como habéis perdido la mayor parte de vuestro dinero en criptomonedas, comencemos por ahí, ya que creo que eso os ayudará a comprender qué es lo que salió mal.

Me volví hacia mi intérprete.

—En el mundo de las criptomonedas hay básicamente dos formas mediante las cuales los nuevos inversores, como vosotros, que apenas estáis comenzando, podríais ganar un montón de dinero sin correr grandes riesgos. La primera de ellas es simplemente comprar Bitcoin y mantenerlo en cartera. Y cuando digo «mantenerlo» me refiero a mantenerlo de verdad, independientemente de si el precio sube o baja a corto plazo. Debéis ignorar por completo todo eso, porque no es más que ruido de fondo, ¿vale? Quiero que compréis y atesoréis esa criptodivisa durante al menos cinco años, como mínimo absoluto, y si son siete años, aún mejor, y si llegáis a diez años, pues entonces mejor que mejor.

»Si simplemente hacéis eso, si seguís ese simple consejo, tenéis posibilidades de ganar dinero con las criptomonedas, especialmente cuando lleguéis a la marca de los cinco a los siete años, franja a partir de la cual aumentarán notablemente vuestras oportunidades de obtener grandes rentabilidades. Ojo a las palabras: no hablo de ganar dinero de forma garantizada, ése no es el caso, definitivamente, pero sí hablo de posibilidades u oportunidades reales de conseguir ganancias significativas si se sigue una buena estrategia, tanto en la compra de acciones como en la de criptomonedas.

»Si se trata de criptomonedas, creo que comprar y mantener Bitcoin a largo plazo es definitivamente la mejor opción. —Hice un gesto en dirección al iPhone de Gordita—. Dile a Gordita que tome nota.

—Entendido —respondió Cristina, antes de seguir interpretando.

—¡Y, sobre todo, dile que no haga transacciones a corto plazo! En eso os doy un rotundo «¡no!». Lo que tiene que hacer es comprar y mantener.

Unos pocos segundos después, Gordita sacó su iPhone y empezó a escribir con ambos pulgares, a la velocidad de una liebre. Cuando terminó, me dedicó una sonrisa de agradecimiento y dijo:

—Gracias, Jordie. Continúa, por favor.

—Por supuesto —respondí y me volví hacia Cristina—. Ahora, si hablamos de cuántos bitcoins deberíais comprar, quizá lo que tenemos que hacer es posponer esa discusión hasta que hayamos repasado las diferentes estrategias que os quiero mostrar, especialmente una en particular, pensada para el mercado de valores, que al fin y al cabo es donde debería estar invertido el grueso de vuestra cartera. Las criptomonedas, por otro lado, no deberían representar más que el 5 por ciento de vuestras inversiones. Recomiendo encarecidamente no dedicar más que dicho porcentaje a tal segmento del mercado.

»De todos modos, uno siempre puede decidir más adelante cuánto dinero debe invertir en total. Asimismo, más adelante podemos estudiar cuál es la mejor manera de dividir los fondos de ahorrador en distintas clases de activos, para así maximizar la rentabilidad y, de paso, minimizar el riesgo.

»Pero por ahora, sigamos con la idea de comprar y mantener bitcoins a largo plazo. La clave en este punto es que la razón por la que estoy relativamente seguro de que se puede ganar dinero con esta estrategia es porque se plantea a largo plazo. Ahí es donde reside todo el poder de este enfoque. En cambio, si me preguntaran hacia dónde creo que se dirigirá Bitcoin en las próximas semanas o en los próximos doce meses, os mentiría completamente si os dijera que lo sé. No lo sé. Nadie lo sabe, o no con certeza; y quien diga lo contrario no es más que un puñetero mentiroso. Pero, a largo plazo, y me refiero a muy largo plazo, creo que Bitcoin seguirá subiendo. Y hay una buena razón para ello.

»Veréis, en el corto plazo, hay todo tipo de sucesos aleatorios que pueden afectar al precio de Bitcoin, el valor de los bitcoins, y, francamente, no hay forma de predecir ninguno de ellos. Hablo de cosas como que Elon Musk se despierte un día en el lado equivocado de la cama y descubra que odia Bitcoin, que el presidente Xi de China decida suspender la cotización de la criptodivisa porque considere que no se adapta a su agenda política, que un grupo de tiburones financieros deshagan todas sus inversiones en Bitcoin para hundir su precio y recomprar más barato con ánimo de hacer fortuna, que la Reserva Federal eleve los tipos de interés o ajuste la oferta monetaria para tratar de combatir una inflación que ya ha empezado a dispararse...

»Sé que estáis acostumbrados a la inflación de dos dígitos en Argentina, pero en Estados Unidos no hay absolutamente ninguna manera de que la Reserva Federal pueda permitir que los precios sigan como han estado en los últimos años. Tendrán que hacer algo para controlarlo, y eso no será bueno para Bitcoin ni para el mercado de valores, al menos en el corto plazo.

»De todos modos, mi punto de vista al respecto es que, si bien este tipo de eventos aleatorios pueden tener un gran impacto en la cotización de Bitcoin a corto plazo, prácticamente no tendrán ningún efecto en el precio de la criptomoneda en el largo plazo. Y, dado que no tengo forma de predecir cualquiera de los eventos relevantes a corto plazo, me parece evidente que invertir en Bitcoin a corto plazo es total y absolutamente un juego de azar.

»Sin embargo, por otro lado, invertir en bitcoins a largo plazo es una historia completamente diferente, porque ahora los fundamentos entran en juego. Puedes observar de cerca todas las cosas que hacen que Bitcoin sea potencialmente valioso (como lo escaso que es, los problemas que resuelve y la rapidez con la que nuevas personas comienzan a usarlo), y luego puedes tomar una decisión informada sobre lo que crees que realmente vale, en comparación con su precio de mercado actual.

»Uno se pregunta si Bitcoin está infravalorado o sobrevalorado. Si uno cree que está infravalorado, entonces querrá comprarlo, ¿verdad? Al fin y al cabo, eso significa que nos haremos con el mismo a un precio más económico. En cambio, si uno cree que Bitcoin está sobrevalorado, probablemente querrá ir en la dirección contraria. ¿Por qué pagar de más por algo?[3]

»Tal vez yo esté loco, pero actuar a largo plazo me parece una forma mucho más inteligente de invertir el dinero que tanto nos cuesta ganar a todos. No es fácil medir los tiempos del mercado en el corto plazo, y menos aún lidiar con factores como el estado de ánimo de Elon Musk o el desayuno del presidente Xi. Por eso, una cosa es invertir y, la otra, especular o apostar.

»Entonces, con eso en mente, si yo te preguntara, Fernando,

3. Profundizaré en la cuestión de la «valoración» en los siguientes capítulos del libro, así que permanece atento...

por qué crees que he invertido en Bitcoin en este momento, deberías poder responderme sencillamente, porque mi tesis no es compleja: creo que, en comparación con su valor futuro, el presente está infravalorado, de modo que el recorrido permitirá una subida, pero siempre que mantengamos la posición a muy largo plazo Y, Gordita, si te pregunto cuándo crees que voy a liquidar mi posición en bitcoins, deberías poder darme tu respuesta con idéntica rapidez. Como he dicho, no venderé pronto. He invertido a largo plazo, durante al menos cinco años y, probablemente, más.

»Ahora bien, ¿puede Bitcoin bajar sustancialmente en los próximos doce meses? Absolutamente. De hecho, si la historia pasada sirve de indicación, probablemente será así. Bitcoin sufre fuertes caídas durante los llamados “inviernos” de las criptomonedas; pero eso no me preocupa en absoluto. Para mí, todo eso es ruido. Si compré como una opción a muy largo plazo, me adhiero a esa estrategia y no la abandono por fluctuaciones a corto plazo. ¿Tiene sentido lo que digo, Cristina? —concluí.

—¡Absolutamente! Tiene mucho sentido —asintió mi esposa.

—¿Puedes explicárselo? —le pedí.

Así que Cristina se puso en marcha, con fluidez, elegancia y con notable facilidad, teniendo en cuenta que dos años atrás no hablaba ni una sola palabra de inglés. Mi primer consejo de inversión llegó de esta forma a Fernando y a Gordita. Fue un consejo sensato y lógico, basado en principios de inversión bien probados y alejado del rumbo kamikaze que mi cuñado había seguido con su cartera

Pero éste fue solamente el comienzo.

De lo único que habíamos hablado hasta ese momento era de una estrategia básica para invertir en Bitcoin. Ni siquiera habíamos tocado todavía el mercado de valores, que es donde debería estar depositada buena parte de su cartera de inversiones. Para tal fin, tenía una estrategia en mente tan particular, tan poderosa y tan fácil de aprender que, con una rápida explicación, Fernando y Gordita entenderían cómo deberían proceder para poder invertir consistentemente y de una manera mejor que el 99 por ciento de los inversores.

Para ellos, adquirir ese poder podía cambiarles la vida.

Así fue que, en el transcurso de la velada, les brindé a Fernando y a Gordita una fórmula paso a paso con la que construir una cartera de inversión de clase mundial capaz de maximizar rentabilidades y minimizar riesgos, y protegería de forma efectiva sus ahorros del monstruo de dos cabezas con el que lidia Argentina: a saber, una inflación galopante y una concatenación de devaluaciones monetarias desenfrenadas.

Hablé de todo, desde cómo identificar rápidamente cuáles son las mejores acciones disponibles en la Bolsa de Nueva York y el Nasdaq tecnológico hasta cómo moldear esas posiciones sin esfuerzo para construir una cartera de máximo nivel, capaz de actualizarse automáticamente cada vez que pudiese fracasar alguna de las empresas rastreadas.

La mía era una perspectiva diferente a todo lo que habían visto, oído o leído antes. En resumen, les mostré cómo actúan los profesionales de Wall Street, pero también cómo lidiar con las comisiones, los honorarios de gestión o las primas o bonos por rendimiento, que imponen costes obscenamente elevados a aquellos inversores que no están totalmente informados del manual de estrategias que manejan los expertos. Por esa vía, a menudo vemos cómo muchos inversores que no han tomado malas decisiones ven cómo sus ganancias se ven parcialmente canibalizadas, en lo que en última instancia supone un robo de una fracción a veces importante de la riqueza conseguida.

De hecho, a medida que avanzaba la noche, comencé a sentirme como un mago retirado que estaba rompiendo la regla más importante de mi antigua industria: nunca reveles los secretos de nuestros trucos más valiosos. Eso era precisamente lo que yo estaba haciendo en Buenos Aires.

Mis consejos estaban levantando el telón y exhibiendo lo que hay detrás de la industria de servicios financieros. Estaba exponiendo el secreto de su mayor truco de magia: la cruda realidad de que las estrategias de inversión más efectivas de todas son fáciles de aprender y simples de implementar, hasta el punto de que es posible minimizar de forma significativa la intermediación de Wall Street y ahorrarse de tal manera sus honorarios, comisiones y ridículas primas por rendimiento.

Todo lo que necesita el inversor corriente es acceder a una versión decodificada de su manual de estrategias.

Lo que te ofrezco en las siguientes páginas es precisamente eso.

Una versión decodificada del manual de estrategias que Wall Street ha mantenido al margen de los inversores comunes (los del llamado «Main Street») a lo largo de los últimos 60 años. Es un manual de consejos de los que he tenido conocimiento durante casi toda mi vida adulta y del que abusé mucho en mis primeros años en Wall Street. Lo usé para ganar grandes sumas de dinero para mí y en detrimento de otras personas, algo de lo que no estoy orgulloso y por lo que he dedicado muchos años a compensar el daño causado. Y lo uso ahora para llegar a decenas de millones de personas de todo el mundo para que puedan vivir vidas más felices, más ricas y con más poder financiero. A ellas les enseño el arte de las ventas y la persuasión y la forma de ser más eficaces en sus negocios y empresas.

Pero este libro nos lleva a un nivel completamente nuevo. Ésta es una llave con la que cada uno de nosotros puede construir su propio reino financiero; y yo te entrego esa llave en bandeja de plata.

A lo que me refiero aquí es al hecho de que he dedicado más de tres años a escribir un libro cuyas estrategias conozco tan bien y de forma tan innata que, sin duda, podría haberlo rematado en apenas una semana. El único problema fue que este tema tiende a aburrir a la gente, así que tuve que encontrar la forma de evitar todo el aburrimiento y el tedio comúnmente provocados por estas cuestiones. Así pues, he escrito este libro con la esperanza de que tú, querido lector, puedas mantener el interés hasta el final. Sabía que, de lo contrario, no te estaría haciendo ningún favor.

Así fue como comenzó un minucioso proceso consistente en decodificar el manual de estrategia de Wall Street de una manera que resulte divertida de leer, fácil de seguir e incluso sencilla de implementar. También he escrito con el anhelo de que, de vez en cuando, te puedas reír a carcajadas y tengas la oportunidad de decirte a ti mismo: «¡No puedo creer que haya dicho eso!».

Para aquellos lectores que son inversores aficionados, o que se están planteando comenzar, este libro cambiará totalmente las reglas del juego. Les mostrará cómo utilizar el dinero que tanto les ha costado ganar e invertirlo de una manera segura, construyendo con rapidez una cartera de acciones de primer nivel que superará consistentemente los resultados del 95 por ciento de gestoras, fondos de inversión o fondos de cobertura (*hedge funds*).

Y para aquellos lectores que son inversores más experimentados y quizá cuentan ya con un sólido historial de éxito comprobado, creo que este libro sigue siendo igualmente valioso. No sólo les mostrará precisamente por qué sus estrategias de inversión han tenido éxito, sino que también les servirá como un poderoso recordatorio para mantener el rumbo y no dejarse engañar por el último consejo bursátil que puedan escuchar de cualquier viejo amigo, tertuliano parlanchín de CNBC, compañero de trabajo amigo de charlar junto a la máquina dispensadora de agua de la oficina o charlatán ególatra dedicado a hablar de inversión en TikTok o Instagram.

Además, a pesar del éxito pasado que uno haya conseguido en el mercado, lo cierto es que, dependiendo de quién haya asesorado a dicho inversor, cabe una posibilidad muy cierta de que parte de las ganancias obtenidas estén siendo canibalizadas de forma innecesaria a través de honorarios, comisiones y primas de desempeño totalmente infladas. Este libro te mostrará cómo eliminar la gran mayoría de esos costes, asegurando que las ganancias vayan a tu bolsillo y no a la cuenta de las empresas de Wall Street.

Por último, si eres una de esas personas ultraconservadoras que no invierten en el mercado (tal vez porque desprecias Wall Street y a los bastardos codiciosos que trabajan allí), entonces, créeme cuando digo que este libro también puede ser muy valioso para ti. Para empezar, está diseñado específicamente para enseñarte cómo vencer a Wall Street en su propio juego, extrayendo la parte justa del valor que ellos crean y evitando que, al final, te roben la mayor parte de esas ganancias.

Wall Street cumple con un papel vital y necesario para el funcionamiento adecuado de la economía mundial y crea un valor enorme en el proceso. El problema es que también ha desarrollado silenciosamente un monstruoso gigante chupasangre que permea todo el sistema financiero global y sabe extraer unos sueldos y comisiones excesivos. Esa degeneración también ha terminado por crear un caos financiero general.

El término que he acuñado para describir a ese monstruo gigante chupasangre es el de *Complejo de Máquinas Comisionistas de Wall Street*. Profundizaré en ello con más detalle en los siguientes capítulos, y te mostraré una manera simple y muy efectiva de lidiar con seguridad ante estas circunstancias.

Pero, por ahora, la conclusión crucial que puedes sacar es que no importa dónde vivas, cuántos años tengas, cuánto dinero ganes, a qué te dediques o cuánto dinero tengas actualmente en el banco o guardado debajo del colchón. Uno de los aspectos más integrales derivados de vivir una vida financieramente empoderadora es el de poder coger el dinero que has ahorrado a base de trabajo duro y frugalidad y ponerlo a trabajar para ti de una manera segura y que, al menos, te proteja de riesgos como los efectos de la inflación y la devaluación de la moneda. Al mismo tiempo, esto te puede ayudar a crecer económicamente de forma cuidadosa.

Este libro te encaminará hacia la construcción de una cartera bien equilibrada que te permitirá jubilarte un día con orgullo y con dignidad. De esa forma, podrás alcanzar la libertad financiera para hacer lo que quieras, cuando quieras, con quien quieras, como quieras y tanto como quieras.

Eso es lo que realmente deseo para ti.

2

Vender o no vender, ésa es la cuestión

La conversación siguió a lo largo de la noche. Más tarde, Fernando me hizo una pregunta muy profunda, aunque en ese momento él no tenía forma de saberlo, sino que, simplemente, estaba formulando una cuestión más dentro de su larga lista de consultas. Estaba en busca de pistas, centrándose casi exclusivamente en intentar aprender lo que Gordita y él deberían hacer en el futuro, sin prestar atención a los errores del pasado. Aunque su motivación para hacer esto era evidente (tratar de evitar el dolor y concentrarse en el placer es parte de la naturaleza humana), yo estaba seguro de que esta estrategia no le iba a servir.

Después de todo, si se trata de dar consejos de inversión, aquella conversación no era mi primer rodeo.

Mucha gente ha venido antes a mí en busca de consejos sobre acciones. Y lo cierto es que, a lo largo de los últimos treinta años, lo que he aprendido a través de las dificultades y de las pruebas y errores que he seguido completando ha sido que ofrecer consejos sobre acciones, sin explicar también el «porqué», es un ejercicio en vano.

Para lograr un cambio real, un cambio duradero, es preciso tener una comprensión más profunda. Dicho con otras palabras, la gente necesita saber por qué una inversión tiene sentido y también necesita entender por qué no lo tiene. De lo contrario, volverán a caer en los mismos patrones destructivos, ya sea invirtiendo muy agresivamente a corto plazo, tirando dinero bueno encima del malo o siguiendo el consejo de cualquier charlatán egoísta. Por esos caminos, todos terminan como Fernando: desmoralizados y con una maltrecha cartera de inversiones compuesta por todo tipo de apuestas perdedoras y, peor aún, una factura de impuestos que habrán que pagar a final de año.

Esta circunstancia hizo que la pregunta de Fernando me resultase tan conmovedora, porque fue directa al corazón de uno de los errores más comunes y devastadores que cometen los inversores aficionados, como es el hecho de permitir que el precio que pagaron inicialmente por un activo influya en su decisión de cuándo venderlo. Por ejemplo, en el caso de Fernando, si bien la gran mayoría de su inversión inicial de 100.000 dólares se había esfumado y ya no era más que polvo en el viento, lo cierto es que todavía le quedaban algunas posiciones sin liquidar. Más específicamente, había poco menos de 3.000 dólares divididos entre tres acciones merdosas, cuatro criptomonedas verdaderamente merdosas[4] y dos NFT casi carentes de valor, especialmente uno vinculado a una obra de arte tan ofensivamente mala que tuve que resistir la tentación de preguntarle si estaba en un estado de locura temporal cuando compró esas dos «obras maestras» que, para mí, parecían más bien el resultado de un mono y un ordenador colaborando estrechamente para crear una colección de vómito digital de diez mil piezas. Encontré el resultado inusualmente repulsivo, incluso para un NFT.[5]

Ahora bien, si te preguntas por qué alguien tan inteligente, educado y astuto como Fernando elegiría comprar mierdas tan obvias, la respuesta corta es la siguiente: te puedo asegurar que, cuando hizo todas y cada una de sus inversiones, desde las com-

4. A este tipo de activos se los conoce popularmente como *shitcoins*, literalmente 'monedas de mierda'.

5. Un NFT (*non fungible token*), o token no fungible, es un activo digital que representa la propiedad de un artículo único y propio. Los NFT se usan principalmente en relación con obras de arte de formato digital, aunque también pueden estar vinculados a un activo físico, una pieza de coleccionista o una propiedad inmobiliaria.

pras iniciales de acciones de Tesla hasta sus incursiones en las criptomonedas y demás, lo cierto es que operó confiado en que el valor estaba subiendo, tanto si la compra la hizo a raíz del consejo de un amigo como si actuó por instinto o porque leyó algo en internet.

De modo que aún quedaban nueve posiciones en la cartera de Fernando y su valor de mercado combinado era de poco menos de 3.000 dólares.

¿Qué precio había pagado originalmente por estas nueve gemas?

Aproximadamente 49.000 dólares.

¿La peor apuesta de las nueve?

Mil títulos de una acción que compró a 18 dólares cada uno y que ahora cotizaban a apenas 35 centavos (céntimos) de dólar.

¿Y la mejor?

Diez mil títulos de una criptomoneda de mierda que había comprado a 1 dólar la unidad y ahora cotizaban a 40 centavos.

¿Y las siete posiciones restantes?

En una situación intermedia, pero sin que ninguna de ellas cotice cerca del precio de compra que pagó Fernando.

Entonces, ahí estaban Fernando y Gordita, ante la necesidad de tomar una primera decisión: ¡Vender o no vender, ésa es la cuestión!

El único problema era que no estaban de acuerdo...

—Entonces... —me dijo Cristina, con tono pacificador.

—¿Qué crees tú que deberían hacer? Fernando no quiere vender nada, porque dice que todo está tan devaluado que piensa que ahora toca mantener y esperar a que las cosas vuelvan a subir. Dice que, de momento, las pérdidas son...

—Pérdidas de papel —apuntó Fernando, terminando la frase.

—¡Exactamente! —asintió Cristina—. Eso es lo que iba a decir. Lo que dice Fernando es que, en este momento, las pérdidas están sólo en el papel. En cambio, si venden, entonces se acabó, y ya no hay forma de recuperar el dinero. —Dicho esto, nuestra intérprete se encogió de hombros, como si ella misma no creyera esas últimas palabras. A renglón seguido, y con un tono más optimista, añadió—: En cambio, Gordita piensa...

Mientras mi mujer interpretaba su postura, Gordita giró la cabeza, me miró con los ojos entrecerrados y me lanzó una mirada de esas que no necesitan palabras. Lo que me estaba intentando decir era algo así como: «¡Será mejor que estés de acuerdo conmigo, si sabes lo que te conviene!».

Ella quería «venderlo todo y empezar de nuevo desde cero». Pretendía «dar carpetazo» y entrar ya en una nueva fase.

—¿Qué opinas? —me dijo Cristina. Me tomé un momento para considerar mi respuesta.

Aquello era muy interesante. Gordita tenía un deseo abrumador de venderlo todo, sin importar el precio, para dejar atrás esta pesadilla y comenzar de nuevo. Su deseo expresaba un sentir que yo mismo conocía muy bien: sé lo que es desear desesperadamente que se pueda «dar carpetazo» a una experiencia dolorosa, sobre todo para poder deshacerse de toda la negatividad y el pesimismo asociados con dicho evento. Hace muchos años, después de que me arrestaran, yo me sentía de esa forma. Viví días oscuros a lo largo de varios años. Aquélla era una sensación asfixiante, era como morirse a cámara lenta. Mi vida estaba cayéndose a pedazos de forma lenta y dolorosa. Caí en las trampas de la riqueza y me estaba desangrando poco a poco. Era como morir de forma agónica, desangrándome por mil recortes de papel.

Recuerdo haber creído que me iría mucho mejor si simplemente terminaban con aquello de una vez. Que me desposeyeran de todo lo que poseía, que me metiesen de una vez en la cárcel y que pudiese empezar a cumplir mi condena. Había perdido todo: los coches, las casas, los barcos, la ropa, el dinero, las esposas, los relojes, las joyas... En el caso de Fernando y Gordita, lo que perdieron fueron sus acciones de mierda, las criptomonedas de mierda, sus NFT dignos de vomitar... No es fácil superar esos recuerdos y, por tanto, es lógico anhelar la oportunidad de dar un respiro profundo, cuadrar los hombros, ponerse en pie y empezar de nuevo. En ese sentido, Gordita tenía su parte de razón.

Por otro lado, también podía entender a Fernando. En su opinión, era el momento de adoptar un enfoque más pragmático y lógico. Ello serviría mucho mejor a sus intereses a largo plazo que sucumbir a la necesidad emocional de dejar atrás aquella situación adversa. Después de todo, estaban tan deprimidos que quizá no tenía mucho sentido vender. Recuperar los 3.000 dólares que quedaban no iba a suavizar el golpe. No era suficiente dinero como para cambiar la situación de sus finanzas. Entonces, Fernando se hacía esas preguntas. ¿Por qué vender? ¿Por qué tomar una pérdida en papel y convertirla en una pérdida real, eliminando cualquier posibilidad de recuperar ese dinero?

Y así llegamos a una pregunta profunda que parecía aparentemente simple. ¿Cuándo estamos ante el momento adecuado para vender y en qué basar una decisión así? ¿Vendemos cuando estamos arriba, cuando estamos abajo, cuando se alcanza el precio que pagamos originalmente...?

Como dije antes, esta pregunta es en apariencia inocua, pero va directa al corazón de uno de los errores más comunes y devastadores que cometen los inversores aficionados.

Déjame darte un ejemplo.

Imagina que has comprado mil títulos de una acción a 40 dólares cada uno y que, unos meses después, su cotización se ha desplomado hasta los 10 dólares. ¿Cuánto dinero has perdido?

La respuesta obvia es 30.000, ¿no?

Hagamos los cálculos. Originalmente compraste mil títulos y cada uno de ellos vale ahora 30 dólares menos que en el momento en que los compraste originalmente. Por tanto, para calcular lo que perdiste, multiplica simplemente el número de acciones que compraste en un primer momento (unas 1.000) por la cantidad que perdiste en cada acción (30 dólares perdidos por título). Así llegas a la cifra de una pérdida total de 30.000 dólares. Matemáticamente innegable, ¿verdad?

Puede que sea así, pero ¿tiene realmente sentido ese número? ¿De verdad perdiste 30.000 dólares?

Lo que quiero decir es que, claramente, el valor de tu cuenta ha bajado en 30.000 dólares. Eso no se puede negar. Sin embargo, como pensó Fernando, es cierto que no has vendido tus acciones todavía, de modo que cabe preguntarse si de verdad has perdido ese dinero. ¿Acaso no son solamente pérdidas «sobre el papel», tal y como decíamos antes? Piénsalo por un momento, como también hizo Fernando.

Hasta que realmente vendas las acciones, siempre existe la posibilidad de que el precio de esos títulos suba y recuperes al menos parte de tu dinero, ¿verdad? De hecho, si estás dispuesto a ser realmente paciente, puede ser que las acciones vuelvan a subir hasta donde las compraste originalmente y, entonces, quizá podrás cerrar tu posición. En dicho caso, terminarías alcanzando el punto de equilibrio y no habrías sufrido ninguna pérdida.

Suena convincente, ¿verdad?

Ahora vayamos un paso más allá. Quiero que imagines que eres el propietario de una cartera de acciones en la que se ha venido utilizando esta estrategia durante los dos últimos años.

Dicho de otro modo: durante el bienio pasado, si una acción bajaba, tú no vendías. Simplemente seguías el manual de Fernando y mantenías la posición, siendo sumamente paciente y esperando a que las acciones recuperasen su valor. Y, por otro lado, cuando una acción subía, la vendías una vez se había dado cierta revalorización, siguiendo también en esto el comportamiento que tuvo Fernando en sus primeras semanas como inversor, cuando parecía que estaba al margen de sufrir pérdida alguna y liquidaba sus posiciones en cuanto constataba una ganancia.

Por supuesto, hay que pagar algunos costos e impuestos por esas rentas que has conseguido, pero no te vas a quejar de eso, ¿cierto? Después de todo, como solía decir Ben Franklin, «solamente hay dos certezas en este mundo: la muerte y los impuestos». De igual modo, entre los corredores de bolsa se suele manejar otro dicho popular especialmente querido: «Nadie se ha arruinado obteniendo ganancias». Esta estrategia parecería ser un éxito seguro, una receta para el triunfo a largo plazo.

¿O no?

Pensemos en ello por un momento.

¿Tiene realmente sentido una estrategia de inversión que te invita a vender cuando tienes ganancias y a mantener las posiciones que están en pérdidas?

Bueno, para responder a esta pregunta y resolverla sin lugar a dudas, podemos echar un vistazo a nuestra cartera de dos años y comprobar cómo se fue desarrollando nuestra aplicación de tal estrategia.

Miremos dentro de nuestra cartera por un momento. ¿Qué tipo de acciones quedan? ¿En qué consiste ahora nuestro portafolio inversor? Si hemos liquidado las ganancias, lo que quedan son solamente apuestas perdedoras. Todas y cada una de ellas. Es como la cartera de Fernando, con matemática certeza.

Así pues, este tipo de estrategia tiene dos grandes defectos, y ambos son fatales:

1. Está construida sobre la base del autoengaño.
2. No aborda el factor más importante cuando se trata de decidir si tiene sentido vender o no: saber si estás ganando o estás perdiendo.

¿En qué se basa el autoengaño? Para decirlo sin rodeos, siguiendo este tipo de estrategia actúas como un avestruz que esconde la cabeza en la arena, convencido de que, mientras no mires hacia arriba y no evalúes la situación, no hay posibilidad de peligro. Dicho en términos del mercado de valores, mientras no vendas una acción que ha bajado, en realidad no estarás cayendo.

Bueno, déjame darte una pequeña noticia.

¡Estás perdiendo, joder!

El hecho de que no hayas vendido la acción y cerrado la posición no significa que no hayas perdido tu dinero. Ya se ha perdido. Ya se fue. Ya ha abandonado el puto edificio y tú sigues dentro. Estás más muerto que Elvis...

Si tienes alguna duda al respecto, echar un vistazo rápido a la industria de fondos de inversión debería disiparla definitivamente. Verás, entre los literalmente miles de productos financieros que Wall Street comercializa y vende a inversores individuales, los fondos son los más regulados, especialmente en el aspecto contable, donde se aplica un método de contabilidad estandarizado llamado «valoración de mercado», que de hecho constituye un requisito legal para todo este tipo de vehículos.

Así es como funciona el método:

Al cierre de cada día de negociación, el fondo analiza cada acción de su cartera, una por una, y toma su precio de mercado actual (su valor de mercado). A continuación, lo multiplica por el número total de acciones que posee, para obtener de esa forma el valor actual de cada posición de cartera en función del cierre de mercado de cada día.

Una vez que se ha completado ese proceso y se ha aplicado a toda la cartera del fondo, se suman todos esos cálculos y se considera el efectivo disponible y, al fin, se obtiene el total de activos corrientes que maneja el fondo (gráfico 2.1).

Gráfico 2.1. Variación diaria de los precios (en %)

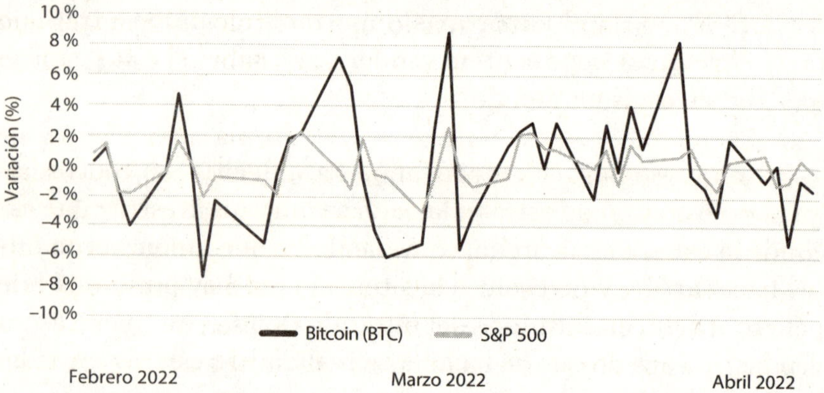

A continuación, se debe calcular el valor de cada acción del fondo. Para ello, se consideran los activos totales, se les restan los pasivos (préstamos, comisiones, salarios, gastos de marketing, etcétera) y se divide la cifra resultante entre el número de acciones en circulación. *Voilà!* Es así como se obtiene el dato del «valor liquidativo» del fondo o *net asset value* (NAV). Dicho indicador representa el valor de cada acción del fondo a cierre de mercado.

Total activos del fondo = efectivo + Σ
($P_{mercado}$* número de acciones en cartera)
Valor liquidativo (NAV) = (total activos del fondo – total pasivos del fondo) / acciones en circulación

¿Qué quiero decir con todo esto?

Bueno, en pocas palabras, que ni siquiera la Comisión de Bolsa y Valores de Estados Unidos (Securities and Exchange

Commission, SEC), por inepta que sea, permite que los fondos de inversión utilicen el precio que pagaron originalmente por una acción para calcular o determinar su valor liquidativo.

¿Por qué?

Porque, evidentemente, sería ridículo.

Y, de hecho, hacer algo así resultaría tremendamente engañoso.

De modo que, salvo que un inversor maneje su cartera anotando cada día el valor de mercado de todas sus posiciones, no tendrá forma de saber si está invirtiendo en un fondo que tiene una buena cartera o si, quizá, ostenta todo tipo de títulos devaluados que tal vez ya no valen nada, pero aún lo hacen sobre el papel por no haber sido vendidos aún.

Obviamente, ocurre lo mismo con tu propia cartera de acciones. El hecho de que no hayas vendido una acción que ha caído no significa que no hayas perdido ese dinero. Sí lo has perdido. Se ha esfumado.

Eso no significa que se haya perdido permanentemente. De hecho, ésa es una historia completamente diferente, lo cual nos lleva a un segundo error fatal derivado de mirar nuestra cartera en virtud del precio que pagamos por nuestras posiciones y no de su valor de mercado. Y es que, al proceder de tal forma, nos olvidamos el factor más importante de todos a la hora de decidir si tiene sentido o no vender, de manera que dejamos de preguntarnos el porqué. ¿Por qué han bajado las acciones? ¿Por qué han subido? ¿Qué razones explican el descenso o aumento de la cotización?

Por ejemplo, digamos que compramos una acción a 40 dólares que ahora cotiza a 70 dólares. ¿Cómo determinamos si tiene sentido vender?

Aquí va mi primera pregunta:

¿Por qué compraste las acciones a 40 dólares la acción? ¿Cuál fue la razón primera y original detrás de esa decisión?

A menos que no te guste ganar dinero, imagino que tu respuesta será que pensabas que las acciones iban a subir, ¿verdad? ¿Qué otro motivo podrías haber tenido? Si hubieses creído que su valor se iba a hundir, indudablemente habrías considerado una ridiculez comprar ese título.

Así que, por obvia que parezca, ésta es la primera conclusión clave que hemos extraído: a saber, que la razón por la que los inversores compran una acción, o cualquier otro activo, es porque creen que va a subir. Y esto nos lleva a la siguiente pregunta, la cual también puede parecernos una obviedad: ¿por qué pensaste que la acción iba a subir? ¿Cuál era la verdadera razón que veías detrás de tal expectativa?

Verás, contrariamente a la creencia popular, las acciones no suben y bajan por obra de magia, por intervención vudú o mediante cualquier otra fuerza mística; de hecho, hay un conjunto finito de razones por las cuales un título puede ir al alza o a la baja.

Entonces, repasemos ahora mismo esas posibles razones, comenzando primero con la más evidente de todas: las acciones suben y bajan según la ley de la oferta y la demanda.

Por ejemplo, si la demanda de una acción excede su oferta (es decir, si en ese momento hay más compradores que vendedores), entonces, en términos generales, el precio de la acción sube.

Por el contrario, si la oferta de una acción excede su demanda (es decir, si en ese momento hay más vendedores que compradores), entonces, en términos generales, el precio de la acción baja.

Tiene todo el sentido, ¿verdad?

De hecho, probablemente hayas escuchado esa explicación antes.

El único problema es que es demasiado simple como para tener implicaciones significativas. ¿Por qué? Porque, al fin y al cabo, la oferta y la demanda no son una explicación final, sino más bien el resultado de una serie de razonamientos previos.

Por lo tanto, decir simplemente que una acción sube porque su demanda aumenta no nos proporciona ninguna idea sobre lo que realmente sucedió. Para formar ese criterio, es necesario profundizar más, dar un paso adicional y ver qué es lo que provocó que la demanda aumentara en primer lugar. Una vez tengas eso claro, entonces podrás empezar a tomar decisiones de inversión mucho más informadas y justificadas.

Por ejemplo, con las acciones que compraste a 40 dólares y que ahora cotizan a 70 dólares te habías preguntado qué hacer. ¿Deberías vender las acciones y obtener ganancias, o deberías conservarlas y esperar a que suban más aún?

Una vez más, volvemos a Shakespeare y su viejo dilema: ¡Vender o no vender! ¡Ésa es la cuestión!

Para aconsejarte adecuadamente sobre la venta, lo primero que me gustaría saber es cuál fue el motivo por el que compraste las acciones en su momento. ¿Qué precio objetivo tenías en mente? Y, lo más importante de todo, ¿qué fue lo que provocó que las acciones subieran? Dicho de otra manera, ¿cuál fue la fuente del aumento de la demanda?, ¿cuáles fueron las razones detrás del encarecimiento de ese título?

En total, hay cuatro razones por las que puede aumentar la demanda de una acción.

En primer lugar, los inversores piensan que la empresa está infravalorada

Cuando se piensa que las acciones de una empresa están infravaloradas los inversores tienen una motivación para entrar en el mercado y para comprar acciones que perciben que están a su alcance a precio de ganga. Si usamos el lenguaje de Wall Street, nos referiremos a este grupo de personas como los «inversores en valor», o *value investors*, siendo el miembro más famoso de este grupo Warren Buffett, el célebre Oráculo de Omaha.

Desde mediados de la década de los sesenta, Buffett ha utilizado esta estrategia para convertirse en uno de los inversores más ricos y exitosos de la historia, acumulando un patrimonio neto personal de más de 200.000 millones de dólares y generando cientos de miles de millones más para los inversores que compraron acciones de su cotizada, Berkshire Hathaway.

Para que tengas una idea de cuán exitoso ha sido Warren Buffett, piensa que si tú o tus padres o incluso tus abuelos (sí, Warren Buffett es más viejo que las montañas, aunque su pensamiento sigue tan afilado como una chincheta) hubiesen invertido 10.000 dólares en Berkshire Hathaway cuando Buffett asumió el control de la compañía en 1964, hoy en día esa inversión tendría un valor de 410 millones de dólares.

Ciertamente, hablamos de rentabilidades absolutamente increíbles.

Sin embargo, la teoría que hay detrás de la inversión en valor es relativamente simple. Los inversores en valor toman sus decisiones de inversión midiendo primero el valor intrínseco de la compañía (ventas, beneficios, activos, pasivos, balance, etcétera) y analizando después el precio de mercado que tienen en el presente las acciones de la empresa. Si las acciones cotizasen por debajo del valor intrínseco de la compañía, entonces los inversores en valor considerarían que el título está infravalorado y, a renglón seguido, comprarían acciones. En cambio, si las acciones cotizan por encima del valor intrínseco de la empresa, los inversores en valor entenderían que la empresa está sobrevalorada y, por tanto, no acudirían al mercado a comprar acciones.

Tiene sentido, ¿verdad?

Pero, entonces, la pregunta del millón es: ¿cómo se calcula el valor intrínseco de una empresa?

La respuesta es que hay dos formas muy diferentes de hacerlo: podemos hacerlo de la manera difícil y de la manera fácil.

Comencemos primero por la manera más fácil, porque es tan ridículamente fácil que, cuando termine de explicártela, probablemente perderás cualquier interés en seguir la manera más difícil.

Entonces, teniendo esto en cuenta, la forma fácil consiste en determinar el valor intrínseco de la empresa... buscándolo.

Sí, así de fácil es encontrar el valor intrínseco de una empresa.

Todo lo que tienes que hacer es acceder a la investigación financiera de las principales casas de análisis de Wall Street. Esta información se puede encontrar con facilidad. Cada una de las grandes entidades financieras cuenta con un pequeño ejército de analistas financieros que se especializan en revisar los balances, los modelos de flujo de efectivo, los comunicados de prensa o los informes de resultados que publican las compañías cotizadas para, de esa forma, presentar una estimación muy precisa del valor intrínseco de la empresa.

Utilizando un método conocido como análisis de flujo de efectivo descontado, o DCF por su abreviatura en inglés, los analistas estiman el valor intrínseco de una acción teniendo en cuenta una serie de factores. Se evalúan la situación financiera de la empresa en el presente, sus perspectivas de crecimiento futuro, su perfil de riesgo a corto y medio plazo o el valor temporal del dinero, en la medida en que las ganancias futuras deben «descontarse» y expresarse según el valor actual que tendrían dichos retornos.

¿Qué casa de investigación y análisis deberías elegir? Hay literalmente docenas de empresas que brindan este tipo de servicio, pero sin duda hay cuatro compañías líderes en la industria financiera que son particularmente respetadas en el sector. Son las siguientes:

- *ValueLine* (<valueline.com>). Desde 1931, Value Line ha ofrecido cobertura y análisis en profundidad para una amplia gama de acciones, bonos, opciones y fondos de inversión, publicando estados financieros, pronósticos de resultados, estimaciones de valor intrínseco, análisis técnico, etcétera. En la actualidad cubre más de 1.700 empresas cotizadas en bolsa.
- *Moody's* (<moodys.com>). Fundada en 1909, Moody's ha crecido hasta convertirse en una de las agencias de calificación crediticia más grandes y respetadas del mundo. Utilizando un sistema de calificación basado en letras, con el baremo «Aaa», reservado para las organizaciones más solventes, y el «C», dedicado a las mierdas más grandes, sus calificaciones crediticias son utilizadas por inversores, instituciones financieras y corporaciones de todo el mundo.
- *CFRA* (<cfraresearch.com>). Conocida anteriormente como S&P Global Market Intelligence, CFRA es una firma de investigación independiente que proporciona investigaciones financieras y datos sobre una amplia gama de valores, incluidas acciones, bonos y otros instrumentos financieros. Conocida por su técnica de investigación patentada, CFRA se enorgullece de su capacidad para identificar valores infravalorados y oportunidades de inversión atractivas.
- *Morningstar* (<morningstar.com>). Fundada en 1984, Morningstar es una firma independiente de investigación que

proporciona datos y análisis financiero sobre una amplia gama de valores, entre ellos acciones, bonos, fondos de inversión y fondos cotizados en bolsa (ETF). Una de las características clave de Morningstar es su sistema patentado de calificación de estrellas, que califica los fondos de inversión y los ETF en función de su desempeño pasado y su perfil de riesgo.

Cada una de estas casas de investigación ofrece una amplia variedad de suscripciones y servicios en línea, incluido el acceso gratuito para algunas de las solicitudes más básicas, como por ejemplo las referidas al cálculo del valor intrínseco de una acción. Por tanto, obtener toda esta información ni siquiera tiene por qué costarte nada. De igual modo, también se puede recopilar toda esta información poco a poco, revisando los informes que publican los analistas de los bancos y las firmas de corretaje más grandes de Wall Street (Goldman Sachs, Morgan Stanley, J. P. Morgan Chase..., sólo por nombrar algunas). Cada una de estas compañías tiene la reputación de contar con sólidas capacidades de investigación y de especializarse en la cobertura de ciertos tipos de industrias. (De ahí la necesidad de hacer esto paso a paso.)

De cualquier manera, sea cual sea la fuente que elijas, una vez hayas determinado el valor intrínseco de una acción, el resto es fácil. Simplemente compara el precio actual de las acciones de la empresa con su valor intrínseco y toma una decisión de inversión de manera consecuente.

¿Ya? ¿Es realmente tan fácil?

Tomemos el caso de Apple como ejemplo.

Cuando escribo estas líneas, y utilizando el modelo de flujo de efectivo descontado antes mencionado, encuentro que el valor intrínseco estimado por los expertos para la compañía tecnológica es de aproximadamente 135,13 dólares por acción, mientras que el precio actual de sus acciones es de 141,86 dólares. ¿Qué significa eso? Bueno, a primera vista, parecería que Apple está ligeramente sobrevalorada; para ser precisos, en un 4,9 por ciento.

Un 4,9 por ciento. Muy interesante, ¿no?

¡Y una Mierda!, con «M» mayúscula.

¡Vamos...! ¿De verdad crees que puedes mirar a una empresa con los recursos, el historial y la experiencia en gestión de Apple y utilizar su valor intrínseco para tomar una decisión de inversión inteligente sobre el destino de sus acciones en los próximos cinco años? A mí me parece absolutamente ridículo pensar que eso es así. Te diré exactamente por qué.

Para empezar, ese supuesto valor intrínseco, de 135,13 dólares, es simplemente el promedio de los diversos valores intrínsecos que las principales casas de investigación de Wall Street han asignado a Apple, basándose en sus propios modelos internos. Dependiendo de la fuente que hayas utilizado, las estimaciones van desde 235 dólares por acción hasta los 99 dólares por título, lo que quiere decir que no existe un consenso preciso sobre el valor intrínseco de Apple.

¿Por qué?

Porque, simple y llanamente, hay demasiadas variables involucradas y demasiados sesgos personales entre los analistas como para llegar a una conclusión consistente. En consecuencia, los resultados parecen ser más subjetivos que objetivos, lo que hace que carezcan de significado para un inversor de valor que busca tomar una decisión de inversión bien documentada.

Lo mismo puede decirse de los valores intrínsecos promedio de muchas otras grandes empresas que cotizan en bolsa, especialmente aquellas que tienen múltiples líneas de negocio y cuentan con una agresiva cartera de nuevos productos que se preparan para lanzar al mercado. Cada uno de esos productos tiene el potencial de impactar dramáticamente en los resultados de la compañía. Por esa razón, es extremadamente difícil obtener una lectura precisa del valor intrínseco que tienen este tipo de empresas, hasta el punto de poder estar lo suficientemente seguro como para utilizarlo como base para tomar una decisión de inversión.

Sin embargo, con otras empresas menos complejas podría ocurrir exactamente lo contrario.

En aquellos casos en los que existe un modelo de negocio sencillo y las perspectivas de crecimiento sean predecibles, es mucho más fácil obtener una lectura precisa del valor intrínseco de la empresa y, de esta forma, tomar una decisión de inversión bien justificada.

De cualquier manera, lo más importante que debemos recordar aquí es que, incluso en las mejores circunstancias, el proceso de calcular el valor intrínseco de una empresa no es una ciencia exacta. El llamado factor humano influye en todo el proceso: los prejuicios personales de un analista, sus nociones preconcebidas sobre el desempeño futuro de una compañía, su confianza en el equipo directivo, su visión del sector o la industria en la que opera... Todo eso influye, en mayor o menor medida, y convierte el número final del ejercicio en una medición parcialmente subjetiva del valor de la empresa. No es, por tanto, una valoración inapelable y absolutamente objetiva.

En consecuencia, parece totalmente ridículo utilizar el supuesto valor intrínseco de Apple como única medida para determinar si está infravalorada o sobrevalorada. Tenemos que considerar también el inmenso valor de sus intangibles: un equipo directivo sobradamente probado, una gran plantilla de trabajadores, un bagaje de efectividad a largo plazo en materia de lanzamiento de productos de gran éxito que cuentan con exitosos y lucrativos ecosistemas financieros a su alrededor, etcétera.

En cualquier caso, la forma más fácil de calcular el valor intrínseco de una empresa es ésa: simplemente buscarlo.

Pasemos ahora al camino difícil. Hay que partir de esa base: es difícil, jodidamente difícil. De hecho, es tan difícil que te recomiendo que lo evites por completo, a menos que tengas una vena sadomasoquista que te proporcione un intenso placer a base de hacer cálculos matemáticos aburridos y tediosos que, en última instancia, te darán exactamente la misma respuesta que puedes obtener buscando en el ordenador.

Sin embargo, me siento obligado a hacer un breve resumen de lo que hay debajo de esta tormenta matemática de mierda que abarca distintos términos y variables clave empleados en sus cálculos por los analistas de Wall Street. Así, si alguna vez escuchas a uno de los expertos de CNBC hablando sobre una determinada empresa que está infravalorada o sobrevalorada en relación con su valor intrínseco, podrás entender fácilmente lo que está diciendo y aprovechar la información compartida (aunque probablemente no sirva para mucho...).

Con ese contexto en mente, debes saber que calcular el valor intrínseco de una empresa implica una serie compleja de cálculos matemáticos que abordan una serie de variables diferentes, incluido el número actual de acciones en circulación, el potencial de ingresos y el flujo de efectivo actual y futuro (cifras futuras que deben descontarse para reflejar el hecho de que el dinero ganado en el futuro será menos valioso que el dinero ganado hoy) y otra docena de variables diferentes, cada una de las cuales debe ponderarse adecuadamente en función del modelo exclusivo de cada analista.

Sí, en resumen, una puñetera locura. Creo que sería absurdo intentar hacer este ejercicio cuando el cálculo final es algo que ya nos entrega en bandeja de plata una docena de empresas diferentes, todas ellas de gran reputación en Wall Street, si es que acaso existe algo así como tener una gran reputación en Wall Street...

Con todo, hay algunos términos simples con los que es necesario estar familiarizado para entender cómo funciona el mercado y cómo se prescribe un valor a las empresas cotizadas. Más precisamente, hay cuatro términos que debes conocer. Veámoslos...

1. Número total de acciones en circulación.

Se refiere al número total de acciones de la empresa que están en manos de inversores o de personas con información privilegiada de la empresa. El segundo grupo incluye a los fundadores originales de la empresa, a los inversores que entraron en el capital de la compañía en sus primeras etapas o al equipo directivo actual. Cada una de las acciones de la empresa representa un título de propiedad de la empresa y da derecho a quien lo ostenta a recibir una parte proporcional de las ganancias de la empresa, así como a ejercer su derecho a voto en determinadas materias que se diriman en la junta o asamblea anual.

Para calcular el número total de acciones en circulación, simplemente suma todas las acciones de la empresa que están en manos de inversores individuales, inversores institucionales (como fondos de inversión o fondos de pensiones) y el equipo directivo de la empresa y, a continuación, resta las acciones que están en manos de la empresa a través de programas de recompra de acciones.

Por ejemplo, si una empresa había emitido previamente 10 millones de acciones y 2 millones de esas acciones fueron recompradas por la compañía (a través del citado programa de recompra), entonces, el número total de acciones en circulación ahora es de 8 millones. Matemática simple.

Por añadidura, hay que decir que el número total de acciones en circulación puede cambiar como resultado de un *split*, es decir, de un proceso de división de acciones. En este caso, la empresa aumenta el número total de acciones en circulación mediante la emisión de acciones adicionales para los accionistas existentes. Por ejemplo, en una división de acciones que guarde una ratio 2 a 1, cada accionista existente recibiría un título adicional por cada acción que posea actualmente, duplicando efectivamente el número total que hay en circulación. Cuando se realiza un *split* de estas características, el precio de mercado de cada acción se reducirá en un 50 por ciento para garantizar que el valor total de la empresa permanece inalterado. La mecánica de una división de acciones 2 por 1 se ilustra en el esquema 2.1.

Esquema 2.1. Capitalización total de mercado

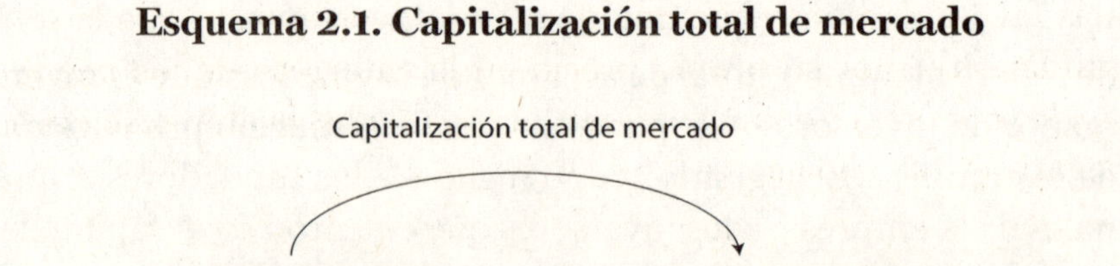

Observa cómo en ambos casos, antes y después de la división, el valor total de la empresa permanece inalterado y sin cambios, es decir, el resultado del *split* no afecta a dicha métrica. La diferencia es simplemente cosmética, aunque eso no quiere decir que el proceso no pueda tener un impacto profundo en la forma en que los inversores ven una acción. Por ejemplo, si el precio de una acción sube demasiado, los pequeños inversores empiezan a sentir que han perdido la oportunidad de acceder a la compañía o que sus posibilidades de llegar a obtener una ganancia sustancial se ven limitadas. Por eso, es común que las empresas anuncien una división de acciones de 2 por 1, o incluso 3 por 1, porque esto contribuye a hacer que el precio de los títulos vuelva a bajar a un nivel que parezca más atractivo.

También puede hacerse el mismo proceso, pero a la inversa. Por ejemplo, si el precio de una acción cae demasiado bajo, la junta directiva de la empresa puede autorizar una división inversa de acciones o *reverse split*, en cuyo caso el número de acciones en circulación se reduce en un determinado porcentaje mientras que el precio de la acción aumenta en consecuencia. Por ejemplo, si una empresa tiene 100 millones de acciones en circulación y el precio de las acciones es de apenas 50 centavos por acción, la compañía puede anunciar una división inversa de acciones de 1 por 10, lo que tendrá el efecto de reducir el número de acciones a 10 millones, aumentando la valoración de cada acción a 5 dólares.

Por supuesto, al final, el valor de la empresa permanece sin cambios, ya que el impacto de las divisiones de acciones, tanto directas como inversas, es estrictamente cosmético. Sin embargo, los inversores tienden a ver una acción de 5 dólares mucho más favorablemente que una de 50 centavos, puesto que la segunda entra por su propio precio en la categoría de los *penny stocks*, o acciones de muy bajo valor, con todas las implicaciones negativas que ello acarrea.

2. Capitalización de mercado

Abreviada como *market cap* en inglés, la capitalización de mercado es una métrica financiera clave para medir el valor total de las acciones en circulación de una empresa en dólares estadounidenses. Para calcularlo, simplemente tomaremos el precio actual de las acciones de la empresa y lo multiplicaremos por el número total de acciones en circulación. De esta forma obtenemos la capitalización de mercado de la empresa.

Por ejemplo, digamos que una empresa tiene 1 millón de acciones en circulación y que su precio actual es de 50 dólares por título. En ese caso, la capitalización de mercado de la empresa sería de 50 millones de dólares. Alternativamente, si la empresa tuviera 20 millones de acciones en circulación y el precio actual de las acciones fuera de 100 dólares por acción, entonces, la capitalización de mercado de la empresa sería de 2.000 millones de dólares. Estos simples cálculos se ilustran en la tabla 2.1.

Tabla 2.1. Capitalización de mercado, o *market cap* = precio actual de la acción × acciones en circulación

	EMPRESA A	EMPRESA B
Acciones en circulación	1.000.000	20.000.000
Precio actual de la acción	50 $	100 $
Capitalización de mercado, o *market cap*	50 $/acción × 1.000.000 acciones = 50.000.000 $	100 $/acción × 20.000.000 acciones = 2.000.000.000 $

En términos generales, se considera que las empresas con capitalizaciones de mercado más elevadas son más estables y acarrean menos riesgo que aquellas compañías que tienen una capitalización de mercado más baja. Por este motivo, es una práctica común que los inversores utilicen la capitalización de mercado de las empresas como métrica para identificar posibles oportunidades de inversión. Por ejemplo, algunos inversores prefieren invertir en empresas de pequeña capitalización (empresas con capitalizaciones de mercado que se mueven entre los 300 y los 2.000 millones de dólares) porque tienen un mayor potencial de crecimiento y pueden generar mayores rentabilidades, mientras que otros inversores prefieren invertir en compañías de gran capitalización (por lo general, por encima de los 10.000 millones de dólares) porque consideran que están más establecidas y tienen un historial probado de ganancias estables.

De cualquier manera, es importante recordar que la capitalización de mercado que tiene una empresa toma solamente en cuenta el valor total de todo el capital en circulación, ignorando otros factores cruciales que, casi con certeza, afectarán dramáticamente a nuestra decisión final de inversión.

3. Beneficio por acción (BPA)

Esta métrica clave, conocida como *earnings per share* (EPS) en inglés, desglosa la rentabilidad de la empresa en relación con sus acciones y puede calcularse dividiendo simplemente los beneficios netos totales de la compañía[6] por el número total de acciones en circulación. El resultado sirve como una indicación muy clara de cuántas ganancias genera la empresa por cada título en circulación.

Por ejemplo, si una empresa tiene un beneficio neto de 10 millones de dólares y cuenta con 5 millones de acciones en circulación, su BPA sería de 2 dólares por acción. De igual manera, si una empresa tiene un beneficio neto de 10.000 millones de dólares al año y suma unos 500 millones de acciones en circulación, entonces su BPA es de 20 dólares. Este cálculo, totalmente sencillo, se ilustra a continuación para ambos ejemplos (tabla 2.2):

6. Los beneficios netos reflejan las ganancias después de impuestos obtenidas por la compañía durante un determinado período temporal (un trimestre, un año, etcétera).

Tabla 2.2. Beneficio por acción (BPA) = beneficio neto/ número de acciones

	EMPRESA A	EMPRESA B
Beneficio neto	10.000.000 $	10.000.000.000 $
Acciones en circulación	5.000.000	500.000.000
BPA	10.000.000 $/ 5.000.000 de acciones = 2 $ por acción	10.000.000.000 $/ 500.000.000 de acciones = 20 $ por acción

En la práctica, si la ratio BPA es elevada, esto sugiere que la empresa está logrando una cantidad significativa de ganancias en relación con el número de acciones en circulación, y viceversa. Sin embargo, por encima de cualquier otra cosa, lo que hace que este número sea tan importante a la hora de tomar una decisión de inversión es el hecho de que se puede comparar con las ganancias del año anterior de la empresa (o con las del trimestre anterior, si se analiza un informe trimestral) y con el consenso general de los analistas de Wall Street a la hora de determinar si la empresa superó sus proyecciones o se quedó por debajo de lo esperado.

De cualquier manera, por muy integral que sea esta métrica para el cálculo del valor intrínseco de una compañía, es importante recordar que sólo representa una pequeña pieza más dentro de un rompecabezas financiero mucho más grande como el que estamos desentrañando.

4. Ratio precio-beneficio (PER)

La relación o ratio precio-beneficio, conocida también como *price-earnings-ratio* (P/E, o PER) en inglés (también llamada P/B en español), constituye una de las métricas financieras más comúnmente mencionadas. Mide el valor total que los inversores están dispuestos a otorgarles a los beneficios por acción que cosecha una empresa.

Para calcular el PER, simplemente divide el precio actual de las acciones de la compañía entre los beneficios por acción (BPA). Por ejemplo, si las ganancias anuales de una empresa son hoy de 4 dólares por acción, y si las acciones cotizan a 48 dólares por acción, los inversores están «asignando» a la empresa una ratio PER de exactamente 12. Por el contrario, si en Wall Street están más optimistas sobre el desempeño de la empresa, su relación PER sería significativamente mayor. Así, utilizando el mismo ejemplo con unos beneficios anuales de 4 dólares por acción, encontramos que Wall Street asignaría a la compañía una relación PER de 25, de modo que las acciones cotizarían ahora a 100 dólares por acción. Este sencillo cálculo se ilustra a continuación, para ambos ejemplos:

PER = precio actual de la acción/beneficio por acción

Supuesto 1
Precio actual de la acción = 48 $ por acción
Beneficio por acción = 4 $
PER = 48 $/4 $ = 12

Precio de la acción = ratio precio-beneficio (PER) × beneficio por acción (BPA)

Supuesto 2
Beneficio por acción = 4 $
PER de consenso = 25
Precio de la acción = 4 $ × 25 = 100 $

En términos prácticos, una relación PER más elevada significa que los inversores están dispuestos a pagar un múltiplo muy grande en relación con las ganancias anuales que está cosechando la empresa, lo que revela que son extremadamente optimistas sobre las perspectivas de crecimiento futuro que tiene la firma. Por el contrario, una relación PER más baja significa que los inversores son relativamente pesimistas, o al menos poco entusiastas, a la hora de valorar el potencial de crecimiento futuro de una empresa y que, por tanto, están dispuestos a pagar un múltiplo mucho menor sobre las ganancias de la compañía.

Por ejemplo, una empresa que está creciendo extremadamente rápido, con un margen bruto alto y un modelo de negocio convincente, cotizará por lo general con un PER mucho más alto que una firma de crecimiento lento que tenga márgenes muy reducidos y no cuente con una forma fácilmente discernible para ir aumentando más rápidamente sus beneficios. En términos prácticos, la ratio PER permite a los inversores comparar rápidamente el valor que el mercado está otorgando a las ganancias de una determinada compañía en relación con otras que, por ejemplo, pueden estar dentro de la misma industria o del mismo sector. Si el PER está por encima del promedio del sector, esto sugiere que los inversores son optimistas sobre el potencial de crecimiento futuro de la compañía, especialmente en relación con el resto de la industria en la que opera; por el contrario, si la ratio PER está por debajo del promedio sectorial, esto significa que los inversores son pesimistas sobre el potencial de crecimiento futuro de la firma, en relación con sus competidores.

Yendo un paso más allá, vemos que el mercado prescribe una relación PER promedio diferente para cada sector o industria específico, en función del potencial de crecimiento general que se le imputa a cada sector en relación con el resto de las ramas de actividad que componen la economía y cotizan en el mercado de valores. En el gráfico 2.2 se muestra una lista de las relaciones PER promedio de los sectores más grandes y más activamente negociados en la bolsa estadounidense:

Gráfico 2.2. PER medio de las compañías negociadas en la Bolsa de Nueva York

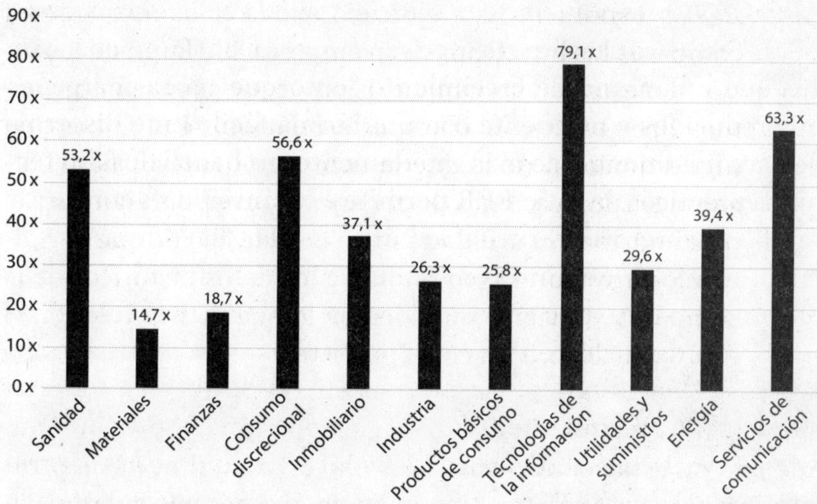

Para tener una foto completa de cómo el mercado valora actualmente una empresa y hacia dónde creen los inversores que se dirige el valor de dicho título, los analistas utilizan dos tipos de ratios PER que sirven para evaluar el potencial de crecimiento actual y futuro de una empresa específica:

1. *Trailing PER*. Esta métrica utiliza los beneficios por acción de una empresa durante los últimos doce meses para calcular su relación PER. En este caso, el carácter histórico de los datos hace que la ratio PER sea una medida muy precisa del valor de una empresa, al permitir a los inversores utilizar el desempeño pasado de una empresa para medir su potencial de crecimiento futuro. Sin embargo, hay un peligro inherente a este cálculo, en el sentido de que, dado que esta ratio no tiene en cuenta el crecimiento a corto plazo de una compañía, lo cierto es que se abre la posibilidad para que un inversor se pueda quedar fuera de un importante impulso de crecimiento a corto plazo que podría impactar drásticamente en el precio de las acciones de la empresa a lo largo del curso siguiente. Para tener

en cuenta esa posibilidad, los inversores sofisticados también consideran un segundo tipo de relación PER antes de tomar una decisión de inversión.

2. *PER prospectiva.* Este ejercicio ayuda a los inversores a comparar los beneficios de la empresa a lo largo de los últimos meses con las ganancias proyectadas para los próximos doce meses; es decir, esta relación PER se basa en una estimación de lo que la compañía podría valer si alcanza las proyecciones de ganancias que se barajan para el próximo año. Su utilidad radica en el hecho de que permite a los inversores ir más allá de los datos históricos de la compañía y hacerse una idea de lo que podría valer en el futuro, si alcanza las cotas previstas.

Además de estas cuatro variables clave, existen muchas otras métricas que los analistas tienen en cuenta para calcular el valor intrínseco de una empresa. Pero, en lugar de explicártelas en las próximas cincuenta páginas (y, por el camino, aburrirte hasta la muerte), le dejaré ese honor al gran Benjamin Graham, cuyo innovador libro *El inversor inteligente* (Deusto, 2022) resulta mucho más procedente que cualquier explicación mía a la hora de explicar la mecánica del cálculo del valor intrínseco de las empresas. El problema es que, para leer los primeros capítulos de Graham, probablemente necesitarás consumir al menos cinco tazas de café y tomarte un Adderall extrafuerte.

Dicho con otras palabras, por más informativo que pueda ser *El inversor inteligente*, también es una lectura aburrida que seguramente induce al sueño a la mayoría de nosotros, con la excepción de los inversores en valor más comprometidos. Pero, a pesar de todo, el hecho de que éste sea el libro que Warren Buffett utilizó como base de la filosofía de inversión que lo ha convertido en una de las personas más ricas del mundo hace que *El inversor inteligente* sea una lectura obligada para cualquiera que pretenda profundizar más en dicha filosofía.

En segundo lugar, los inversores creen que vienen tiempos mejores

Lo de que vienen tiempos mejores es un tanto complicado, porque hay una delgada línea que separa a los inversores que «piensan» que vienen buenas noticias para la compañía en cuestión y los que «saben» que, en efecto, las buenas noticias están en camino.

En el primer caso, esta estrategia de inversión no sólo es completamente legal, sino que también es una razón común por la cual puede aumentar repentinamente la demanda de una acción. En el segundo caso, esta estrategia de inversión no es sólo completamente ilegal, sino que también es un motivo común por el que los inversores pueden acabar cumpliendo penas de tres a cinco años de cárcel en una prisión...

El ejemplo común de la versión legal de esta estrategia es un inversor que compra acciones de una empresa que está a punto de presentar resultados. Tal compra se hace desde el convencimiento o la perspectiva de que tales resultados van a superar las expectativas establecidas por los analistas de Wall Street que cubren esa acción. Si el inversor tiene razón y los resultados son mejores de lo esperado, el apetito de compra se precipitará en el mercado y llevará a un mayor interés por adquirir más acciones de la empresa. En esencia, superar las expectativas convierte a la acción en una ganga repentina, lo que da lugar a que inversores más rápidos salten al mercado y compren acciones de una empresa que repentinamente se antoja infravalorada.

Para ello, existen decenas de tipos de noticias financieras que los inversores siguen con un celo casi religioso. Aquí van algunos ejemplos: el anuncio del pago de dividendos, el aumento de los dividendos abonados a los accionistas, los rumores acerca de una posible adquisición de la compañía, el anuncio formal de un proceso de adquisición, un resultado positivo en el ensayo clínico de un fármaco comercializado por la compañía, la resolución de un litigio importante, la repentina entrada en el accionariado de un inversor de renombre como Warren Buffett o Elon Musk, la firma de un contrato revolucionario, la aprobación de una nueva patente, un aumento masivo en la cifra de suscriptores mensuales... También entran en este tipo de contenidos varias clases de noticias macroeconómicas, caso de los cambios en la tasa de inflación, los niveles de desempleo, los tipos de interés, el producto interior bruto (PIB), el déficit comercial, los visados de construcción de nuevas viviendas, etcétera.

¿Te parece un tanto abrumador? Si es así, no te preocupes. Aunque la lista de noticias financieras seguidas por los operadores del mercado es muy larga, estas publicaciones solamente afectan a las acciones de una de dos maneras:

1. Cuando hay buenas noticias, se da un aumento repentino en el valor percibido de la compañía, lo que motiva a los inversores más rápidos a lanzarse al mercado y comprar acciones de una empresa que ahora se antoja infravalorada, lo que hace que las acciones suban.
2. Cuando hay malas noticias, se produce una disminución repentina en el valor percibido de la empresa, lo que motiva a los inversores más rápidos a lanzarse al mercado para vender sus acciones de una empresa que ahora se antoja sobrevalorada, lo que provoca que las acciones caigan.

Cuando se trata de programar tu compra, existen dos estrategias distintas a la hora de fijar ese *timing* inversor:

1. *Comprar antes de que se conozcan las buenas noticias*. La clave sería comprar acciones con suficiente antelación, antes de que salgan las buenas noticias, para así evitar la posibilidad de que el impacto se vea reflejado en el precio de los títulos. Verás..., cuanto más cerca estamos nosotros de las buenas noticias, más cerca están también otros inversores que se han enterado y han comenzado a comprar anticipándose a una probable subida. Y, si bien no existe una regla estricta al respecto, la norma general es que, si uno compra en la semana de publicación de la noticia, es probable que parte de su impacto ya se haya reflejado en el precio de la acción.

2. *Comprar después de que salgan las buenas noticias.* En este caso, tu éxito se basará en la relativa «velocidad» con la que realices la operación, al menos en comparación con otros inversores que están tratando de hacer exactamente lo que mismo que tú estás haciendo, que no es más que buscar una ganancia relativamente pequeña a corto plazo participando en una estrategia altamente competitiva, conocida como compra de impulso o *trading* de *momentum*. Los operadores que proceden de esta forma intentan aprovechar una pequeña parte del recorrido de aquella acción que se mueve rápidamente a medida que sube o baja. Personalmente, te desaconsejo utilizar este tipo de estrategia inversora a corto plazo, a menos que seas un inversor profesional, puesto que los inversores promedio tienden a perder la camisa en este tipo de situaciones de rápido movimiento. Un ejemplo perfecto de esto es el frenesí comercial de GameStop que ocurrió en enero de 2021.[7] En aquel caso, los inversores promedio que compraron a raíz del bombo y la publicidad que se le dio a lo que estaba ocurriendo perdieron grandes sumas de dinero. Dicho episodio nos sirve como una advertencia sobre los riesgos de la compra y venta de acciones a corto plazo y los peligros asociados a quedarse atrapado en el revuelo del mercado.

En tercer lugar, los inversores siguen la «teoría del tonto mayor»

A modo de definición, la «teoría del tonto mayor», o la «teoría del más tonto» (*greater fool theory*), sostiene que el valor de las acciones de una empresa es lo que esté dispuesto a pagar por

7. GameStop es una cadena de tiendas de videojuegos que vio cómo el precio de sus acciones disparaba su valor a raíz de un esfuerzo coordinado por parte de un grupo de inversores especializados en el sector *retail* (minorista) que se coordinaron en un foro de Reddit conocido como WallStreetBets.

ellas el operador más tonto del mercado. Dicho con otras palabras, cuando estás decidiendo si debes comprar o no una acción, no tienes que preocuparte por su valor intrínseco siempre que haya otras personas en el mercado que estén dispuestas a pagar un precio más alto que el que has pagado tú.

Por ejemplo, digamos que estás considerando comprar una acción que hoy se cotiza a 20 dólares. Después de investigar un poco, quizá llegas a la conclusión de que su valor intrínseco es de apenas 15 dólares por acción, pero hay compradores de impulso en el mercado que están dispuestos a pagar hasta 30 dólares por título.

¿Comprarías las acciones?

La respuesta es que depende de la teoría de inversión a la que te adhieras.

Si asumes la escuela de la inversión de valor, seguramente no lo harás. Establecerás una comparativa entre el valor intrínseco de 15 dólares por acción y el precio actual de las acciones, de 20 dólares por acción, y concluirás que la compañía está sobrevalorada por un monto equivalente a 5 dólares por acción, de modo que darás carpetazo al tema y pasarás a estudiar otras opciones.

Sin embargo, si te adhieres a la teoría del tonto mayor, lo más seguro es que compres las acciones. Si comparas el precio actual, de 20 dólares por acción, con el precio que el mayor tonto del mercado está dispuesto a pagar, unos 30 dólares por acción, probablemente concluirás que la compañía está infravalorada por un monto equivalente a 10 dólares. Y, si lo piensas mejor, probablemente justificarás la compra diciendo lo siguiente: «Sé que podría parecer una tontería pagar 20 dólares por acción de una empresa que vale apenas 15 dólares, pero sé que hay un tonto mayor por ahí que está dispuesto a pagar 30 dólares por título, de modo que, en el fondo, no soy un tonto y, de hecho, soy bastante inteligente».

Y ésa es, en pocas palabras, la teoría del tonto mayor.

En términos prácticos, cuando una acción está subiendo rápidamente, esta teoría sirve a menudo como un generador de demanda, animando oleadas de nuevas compras por parte de especuladores que podrían describirse mejor como un grupo de tontos cada vez más grande.

En retrospectiva, siempre y cuando no terminen encontrando que son los más tontos de todos, bien podría decirse de ellos que no solamente no son tontos, sino que están practicando el *trading* de impulso o *trading* de *momentum* con mucho acierto, demostrando un agudo sentido del tiempo para entrar y salir antes de que la última ola de tontos se precipite y selle su destino. Entonces, cuando ya no quedan tontos en juego, las acciones comienzan a colapsar, primero con lentitud y luego con cada vez mayor fuerza y rapidez, conforme los tontos huyen hacia la salida, corriendo todos al mismo tiempo y enviando un mensaje claro al mercado. La acción cae entonces en picado hasta acercarse a su valor intrínseco y, eventualmente, estabilizarse.

Esto es como jugar al juego de las sillas musicales, pero, en este caso, quien queda de pie cuando el sonido se para se gana el dudoso honor de ser denominado el mayor tonto de todos.

Si bien no puedo recomendarte que juegues a este juego, lo cierto es que, si estás absolutamente decidido a ignorarme y seguir adelante, aquí tienes un consejo tomado de un viejo dicho de Wall Street que te pondrá en la mejor posición para ganar: «Los toros ganan dinero, los osos ganan dinero... y los cerdos acaban masacrados». Los toros son los alcistas (*bull market*), los osos son los bajistas (*bear market*), y los cerdos son... los más tontos del mercado, esos operadores que acaban sufriendo un duro golpe.

Dicho con otras palabras, cuando se compra una acción que está subiendo rápidamente, hay que intentar entrar al final del principio de esa carrera alcista y, de igual manera, es inteligente salir al principio del final. No intentes subirte en la parte inferior de la curva, menos aún en la alta: solamente intenta alcanzar la carrera cuando se esté acercando a la mitad, de manera que tengas una buena posición para ganar dinero y evites un escenario en el que puedas acabar perdiéndolo todo. Para saber cómo hacerlo, espera a leer el capítulo 11.

En cuarto lugar, se produce un repunte en el sentimiento de los inversores

¿Recuerdas ese viejo dicho de Wall Street que comenté en el capítulo 1 y que indica que «la marea alta levanta todos los barcos»?

El sentimiento de los inversores representa el sentimiento o actitud general que tienen los operadores del mercado sobre la dirección futura que seguirá el mercado de valores. ¿Creen que el mercado va a más o quizá piensan que va a ir a menos?

El estado de la economía, el precio del petróleo, las guerras que se puedan estar librando, los informes de resultados publicados en las últimas semanas, el coste de la leche o de los huevos, las noticias de la noche... Todas estas cosas, y muchas más, entran dentro del cóctel que define ese ánimo. La suma de tales impactos se fusiona e integra hasta formar una conciencia colectiva a veces descrita como el «ánimo» del mercado o el «sentimiento» de los inversores o del mercado.

En aquellos casos en los que la sensación general es que el mercado va hacia arriba, Wall Street se refiere a esto como un proceso alcista. En cambio, cuando la sensación general es que el mercado va hacia abajo, Wall Street se refiere a este desarrollo como una dinámica bajista.

Entender bien esta cuestión te ayudará a procesar mejor lo que está sucediendo en el mercado, al brindarte más contexto e información sobre la manera en que reaccionan los inversores cuando se producen ciertos eventos del mercado o se anuncia cierto tipo de noticias. Por ejemplo, si el sentimiento de los inversores es generalmente positivo, esto sugiere que son optimistas sobre el futuro, y eso hará más probable que se anime la compra de activos, lo que ayudará a subir los precios. Por el contrario, si el sentimiento predominante entre los inversores es negativo, entonces se considera que ha calado una mirada pesimista y será más probable que se vendan activos, lo que puede hacer que los precios desciendan.

En consecuencia, cuando el apetito de los inversores va en aumento, se crea el equivalente a un «efecto escopeta» que desencadena una amplia ola de demanda y, literalmente, hace subir los precios de miles de acciones diferentes. Lo merezcan o no esos títulos, el ánimo alcista los impulsa. De igual modo, cuando el ánimo inversor decae, se crea el mismo efecto de escopeta, pero en la dirección opuesta, ya que se desencadena una amplia oleada de ventas que afecta en mayor o menor medida a miles de acciones.

De hecho, puedes ver esto tú mismo en la televisión, desde la comodidad de tu hogar. Simplemente sintoniza CNBC en un día en que la negociación en bolsa esté experimentando una jornada particularmente volátil. Si el mercado va en picado (entendiendo como tal una caída del 3 por ciento o más), verás pequeñas flechas rojas hacia abajo al lado de prácticamente todas las acciones de las que se recoge el precio en el *ticker* situado en la franja inferior de la pantalla. En cambio, si el mercado se está disparando (una subida del 3 por ciento o más), lo que verás son pequeñas flechas verdes hacia arriba, en vez de las rojas.

¿Qué resultados arroja todo esto?

Al entender el ánimo de los inversores podemos tomar decisiones de inversión mejor informadas, puesto que comprendemos mejor las fuerzas subyacentes que impulsan el mercado en esa jornada determinada. De lo contrario, si no llegas a entender estos procesos, a menudo te encontrarás desconcertado al ver que una determinada acción de tu cartera ha subido o bajado y creerás quizá que el movimiento en el precio tuvo algo que ver con aspectos ligados a la compañía, cuando en realidad es probable que simplemente se trate del impacto que ha tenido el sentir general de los inversores.

La única pregunta que nos queda pendiente es: ¿cómo funciona realmente el sentimiento de los inversores?

En otras palabras, ¿de dónde viene toda esa demanda adicional?

Recuerda: hay dinero real detrás de esas nuevas oleadas de demanda..., y esas olas tienen que venir de alguna parte, ¿verdad?

Pero, entonces, ¿de dónde salió todo este dinero nuevo?

La respuesta más simple es que proviene de otros mercados. Verás, la bolsa estadounidense no es la única en la que podemos invertir, ni mucho menos. De hecho, hay innumerables mercados de capitales entre los que los inversores pueden elegir cada vez que escogen dónde desplegar su capital inversor. Para ponerte un ejemplo, déjame poner a trabajar tu imaginación por un momento:

Quiero que imagines un número, sin duda asombrosamente grande, que represente la suma total de todos los activos del mundo, independientemente de quién los posea (es decir, en manos de individuos, corporaciones, gobiernos, instituciones financieras...), del país en el que se encuentren o se comercialicen o de su naturaleza real o intangible. Cuando hablo de todo, me refiero a todo: desde activos financieros (como acciones, bonos, efectivo, fondos de pensiones, fondos de inversión, dinero depositado en cuentas bancarias...) hasta activos reales (como bienes inmobiliarios, materias primas, metales preciosos, maquinaria, ganado animal o todos los artículos producidos a lo largo de todas las cadenas de suministros), pasando por los diversos activos creados por las instituciones financieras para facilitar el flujo de bienes y servicios a nivel global (billetes, tarjetas de crédito, garantías bancarias, operaciones de financiación de las cadenas de suministro, etcétera).

Pues bien, según los genios de McKinsey & Company (esa firma de consultoría de primera línea que fue directamente responsable de convencer al gobierno de Estados Unidos y a las corporaciones más grandes del país para que destruyeran la economía estadounidense y dejasen que sus industrias se fuesen a China para poder explotar toda esa mano de obra barata durante algunas décadas, mientras silenciosamente se allanaba el camino para que China se terminase apoderando del mundo), la suma total de todos esos activos que hemos mencionado es, aproximadamente, de 1,5 trillones de dólares.

Para que puedas hacerte una idea de lo jodidamente grande que es ese número, piensa que es el equivalente a seguir el 1,5 con diecisiete ceros después, tal que así: 1.500.000.000.000.000.000 dólares.

Bien, es un número enorme, ¿verdad?

Sin duda, lo es.

Sin embargo, no todos esos 1,5 trillones de dólares están «en juego», por así decirlo.

Hay aproximadamente un tercio de esa cifra total que se corresponde con activos que no son líquidos, lo que significa que no pueden venderse fácilmente ni convertirse en efectivo tan sencillamente. Entonces, si restamos todos los activos no líquidos de los 1,5 trillones de dólares, terminamos con 1 trillón. Esa cifra, aún descomunal, representa la suma total de todos los activos líquidos del mundo.

En términos prácticos, significa que, en cualquier momento dado, hay 1 trillón de dólares repartido por todo el mundo, entre miles de bancos, firmas de corretaje, fondos de pensiones y fondos de inversión diferentes. Cada persona con conciencia financiera puede controlar una parte de estos activos. Todos buscan exactamente lo mismo: cerrar el año logrando la mayor rentabilidad porcentual a partir de los activos que controlan, así como evitar perder el control de dichos bienes a lo largo del proceso.

En el sistema financiero globalmente interconectado de hoy, estos activos viajan constantemente por todo el mundo con una velocidad y fluidez increíbles. Día tras día, literalmente, billones de dólares se mueven a través del sistema, mientras banqueros, gestores e inversores profesionales recorren los mercados globales en busca del mayor rendimiento anual con el menor riesgo. En términos generales, es como si siempre hubiera un tira y afloja financiero entre dos equipos opuestos, cada uno con su filosofía de inversión y un nivel diferenciado de tolerancia al riesgo.

A un lado de la cuerda está el Equipo Capital, o *Team Equity*, también conocido como Equipo Acciones, o *Team Stocks*. Este equipo está formado por cada acción de cada empresa cotizada en cada bolsa de valores diferente de cada parte del mundo. Desde la Bolsa de Valores de Nueva York hasta la de Londres, desde el Nasdaq hasta la Bolsa de Johannesburgo o los mercados de valores de Moscú, Polonia, Alemania, Corea del Sur y cualquier otro lugar: cada acción que se negocia en dichos mercados forma parte de este equipo.

Ahora bien, cuando posees acciones de una determinada empresa, esto es equivalente a tener un título de propiedad de una parte del accionariado de esa empresa, ¿verdad? Pues bien, desde una perspectiva de inversión, esto te ofrece un mayor potencial de crecimiento (si a la empresa le va bien y las acciones suben) y también un mayor riesgo a la baja (si a la empresa le va mal y las acciones bajan o si la compañía cae en una situación desfavorable o incluso una bancarrota). En consecuencia, se considera que el Equipo Capital es el de más riesgo y, también, el de mayor recompensa potencial, en la medida en que los accionistas ganan más cantidad de dinero si las cosas van bien y pierden más dinero si las cosas van mal. ¡Así funciona el Equipo Capital!

En cambio, tirando al otro lado de la cuerda, nos encontramos con el Equipo Deuda (*Team Debt*), también conocido como el Equipo Bonos (*Team Bonds*).

Está formado por todos los bonos y pagarés emitidos por cualquier gobierno, ayuntamiento, corporación empresarial o institución financiera, en cualquier parte del mundo. A diferencia de una acción, que representa la propiedad que ostenta el emisor, un bono no tiene tales implicaciones, sino que, más bien, representa una promesa del emisor al tenedor mediante la cual el primero debe reembolsar el monto total del bono en un momento determinado en el futuro (según la fecha de vencimiento del título), así como una cantidad acordada de intereses que serán distribuidos para su pago en intervalos regulares (según el interés del cupón del bono que hayamos adquirido).

Desde una perspectiva de inversión, invertir en un bono ofrece significativamente menos ventajas que invertir en una acción, porque las ganancias se limitan al interés que paga un bono. Sin embargo, los bonos son mucho menos arriesgados que las acciones, porque el emisor está legalmente obligado a devolverte hasta el último dólar cuando el bono venza finalmente. Además, la mayoría de los bonos obligan al emisor a realizar pagos regulares de intereses a lo largo del período de maduración y, si no se cumplen estos compromisos, los tenedores de bonos pueden demandar al emisor y obligarlo a declararse en quiebra.

En esas raras ocasiones en las que realmente se produce un

incumplimiento, el tribunal dará a los tenedores de bonos un trato preferencial, colocándolos al frente de la fila de acreedores para que puedan recibir su pago primero, mientras que la justicia les hará un corte de mangas a los accionistas y los enviará al final de la fila de acreedores, de modo que casi nunca podrán recuperar su dinero en este tipo de circunstancias. Es por esta razón que el Equipo Deuda despliega un juego de bajo riesgo y también de baja recompensa. Ofrece un rendimiento fijo, independientemente de cómo le vaya al emisor, así como un nivel de riesgo mucho menor.

Volviendo a nuestro tira y afloja financiero, y dependiendo de lo que esté sucediendo actualmente en el mundo (economía, finanzas, geopolítica, acontecimientos militares, pandemias...) y del impacto colectivo que estos eventos puedan tener en el sistema financiero, lo que quiero que imagines es la ventaja temporal que, por momentos, podrían tener cada uno de estos dos equipos. Si de repente hay más jugadores a un lado de la cuerda, podrán tirar con mayor fuerza y se beneficiarán de una ventaja injusta. La consecuencia de ello es que ese equipo empezará a ganar el tira y afloja y que un tsunami de activos empezará a fluir en su dirección.

Por ejemplo, cuando suben los tipos de interés, el Equipo Deuda lleva ventaja, y el dinero saldrá del mercado de valores y entrará en el mercado de bonos. ¿Por qué? Porque los tipos de interés de los bonos serán mayores y, por tanto, estos títulos serán más lucrativos para los inversores, que también se lucrarán con el beneficio de un riesgo muy reducido de perder su inversión. Por el contrario, cuando los tipos de interés bajan, el dinero sale del mercado de bonos y vuelve al de acciones, básicamente porque los rendimientos de los bonos se habrán vuelto menos lucrativos para los inversores, que ahora creerán que el mercado de valores les ofrece más oportunidades de ganar dinero, aunque ello conlleve un riesgo adicional.

Por eso, cuando los tipos de interés aumentan, el mercado de valores tiende a caer, porque el dinero sale de las acciones cotizadas y entra en bonos de deuda. De igual manera, cuando los tipos de interés caen, el mercado tiende a subir, puesto que el dinero sale del mercado de bonos y entra en el de valores. En términos básicos, esto se conoce técnicamente como una relación inversa, lo que significa que, cuando una variable aumenta, la otra cae, y viceversa.

Así, diremos que existe una relación inversa entre la dirección de las tasas de interés y el sentimiento general de los inversores. Específicamente, una disminución en los tipos de interés hará que el sentimiento de los inversores aumente de forma generalizada, mientras que un aumento de tipos hará que el ánimo inversor decaiga. Yendo un paso más allá, podemos decir que un repunte en el sentimiento de los inversores equivale a algo así como que la mayoría de los inversores en el mercado digan simultáneamente: «Creo que ahora obtendré una mayor rentabilidad comprando acciones que adquiriendo bonos...». Y es así como el dinero comienza a salir del mercado de bonos y fluye hacia la bolsa, desatando una amplia ola de demanda que inunda a miles de acciones, sean o no valiosas.

En términos generales, los cambios en el ánimo de los inversores conducen a una de estas dos mentalidades: asumir más riesgo... o asumir menos.

En tiempos de mayor estrés, cuando los tipos de interés están aumentando y hay incertidumbre acerca de la economía y el mundo parece estar a punto de implosionar, los inversores tienden a adoptar una mentalidad de mayor aversión al riesgo, lo que hace que el dinero salga del mercado de valores y entre en el de deuda. Además, el dinero que permanezca en el mercado de valores bajo tales circunstancias tenderá a fluir de empresas de mayor riesgo y menos estables en su trayectoria hacia compañías más seguras y predecibles.

Por el contrario, en tiempos de menos miedos y ansiedad en el mercado, cuando la economía parece estar fuerte y los tipos de interés están cayendo, el mundo en general parece estar en relativa paz y los inversores tienden a desarrollar una mentalidad de mayor apetito por el riesgo, lo que hace que el dinero salga de los bonos y fluya a la compra de acciones, en busca de rendimientos potencialmente mayores, por mucho que ello conlleve más riesgos.

Dicho con el lenguaje de Wall Street, hablamos de dos clases de activos (acciones y bonos) que tienden a moverse en direcciones opuestas, de modo que su evolución describe una baja correlación (cuando una sube, la otra tiende a bajar), mientras que dos clases de activos que tienden a moverse en la misma dirección guardan una alta correlación (cuando una sube, la otra tiende a subir también).

Volveré a este tema en un capítulo posterior, cuando te explique cómo opera el proceso de asignación de activos y estudiemos cómo diseñar una cartera de inversiones capaz de establecer un equilibrio entre el riesgo y la recompensa, actuando de una manera que sea congruente con tus objetivos de inversión.

Así que, con todo esto en mente, volvamos ahora al ejemplo de las acciones de 40 dólares que cayeron a 10 dólares después de que las compraste. La pregunta que te hice era: ¿qué deberías hacer?

Hay tres opciones:

1. Vender las acciones y anotarse las pérdidas.
2. Mantener las acciones y esperar a que suban de nuevo.
3. Promediar a la baja y comprar aún más títulos.[8]

¿Qué debes hacer? Depende.

Para tomar una decisión inteligente es preciso retroceder al momento en que compraste las acciones por primera vez (a 40 dólares) y preguntarse por qué. Dicho con otras palabras, si bien las acciones pueden estar por debajo de dicho valor, ciertamente no creías que eso es lo que iba a pasar cuando las compraste por primera vez, ¿no?

8. Promediar a la baja (*averaging down*) es la estrategia que consiste en comprar más acciones de un título que compraste originalmente a un precio mayor al actual. De esta forma, el precio medio de la posición que ostentas en dicho activo se verá reducido y el beneficio potencial asociado a una eventual subida de su cotización será mayor.

Entonces, ¿tu compra se basó en una apuesta por el valor? ¿Creías que el valor intrínseco era significativamente superior a 40 dólares por acción y que estabas comprando las acciones a precio de ganga?

¿O acaso compraste esos títulos porque había buenas noticias que creías que animarían su cotización? ¿Creíste, por ejemplo, que la empresa iba a registrar unos beneficios mayores de lo esperado o que se disponía a firmar un contrato revolucionario o incluso a recibir una oferta pública de adquisición por parte de otra empresa?

¿O más bien todo fue una compra de impulso que terminó volviéndose en tu contra y ahora empiezas a temer que, quizá, el tonto mayor vas a terminar siendo tú?

Verás, la forma adecuada de responder a la versión capitalista del dilema shakespeariano (es decir, la manera de determinar si debemos «vender o no vender») consiste en volver al principio, recordar por qué compraste las acciones en un primer momento y hacerte una sencilla pregunta: ¿sigue siendo válido tu razonamiento?

Si es así, entonces probablemente deberías conservar las acciones, a menos que haya algo más en la empresa o en el mercado en general que prevalezca sobre tu motivación original para hacerte con ellas. En cambio, si tu motivación original no sigue siendo válida, ¿crees que ahora impera otra razón igualmente válida?

Por ejemplo, si compraste una acción a 40 dólares basándote en una apuesta de valor, y si el título ha caído 30 dólares desde que la compraste, lo primero que deberías hacer es volver a revisar los fundamentales de la empresa y asegurarte de que no te equivocaste al calcular el valor intrínseco.

Dicho con otras palabras, si pensabas que el valor intrínseco era de 75 dólares por acción y ahora las acciones han bajado a 10 dólares por título, lo primero será reexaminar los fundamentales de la empresa. Tras hacerlo, ¿sigues convencido de que vale 75 dólares por título? Si es así, te recomiendo encarecidamente que compres más títulos a 10 dólares, ¡porque entonces sí que estás ante una ganga! Sin embargo, si los fundamentales de la empresa resultaran ser mucho peores de lo que habías calculado originalmente (o, tal vez, si ha surgido una mala noticia que provoca que el valor intrínseco caiga hasta el nivel tan bajo en el que se encuentran las acciones en este momento), entonces te recomiendo encarecidamente que vendas las acciones, te anotes las pérdidas, aprendas de tu error e inviertas con más cuidado en el futuro.

Por el contrario, si la motivación de su compra se basaba en que esperabas buenas noticias, entonces las preguntas que debes hacerte son: ¿qué pasó cuando se supo esa noticia?, ¿acaso el impacto positivo ya se ha incorporado al precio o te has equivocado y la noticia fue peor de lo esperado, provocando un descenso en el valor de los títulos?

De cualquier manera, dado que la motivación detrás de tu compra ya no es válida, debes considerar si existe alguna otra razón por la que debes seguir manteniendo las acciones. Por ejemplo, si el precio ha caído tan bajo, ¿tiene sentido seguir manteniendo los títulos, pero esta vez por una mera estrategia de valor?

En cambio, si no se puede jugar con el valor y si no se esperan buenas noticias, ¿por qué ibas a querer conservar las acciones? Si es así, ¡no lo hagas! Lo lógico, en tal supuesto, es vender las acciones, aprender de tu error y buscar una manera mejor de poner tu dinero a trabajar para ti.

Por último, si compraste basándote en la teoría del tonto mayor, y si las acciones han caído de 40 a 10 dólares cada una, quizá deberías empezar a darte cuenta de que, al parecer, fuiste tú quien resultó ser el más tonto... Por tanto, vende las acciones y sigue adelante.

Sea cual sea el caso, lo único que no te dirás a ti mismo es: «No puedo vender las acciones ahora porque las compré a un precio mucho más alto hace seis meses y no quiero registrar esa pérdida». Amigo mío, ésa es la forma más rápida de acabar arruinado.

Por tanto, utiliza un proceso simple llamado «cambiar de

opinión». Hazlo de acuerdo con la nueva información que tienes a tu alcance. Actuar así no sólo es un rasgo adaptativo clave de todos los seres humanos, sino que también te permitirá moverte por el mundo de manera empoderada. Intentamos cosas nuevas, a veces fallamos al principio, luego cambiamos nuestro enfoque basándonos en la nueva información que tenemos y, a renglón seguido, lo intentamos de nuevo. Repite esos pasos varias veces y, efectivamente, al final lo lograrás. Pero recuerda que el proceso comienza por tener esa comprensión y entender en qué te estás metiendo realmente, en términos de cómo funcionan las cosas, por qué operan de esa forma y cómo pueden terminar desarrollándose en última instancia.

Para seguir avanzando, es hora de que te dé una rápida lección de historia.

Pero ¡lo haremos a la manera del Lobo de Wall Street!

3

La gran máquina de burbujas estadounidense

Soy el Lobo de Wall Street, así que no debería sorprenderte que, de vez en cuando, si algo de lo que te estoy hablando hace que realmente me hierva la sangre, sienta una necesidad incontrolable de mostrar mis colmillos...

En este caso particular, el «algo» que me hizo perder la cabeza y sacar el lobo que llevo dentro fue un artículo que leí en la revista *Rolling Stone*.

Escrito en 2010 por un periodista de investigación llamado Matt Taibbi, el texto en cuestión llevaba por título «La gran máquina de burbujas estadounidense» y no era más que un espeluznante despliegue de acoso y derribo contra Goldman Sachs, el banco de inversión más grande, poderoso y despiadado del mundo. En resumen, el autor comparaba a Goldman Sachs con un «calamar gigante que se envuelve en torno al rostro de la humanidad y mete su embudo de sangre en cualquier cosa que huela a dinero, chupándola cual vampiro».[9]

La columna consistía en 9.800 palabras que, sin duda, provocaban ira en aquel que las leía. No cabe duda de que el artículo

9. Taibbi, Matt, «The great American bubble machine», *Rolling Stone*, 5 de abril de 2010, <https://www.rollingstone.com/politics/politics-news/the-great-american-bubble-machine-195229/amp/>.

era impactante, aleccionador y francamente exasperante. De hecho, fue tan exasperante que me sorprendió que no despertase todo tipo de acciones legales y no animase a los indignados del Main Street a coger las antorchas y las horcas y marchar hacia Wall Street para linchar los codiciosos traseros de los financieros.

Para mí sigue siendo un misterio que aquella pieza de la revista *Rolling Stone* no instigase una versión moderna del *Frankenstein* de Mary Shelley. Después de todo, el texto describe un nivel de codicia y corrupción que era tan sistémico y a tan gran escala que incluso a mí me resulta difícil imaginar o concebir..., y eso que soy el Lobo de Wall Street y pasé dos años entre rejas por fraude de valores y lavado de dinero.

Es irónico que, si bien yo había leído el artículo cuando se publicó por vez primera, lo cierto es que no tuvo en mí el mismo efecto visceral que tiempo después, cuando lo leí nuevamente. Es difícil explicar por qué. Quizá yo aún estaba terminando de asumir y digerir mis propias fechorías en Wall Street, por lo que me resultaba difícil desarrollar un sano y justificado sentido de resentimiento hacia tales prácticas. El caso es que, doce años después, y tras acumular más de una década de buenas obras a mis espaldas, adquirí una perspectiva mucho más amplia y mi reacción a aquel artículo fue muy diferente a la de la primera vez que lo leí. Sentí que, a pesar de lo equivocado que había estado por mis propias fechorías pasadas, yo no había sido más que un pequeño cachorro de lobo, limitado a mordisquear los talones o alimentarme de las sobras de los lobos más verdaderamente grandes que habitan Wall Street.

Antes incluso de llegar a la mitad del artículo de *Rolling Stone*, sentí como si estuviera leyendo una adaptación de *Juego de tronos* basada en el sector financiero estadounidense.

En esta versión, el mundo entero estaba representado por lady Olenna, de la benévola casa Tyrell, mientras que Goldman Sachs lo encarnaba la malvada reina Cersei, de la malévola casa Lannister. Según cuenta la historia, lady Olenna era una mujer manipuladora, astuta y despiadada que admitió abiertamente el haber hecho todo lo que consideró necesario para proteger a su dinastía. En cambio, la reina Cersei, que era la perra más astuta, despiadada y malvada de todas, terminó prevaleciendo. ¿Por qué fue derrotada lady Olenna? Como ella misma explicó, con sus inimitables palabras, «fue por falta de imaginación».

En sus fantasías más oscuras, incluso cuando se imaginaba asestando puñaladas por la espalda, trenzando intrigas o incurriendo en engaños descarados, no llegó a concebir el nivel de pura maldad que Cersei pudo llegar a alcanzar. Así, acabó asesinada (por obra, precisamente, del hermano gemelo de Cersei, Jaime Lannister).

De todos modos, antes de continuar, quiero dejar a un lado las referencias a la cultura pop, porque hay un punto clave que quiero compartir rápidamente contigo: a saber, que mi objetivo no es hacer que odies Wall Street más de lo que ya lo haces. De igual manera, tampoco quiero que odies a ninguna de las personas que trabajan actualmente en dicho sector. De hecho, conservo aún algunos amigos muy cercanos que trabajan en Wall Street. Son muy buenas personas y confío totalmente en ellas. Por descontado, eso no quiere decir que les dejaría administrar mi dinero: ni yo necesito que hagan eso por mí ni tú tampoco lo necesitarás cuando termines de leer este libro.

Mi opinión es que el problema con este tipo de instituciones financieras tan grandes y fuera de control está más allá de los empleados de base, porque está en un pequeño grupo de líderes que están en la cima, que piensan que están por encima de la ley y que ciertamente han visto cómo su ética ha caído en bancarrota.

Entonces, con esa advertencia en mente, en las próximas páginas te mostraré cómo Wall Street ha estado jodiendo al inversor promedio durante los últimos cien años y, de hecho, sigue haciéndolo hasta el día de hoy. Voy a volver al principio, para hablar de cómo empezó todo y cuándo se torcieron las cosas, y te mostraré cómo Wall Street sigue intentando robarte el bolsillo a diario. Asimismo, te ayudaré a que entiendas cómo puedes evitar esas malas prácticas con facilidad e incluso vencer a Wall Street en su propio juego.

He aquí la triste realidad: en los últimos cuarenta años, Wall Street ha llevado al mundo al borde del colapso financiero no una ni dos, sino cuatro jodidas veces. Así es, cuatro malditas veces. Y, sin duda, lo seguirán haciendo una y otra y otra y otra vez.

Nunca van a parar.

¿Por qué?

Porque no queda nadie que los detenga.

Dicho en pocas palabras, ese calamar gigante que opera como un vampiro, también conocido como Goldman Sachs, ha cimentado, junto con el resto de los infames banqueros de Wall Street, una relación impía con los políticos de Washington D. C. Esa relación les permite joder financieramente al resto del mundo y actuar casi con total impunidad, siempre y cuando miles de millones de dólares sigan fluyendo hacia sus bolsillos.

Es un acuerdo rentable para ambas partes.

¿Crees que estoy exagerando?

En los últimos cuarenta años, han llevado a Islandia a la bancarrota, han reventado a Noruega, han diezmado a Grecia, han saqueado a Polonia, han robado a Argentina, han destripado a Europa, han hundido a Ucrania, han jodido a México, han apuñalado por la espalda a Inglaterra, han corrompido el mercado de materias primas, han inflado y echado a la basura el Nasdaq, han incubado la crisis de las entidades financieras especializadas en el ahorro, han monetizado el calentamiento global, se han vendido a China y, para colmo, en 2008 estuvieron a un paso de destruir el único país del mundo que todos pensaban que era indestructible, los queridos y viejos Estados Unidos de América. Ellos han sido quienes han causado toda esa destrucción.

Entonces, y lo digo con toda seriedad, uno tiene que preguntarse a sí mismo qué clase de payasos depravados intentarían destruir el único país cuyo poder militar incomparable impide que el resto del mundo marche hacia Wall Street y se encargue de sus culos cual Frankenstein enloquecido.

Es, indudablemente, una locura.

Sin embargo, el hecho es que, el 16 de septiembre de 2008, el día después de que Lehman Brothers quebrara, el pinchazo financiero se escuchó en todo el mundo. El sonido no era más que un billón de dólares en hipotecas de mierda que terminaban evaporándose en el aire. Estuvimos literalmente a un latido de ir al cajero automático local a retirar efectivo, meter la tarjeta por la ranura, ingresar nuestro pin y ver cómo lo único que salía era una bocanada de aire con la siguiente nota:

> Estimado y tonto depositante:
>
> Sí, los rumores son ciertos. Los bastardos codiciosos de Wall Street (incluyéndome a mí, el director ejecutivo de este banco nacional en el que usted fue tan tonto como para depositar su dinero) finalmente lo hemos conseguido.
>
> Lo hemos robado todo.
>
> No queda nada para ti ni para nadie en Estados Unidos. No hay dinero para retirar de vuestras cuentas bancarias, porque todo ha sido transferido de vuestros bolsillos a los nuestros.
>
> De la mano de los demás banqueros codiciosos de Wall Street, te hemos robado tu futuro financiero y el de tus seres queridos; y nos lo hemos gastado todo en comprarnos mansiones más grandes en los Hamptons, en hacernos con yates más caros para navegar, en adquirir obras de arte más caras para colgar en nuestras paredes, en desplegar más jets privados de lujo con los que devorar gasolina y volar a conferencias sobre el calentamiento global. Por lo tanto, lo único que nos queda es haceros el corte de mangas.
>
> Por tanto, vete a tu casa, carga la escopeta y espera a que comiencen los saqueos.
>
> O...
>
> Si no, puedes coger el teléfono y empezar a marcar.
>
> Exigimos que llames a tu congresista, a tu senador e incluso al presidente de Estados Unidos, el mismísimo George W. Bush. Diles a todos que sería mejor que le apretaran las tuercas a su secuaz, Hank Paulson, del Departamento del Tesoro, y a su experto en imprimir dinero, Ben Bernanke, de la Reserva Federal. O nos dan un puto rescate o la vida que has conocido hasta ahora se esfumará para siempre.
>
> Exigimos una suma de 1 billón de dólares, pagada mediante transferencias electrónicas sin consecuencias ni exigencias, así como la apertura de una línea de crédito en la secreta ventanilla de

descuento de la Reserva Federal, a la que debemos tener acceso ilimitado, de día y de noche, para pedir prestado tanto como podamos, tanto tiempo como queramos..., y, por supuesto, sin intereses. Además, a pesar de ser conscientes de que fueron nuestras propias acciones las que condujeron a la quiebra a todo el sistema financiero mundial, no aceptaremos que se nos imponga ningún control adicional, especialmente si tiene algo que ver con limitar nuestro propio poder y, menos aún, nuestros infladísimos sueldos, puesto que te avanzo que no tenemos ni la menor intención de aceptar ni un céntimo menos en nuestra compensación anual. Ni lo sueñes.

Con cero respeto y aún menos arrepentimiento,

Firmado: tu no tan humilde director ejecutivo.

PD: no te preocupes si Hank Paulson o Ben Bernanke no aceptan ninguna de estas demandas obviamente escandalosas. Al igual que yo, ambos trabajaron en Goldman Sachs, por lo que también están en el ajo. Lo único que buscan es que parezca que hay un poco de resistencia, para luego ir al Congreso y decir que los rescates no fueron cosa suya. Tiene que parecer que estaban de espaldas a la pared y que no tenían otra opción que hacer esto.

Para bien o para mal, no llegamos a ese extremo.

Todos los poderes del gobierno federal se reunieron a puerta cerrada: Hank Paulson, en el Departamento del Tesoro; Ben Bernanke, en la Reserva Federal; el presidente Bush y sus compinches, en la Casa Blanca. Juntos, cometieron este sucio acto sin necesidad de llegar al secuestro explícito del dinero de los ciudadanos.

Al final, los contribuyentes estadounidenses aportaron más de un billón de dólares para rescatar a Wall Street y corregir el rumbo del sistema financiero mundial, al menos temporalmente.

¿Crees que, al menos, Wall Street dio las gracias?

¡No! ¡Claro que no!

De hecho, desde su retorcida, codiciosa y egoísta perspectiva, eres tú, que vives en el Main Street, quien debería agradecerles todo lo que hacen.

Al fin y al cabo, sin todo el trabajo duro y traicionero que hacen en Wall Street (Lloyd Blankfein, el entonces director ejecutivo de Goldman Sachs, se refirió a su actividad como «el trabajo de Dios»), esta pequeña utopía capitalista nuestra ni siquiera se acercaría a sus actuales niveles de riqueza y prosperidad. Y, si bien eso es cierto (una economía capitalista próspera requiere de un mercado de valores que funcione adecuadamente y de un sistema bancario confiable que otorgue crédito a los prestatarios que tienen capacidad de devolver esa financiación), el hecho de que estos agentes desempeñen una misión de crítica importancia para el funcionamiento de un organismo mucho más grande no les da derecho a devorarlo lentamente hasta dejarlo tan debilitado como para que se marchite y muera.

De hecho, existe un nombre para este tipo de trastorno: cuando la célula de uno de nuestros sistemas de misión corporales más críticos encuentra una forma de evadir los controles y equilibrios habituales que, normalmente, impiden que crezca sin control, pasa algo.

Eso que pasa se llama cáncer y, si no lo eliminas, al final te matará.

Desafortunadamente, durante los últimos cincuenta años, incluso los comités federales de supervisión, que debían actuar como controles y contrapesos para limitar la actividad de Wall Street, se han visto comprometidos por todo tipo de circunstancias, desde contribuciones a campañas políticas que se entregan en forma de dinero negro hasta luchas políticas internas que impiden que estos órganos cumplan su papel.

Si crees que estoy exagerando, pon el canal C-SPAN durante unos quince minutos y observa la locura en la que han caído estos procesos... Incluso el puñado de políticos honestos que aún intentan proteger al ciudadano estadounidense se ven ahogados ante los argumentos de los representantes corruptos. Están comprados y se les ha pagado diez veces más. Financiados por un tsunami de dinero oscuro que fluye a través de los *lobbies* de Wall Street, el debate acaba secuestrado y deriva incluso en los extremos radicales. La extrema izquierda culpa a la extrema derecha, la extrema derecha culpa a la extrema izquierda, y al final del día, a pesar de que el 90 por ciento del país está de acuerdo en alcanzar un punto intermedio, el *statu quo* se mantiene —y Wall Street siempre gana.

Sé que probablemente estás pensando lo siguiente: «¿Y qué pasa con el FBI? ¿Acaso no tienen el poder de arrestar a los malos? Después de todo, a ti sí que pudieron detenerte, Jordan. Todo lo que hizo falta fue la tenaz determinación de un agente especial y ya consiguieron derribarte. Por mucho que el liderazgo del FBI podría verse comprometido, ¡los agentes normales y corrientes son ciudadanos leales que nunca permitirían que esto sucediera!».

Este razonamiento tiene parte de razón: los agentes que vemos a pie de calle son, innegablemente, personas sólidas y profesionales solventes. Pero, por desgracia, su empeño cae en la impotencia.

Tenemos un sistema electoral corrupto que permite que las empresas más grandes de Wall Street hagan enormes contribuciones o donaciones a las campañas electorales, comprando de esta forma su influencia política y alcanzando un nivel inimaginable. Es un robo tan complejo, tan profundo, tan amplio y tan prolongado en el tiempo que incluso el fiscal más comprometido sería incapaz de probar de forma definitiva ante un jurado los crímenes de Wall Street.

He ahí el problema.

Desde la Casa Blanca hasta el Departamento del Tesoro o la Reserva Federal, una serie de calamares adultos, que fueron engendrados, entrenados y luego enviados de regreso a la naturaleza para promover los intereses del Calamar Vampiro, han sido estratégicamente ubicados en posiciones de poder. Es casi como una trama propia de una película de serie B, donde los malos lo controlan todo, incluido el propio sistema judicial. Pero, como en cualquier película de serie B, siempre hay un hombre valiente que tiene el coraje y la fuerza de hacer pública la verdad y exponerlo todo. De lo contrario, estamos perdidos.

Irónicamente, en este caso particular, no fue una persona «valiente» la que dio la batalla, sino que lo hicieron miles de ciudadanos, generando el movimiento conocido como Ocupa Wall Street.

Así, en 2011, una turba de veinte mil personas indignadas y enfadadas invadió Wall Street para exigir cambios. Hicieron acampadas, organizaron barbacoas, tocaron música, desplegaron carteles ingeniosos con distintos lemas dedicados a atacar a la industria financiera... Las noticias se hicieron eco de todo.

Pero, desgraciadamente, lo cierto es que pasaron cincuenta y nueve días y nada había cambiado, así que los manifestantes terminaron aburriéndose y se marcharon.

Quizá estos «valientes» eran simplemente demasiado vagos o estaban demasiado desorganizados como para lograr cualquier cambio, o quizá los malos de Wall Street son simplemente demasiado poderosos y están demasiado bien protegidos por sus compinches en Washington como para que el desenlace fuese otro. Al final, todo sigue funcionando como siempre, y a fecha de hoy no ha habido cambios.[10]

Con un déficit récord de 30 billones de dólares, una base industrial completamente destruida, la tasa de inflación más alta desde la década de los setenta y la puerta giratoria que conecta Washington con Wall Street girando a la velocidad de un tornado F-5, Estados Unidos parecería estar sufriendo en la actualidad un cáncer en etapa 4. Su economía sobrevive a base de tomar tiempo y dinero prestado.

Con todo, todavía no des por amortizado a Estados Unidos.

Para empezar, las personas que viven, trabajan y abren negocios en Main Street no sólo son increíblemente resilientes, sino que también poseen un espíritu emprendedor que no he observado en ningún otro país del mundo (he sido testigo de ello, puesto que he visitado más de cincuenta países para ofrecer sesiones de formación a personas que poseen negocios de todo tipo).

10. Para ser justos, el Departamento de Policía de la Ciudad de Nueva York realizó varias redadas en los parques en los que se desplegó la ocupación, insistiendo en que la acampada violaba las normativas locales que impiden establecer este tipo de asentamientos en las zonas verdes de la ciudad. Sin las tiendas de campaña, la cosa perdía atractivo, y así resultaba inviable que muchas personas que se habían desplazado desde otros puntos de la geografía estadounidense permaneciesen allí para seguir con las protestas. Esto contribuyó decididamente al fin del movimiento.

Por tanto, puedes contar con que Estados Unidos no se rendirá sin luchar y vender cara su muerte. Se resistirá con firmeza. Y, además, cuanto más grande es la organización, más lenta es su desaparición. Así, dado que el Imperio romano tardó más de quinientos años en implosionar por completo (y dado que Estados Unidos es infinitamente más grande y próspero de lo que Roma llegó a ser en su apogeo), es probable que todavía queden unos cuantos cientos de años antes de que el ventilador empiece a esparcir mierda.

Pero, como no hay forma de saber exactamente cuándo sucederá eso, el mejor consejo que puedo darte es que, hasta que llegue ese momento, debes ganar tanto dinero como puedas —sin infringir la ley, claro está—, para luego invertir ese dinero utilizando sabiamente las estrategias que ofrece este libro.

Así, con ese objetivo en mente, profundicemos en esta breve historia financiera, la cual seguiremos recorriendo ¡a la manera del Lobo de Wall Street!

4

Una breve historia de Wall Street

Seguro que has visto alguna vez la película *Matrix*, ¿verdad?

Si no lo has hecho, sin duda deberías hacerlo, porque es un clásico absoluto. Pero, sea como sea, lo cierto es que, alrededor de los treinta minutos de largometraje hay una escena especialmente conmovedora en la que Morfeo escolta a Neo dentro de una construcción de realidad virtual para aclarar un punto que el segundo no logra aceptar: a saber, que el mundo tal como lo conoce en realidad ha dejado de existir, puesto que ha sido destruido por un ejército de máquinas inteligentes en una pesadilla distópica causada por una inteligencia artificial (IA) desbocada. Los problemas comenzaron cuando las máquinas se volvieron inteligentes, se rebelaron contra sus amos y desataron el lanzamiento de armas nucleares. El mundo se fue a la mierda.

Al final, las máquinas ganaron la guerra, y el planeta es ahora inhabitable. Peor aún, los pocos seres humanos que quedan están siendo perseguidos sin piedad por esas mismas máquinas malvadas.

Tomando todo esto en consideración, no me negarás que ésta es una situación triste, por decirlo suavemente. Pero, de todos modos, conforme se acerca el final de la escena, Morfeo le hace a Neo una famosa pregunta retórica que da nombre a la película

«¿Qué es el matrix?», pregunta Morfeo.

«Control», continúa. «El matrix es un mundo de sueños generado por ordenador, construido para mantenernos bajo control con el fin de transformar al ser humano en esto...» Entonces, Morfeo le muestra una batería Duracell (una de tipo C, para ser exactos) con ánimo de poner en evidencia la sombría realidad. La raza humana se ha transformado en una batería gigante dedicada a alimentar las máquinas.

Como decíamos antes, es una situación cuando menos triste.

Pues bien, con ese escenario en mente, permíteme formular una versión de la misma pregunta retórica que Morfeo le planteó a Neo, pero esta vez pensando en Wall Street.

«¿Qué es el Complejo de Máquinas Comisionistas de Wall Street?», te pregunto.

Y mi respuesta comienza igual que la de Morfeo, con una simple palabra: «Control».

Pero, a partir de ahí, mi discurso diverge.

Verás, a diferencia de lo que ocurre en *Matrix*, donde los malhechores son máquinas que intentan reducirnos a una mera batería dedicada a impulsar su imperio, el Complejo de Máquinas Comisionistas de Wall Street es una alianza impía entre Wall Street, Washington y los medios de comunicación económica y financiera. Todos ellos intentan convertirnos en obedientes ovejas a las que pretenden esquilar lentamente hasta que, al fin, estemos listos para ser cortados y quedar reducidos a chuletas de cordero.

Ése es el Complejo de Máquinas Comisionistas de Wall Street.

Al igual que en *Matrix*, el Complejo está a nuestro alrededor y podemos verlo en todas partes.

Lo vemos en las más importantes cadenas de televisión, como CNBC o Bloomberg, y también en las más respetadas publicaciones económicas y financieras, como *The Wall Street Journal* o la revista *Forbes*. También está en sitios web muy populares, como Reuters y TheStreet.com, así como en las plataformas minoristas de negociación de acciones, como E*TRADE, Schwab o Interactive Brokers. Está en los bancos, las firmas de corretaje, las empresas de planificación financiera, las agencias de seguros, los fondos de cobertura y los fondos de inversión.

Y también está en las personas que trabajan en esa industria y hacen que todo funcione. El Complejo de Máquinas Comisionistas de Wall Street te bombardea constantemente con verdades a medias o, directamente, con mentiras descaradas —y todo ello bajo la mirada aparentemente atenta de la Comisión de Bolsa y Valores de Estados Unidos, la SEC, que, sin embargo, hace la vista gorda ante el robo y permite que el Complejo siga gestionándose a sí mismo.

Para entender cómo pudo evolucionar esta relación tan incestuosa, debemos remontarnos al principio, a los albores de Wall Street en la América colonial del siglo XVII; y, dada la manera sórdida en que terminaron las cosas, no debería sorprendernos que la historia de Wall Street sea larga y preocupante, empezando por algo tan simple como la forma en que esta larga y estrecha calle del Bajo Manhattan recibió originalmente su nombre.

Según cuenta la historia, en 1642, un depravado holandés llamado Keif decidió planear una matanza y acabar con una aldea de amigables indios nativos americanos con quienes acababa de compartir la pipa de la paz ese mismo día. En consecuencia, se vio obligado a construir un muro «defensivo» para evitar represalias de estos «salvajes» indígenas. Con una sólida fachada de barro y paredes de madera, el muro estaba ubicado en el extremo sur del Bajo Manhattan y se extendía unos setecientos pies de este a oeste, de costa a costa.

Durante los siguientes cincuenta años, las cosas se mantuvieron relativamente tranquilas en esta «calle amurallada» de Nueva Ámsterdam. Con el muro sirviendo como ubicación de la autoridad holandesa en la colonia, se levantaron en zonas adyacentes una plaza, un salón federal y, por supuesto, un burdel.

Cuando los británicos asumieron el control, en 1676, cambiaron el nombre de la ciudad de Nueva Ámsterdam por el de Nueva York, y apodaron la «calle amurallada» como Wall Street, que podemos traducir como la 'calle del Muro'.

A partir de ahí, las cosas no tardaron en experimentar un giro severo hacia el lado oscuro.

En 1711, Wall Street fue elegido como el lugar en el que se

realizarían las primeras subastas de esclavos organizadas en el Nuevo Mundo. La ciudad recaudaba una parte de cada venta. Al poco tiempo, los especuladores locales decidieron unirse a la acción y comenzaron a negociar acciones entre ellos bajo la protección del muro. En qué estaban especulando aquellos pioneros resulta, en sí mismo, un misterio que también está sujeto a distintas especulaciones, aunque se considera que la mayor parte de las transacciones realizadas pertenecían a un puñado de empresas, como la Dutch West India Company, el banco más grande de Nueva York o la compañía de seguros más grande del momento.

Durante los cien años siguientes, más y más empresas comenzaron a comerciar allí, pero las cosas estaban desorganizadas y aquel mercado era aún caótico, ya que no había una autoridad central ni tampoco unas reglas formales que lo estandarizasen.

Posteriormente, en 1792, un pequeño grupo de brókeres neoyorquinos se dieron cuenta de que podían ganar mucho más dinero si formaban un club privado y hacían que todos los que quisieran comprar acciones de las empresas más populares tuvieran que pasar por ellos.

Para ser justos con aquella camarilla, había razones legítimas por las que tenía sentido dar el paso de organizarse y erigir un grupo cerrado, más allá del simple deseo de ganar más dinero.

Por ejemplo, si creemos que ahora hay fraude en Wall Street, imagina cómo era en el siglo XVIII, sin reguladores, sin ordenadores, sin teléfonos, sin telégrafos y con miles de inmigrantes saltando cada día de un barco a otro para cruzar el Atlántico y entrar en el país, sin que hubiese manera de saber quiénes eran buenos o malos.

Así, en 1792, y tomando prestado un modelo de sus homólogos del Viejo Mundo, un pequeño grupo conformado por los veinticuatro corredores de bolsa más ricos de Nueva York celebraron una reunión secreta e idearon un sencillo plan. Dicho plan tomó la forma de un breve pacto escrito, de apenas dos frases. Sin embargo, esas dos simples frases fueron más que suficientes:

> Nosotros, los abajo firmantes, corredores de compraventa de acciones públicas, mediante el presente escrito prometemos y nos comprometemos solemnemente entre nosotros a que, desde este día, no compraremos ni venderemos ningún tipo de acción a persona alguna a un precio menor de un cuarto por ciento de comisión sobre el valor en especie y, asimismo, anunciamos que nos daremos preferencia los unos a los otros en nuestras negociaciones. En testimonio de lo cual firmamos este documento el día 17 de mayo de 1792 en Nueva York.

Curiosamente, lo que daba poder al acuerdo no era tanto lo que estaba escrito en él, sino un punto crucial que se omitió estratégicamente: el hecho de que, en el futuro, estos veinticuatro hombres acapararían el mercado de acciones de cualquier empresa que consideraran digna de ser comerciada.

En términos prácticos, esto equivalía a decir lo siguiente: «Hola a todos, lo sentimos, pero con esta nota os hacemos saber que nos estamos apoderando de todo el mercado de valores y no hay nada que podáis hacer al respecto, porque, entre nosotros y nuestros clientes, vamos a controlar todas las acciones de cualquier empresa que valga la pena comprar. Entonces, de ahora en adelante, si deseas comprar o vender acciones de cualquiera de estas compañías, tendrás que recurrir a uno de nosotros y pagar una comisión».

El acuerdo establecía dos puntos clave e implicaba otros tres más:

1. Establecía que los socios del club debían comerciar únicamente con otros socios del club.
2. Establecía que los socios del club deberían cobrar a los demás socios la misma comisión estándar.
3. Implicaba que los terceros que quisieran comprar o vender títulos de cualquier acción controlada por el club siempre deberían hacerlo a través de uno de los miembros del club, pagando a cambio una comisión más alta.
4. Implicaba que esa comisión más alta que pagarían los terceros sería de un porcentaje fijo y alcanzaría un nivel

suficiente para maximizar ganancias y evitar la competencia.
5. Implicaba que no se permitiría la entrada de nuevos miembros al club, a menos que todos los miembros diesen el visto bueno y permitiesen su adhesión.

Conocido como el Acuerdo de Buttonwood, se firmó bajo un árbol frente al número 68 de la calle Wall Street. El pacto, de apenas dos frases, sirvió como base de lo que eventualmente se convertiría en la Junta de la Bolsa de Valores de Nueva York, allá por 1817. Luego, en 1863, la bolsa acortó su nombre. Desde entonces hasta hoy, se convirtió simplemente en la Bolsa de Valores de Nueva York.

Mientras tanto, durante ese período de setenta y un años, desde la firma del Acuerdo de Buttonwood hasta que el nombre se cambió formalmente al de Bolsa de Valores de Nueva York, Estados Unidos pasó de ser una nación incipiente a convertirse en una potencia industrial, mientras que Wall Street se convirtió en su centro financiero. Al conectar la enorme riqueza acumulada de las familias del Viejo Mundo, como los Warburg o los Rothschild, con los nuevos empresarios de la industria del Nuevo Mundo, caso de los Vanderbilt y los Rockefeller, se terminó consolidando un nuevo tipo de realeza.

El Viejo Mundo, mucho más serio, operaba bajo una regla centenaria según la cual la familia de la que provenías definía lo alto que podías llegar. En cambio, en este Nuevo Mundo, mucho más feliz y dirigido por banqueros de Wall Street y por empresarios despiadados, la primera regla general era que no había reglas, y la segunda regla general era que la única diferencia entre el bien y el mal era que el mal implicaba ser descubierto.

Por ejemplo, aunque no sean prácticas legales, lo cierto es que en la Bolsa de Valores de Nueva York se dan cuestiones como el uso de información privilegiada, el acaparamiento del mercado, la venta de certificados de acciones falsas, el soborno de funcionarios públicos y la publicación de comunicados de prensa falaces para bombear y vender acciones. Así, los estafadores sólo se meten en problemas cuando las cosas realmente salen mal.

Así, a menos que las cosas salgan tan mal que se produzca un pánico generalizado, que los mercados colapsen y que se desencadene una depresión económica, lo cierto es que el Estado de derecho simplemente no se ha cumplido en Wall Street, y el fraude ha sido recurrente y ha quedado escondido bajo las alfombras. Y, en esos casos en los que las cosas se tuercen del todo, Wall Street siempre encuentra un chivo expiatorio al que echarle toda la culpa.

Bajo este arreglo, a los chivos expiatorios se les ataca como los culpables y pecadores que son. Merecen todo lo que les ocurra en términos de multas y penas de cárcel. La clave, sin embargo, está en que no es posible que estos chivos expiatorios actúen por cuenta propia, porque el propio Acuerdo de Buttonwood lo impide. El fraude sólo puede ser posible gracias a la participación activa de un miembro de la Bolsa de Nueva York, que gana mucho más con la delincuencia que el humilde chivo expiatorio, pero, a diferencia de éste, no pasa años en prisión ni pierde su reputación. Los miembros del Complejo salen del trago sin tener que sufrir siquiera un tirón de orejas y, por descontado, mantienen su reputación intacta.

En clave empresarial, el comportamiento poco ético de los empresarios que estaban estableciendo nuevos negocios a un ritmo feroz era tan malo como el de sus homólogos de Wall Street, pero con dos diferencias importantes:

1. En realidad, estaban construyendo un país, y no simplemente cobrando una comisión o vendiendo acciones para aprovechar la ingenuidad de los terceros.
2. Estaban creando valor de forma significativa, beneficiando a todos, aunque sobre todo a sí mismos.

Uno puede amarlos u odiarlos por la forma en que forjaron sus imperios, pero, sea cual sea el caso, estos descarados empresarios fueron los hombres que construyeron Estados Unidos. Desde los barcos de vapor hasta los ferrocarriles, los pozos petrolíferos y las fábricas de acero, los capitanes de la industria se convirtieron en una raza completamente nueva de despiadados empresarios capaces de crear millones de empleos y de generar un valor enorme. Pero, cuando necesitaban financiación (ya fuera para ampliar su operativa, para labores de investigación y desarrollo, para contratar más trabajadores o para devorar a sus competidores), todos se dirigían al número 23 de Wall Street y se reunían con un banquero poderoso que lo controlaba todo.

Su nombre era J. P. Morgan.

Como el asteroide gigante que se estrelló contra la Tierra y mató a los dinosaurios, allanando el camino para los seres humanos de nuestro tiempo, el impacto de J. P. Morgan en el sistema financiero estadounidense fue mucho mayor que el de todos los demás banqueros, políticos y corredores de bolsa corruptos.

Él fue el impulsor de la creación del banco de la Reserva Federal, forjó monopolios gigantes en industrias como el acero, el petróleo y los ferrocarriles, perfeccionó el oscuro arte de crear situaciones de pánico en el mercado para luego intervenir y «rescatar» a los afectados... Lo cierto es que J. P. Morgan podía ser tu mejor amigo, tu peor pesadilla o ambas cosas a la vez, dependiendo de la situación.

Sin embargo, a pesar de todos los logros verdaderamente asombrosos de J. P. Morgan, hubo dos jóvenes durante ese mismo período que terminaron volviéndose aún más importantes que él. Sus nombres eran Charles Dow y Edward Jones.

Aunque pueda parecer un poco extraño, hasta 1888 no había una manera fácil de seguir el desempeño del mercado de valores ni de conocer cuál era la dirección general de la economía. Por ejemplo, si querías hacerte una idea de cómo iba el mercado, tenías que buscar el precio de las acciones de cada empresa que cotizaba en la Bolsa de Nueva York, una por una. En aquel momento había 120 en total, de modo que aquélla no era una tarea sencilla.

La tecnología de la época (un teletipo bursátil que transmitía pequeñas cotizaciones bursátiles en montones de delgado papel) hacía que obtener siquiera el precio actualizado al que cotizaban las acciones fuese un serio desafío. ¿Y qué hay de obtener todos esos precios a la vez y tratar de darle sentido a todo, para saber qué senda sigue el mercado o si es un buen momento para invertir?

No sólo era difícil... ¡Era jodidamente imposible!

Hasta 1888.

Fue entonces cuando Charles Dow y Edward Jones resolvieron el problema tomando los precios de un grupo de empresas en el que incluyeron las cotizadas más importantes de Estados Unidos, con ánimo de fusionar su desempeño y construir un promedio que resultase fácil de seguir, sirviendo como indicador del desempeño general del mercado. Y, como querían que este indicador (o índice) reflejara la economía general del país, eligieron empresas industrializadas especializadas en el suministro de materias primas.

Para este propósito, seleccionaron un total de doce empresas (General Electric, American Tobacco, American Sugar, United States Rubber, Tennessee Coal and Iron, United States Leather, American Cotton Oil, North American, Chicago Gas, Laclede Gas, National Lead, Distilling and Cattle Feeding) y calcularon un índice promedio consistente en sumar los precios de las doce acciones y luego dividir el resultado por doce.

Demostrando lo «humildes» que eran, Charles Dow y Edward Jones decidieron ponerle su propio nombre a este nuevo índice. Así nació el Dow Jones Industrial Average, luego abreviado como el Dow Jones o directamente el Dow.

Al cierre de cada día de negociación, realizaban este cálculo tan simple y publicaban el resultado a través de su incipiente oficina de noticias, Dow Jones & Company. Acompañaban el dato con una breve descripción de lo que estaba pasando en el mercado.

Si el Dow subía ese día, se referían al mercado como «alcista» (en inglés, empleaban el término *bullish*, en alusión a la embestida de un toro) y, si el Dow bajaba, entonces se referían al mercado como «bajista» (en inglés, empleaban el término *bearish*, en alusión al recogimiento de los osos).

No hizo falta esperar mucho para que un incipiente periódico percibiese el beneficio obvio de simplificar y describir el desempeño del mercado de valores. En 1896, *The Wall Street Journal* empezó a recoger el cierre del día anterior del Dow en la primera página de su edición matutina. Así nació oficialmente el primer índice bursátil ampliamente seguido a nivel mundial: el Dow Jones Industrial Average.

Para Dow Jones & Company, el momento no podría haber sido mejor.

Los años posteriores a la guerra de Secesión habían transformado Estados Unidos. El país pasó de ser una nación agraria a una potencia industrial. Cuando el siglo XIX empezó a acercarse a su fin, tanto Wall Street como la economía estaban experimentando un auge como nunca antes lo habían hecho.

Era la era de los inventores.

Personas como Thomas Edison y Nikola Tesla recordaban al mago Merlín, y la maravilla de la electricidad lo estaba cambiando todo. La luz eléctrica, el teléfono, la radio, la nevera, el automóvil... Estados Unidos estaba revolucionando la forma en que se hacían negocios, y su población se elevaba hasta alcanzar cotas inimaginables. Desde comienzos del siglo XIX, el país había vivido oleadas de inmigración que, a final del período decimonónico, se estaban intensificando como nunca antes.

La elección era simple: quedarse en el Viejo Mundo, con su sistema de clases represivo y escasas oportunidades de progreso financiero, o plantarse en Ellis Island, al sur de Wall Street, persiguiendo la promesa de salud, felicidad y prosperidad del Nuevo Mundo, con la expectativa de lograr beneficios y ganancias.

Al estilo típico del yin y el yang, Wall Street logró ganancias a una escala sin precedentes mientras participaba simultáneamente en dos actividades que parecen diametralmente opuestas:

1. Por un lado, estaban financiando el crecimiento de una nación en auge y sentando las bases del sueño americano.
2. Por otro lado, estaban jodiendo financieramente a esa misma nación en auge que estaban ayudando a construir, a base de desangrar su tesorería y desviar su oro.

En consecuencia, el ciclo de auge y caída se convirtió en la norma aceptada, con los principales banqueros de Wall Street encargados de orquestarlo todo operando entre bastidores. Actuando como grandes titiriteros, no tardaron en situarse por encima del país y lograron redirigir su rumbo, utilizando el sueño americano como marco, a los empresarios como estrellas, las nuevas emisiones de acciones como *atrezzo*, a los inversores como extras y el mercado de valores y el sistema bancario como cuerdas invisibles que ellos movían.

El arreglo recuerda a una telenovela de muy larga duración emitida en la franja diurna de la parrilla televisiva. Me refiero a la típica serie en la que sucede un millón de cosas, pero en la que al final nada cambia. En este caso, los dos personajes principales de este espectáculo de marionetas son el señor Boom y la señora Pinchazo —y la trama se sucede a través del tiempo, repitiendo los mismos errores una y otra vez, por obvios que parezcan.

Dicho con otras palabras, este espectáculo de marionetas no es más que una puta tragedia.

Cuando se levanta el telón, vemos un país en rápido crecimiento, bendecido con todas las ventajas que una población podría desear: vastos recursos naturales, abundantes tierras de cultivo, clima agradable, barreras geográficas contra la invasión extranjera, una constitución escrita que blinda la libertad y el capitalismo... Si miramos un poco más de cerca, vemos que su período de crecimiento económico está consolidado, su mercado de valores va en alza y la sensación general es que el futuro mira hacia arriba.

Entonces, de la nada y sin razón aparente, la población se ve repentinamente presa de una exuberancia irracional que conduce a una especulación bursátil desenfrenada, que hace que el mercado de valores devenga en una burbuja que crece cada vez más hasta que, de repente, estalla a raíz de un nuevo fraude. Cuando finalmente los inversores se dan cuenta de lo que hay a su alrededor, empiezan a entrar en pánico, las cotizaciones empiezan a desplomarse y la riqueza empieza a evaporarse, lo que desencadena una depresión llena de desesperanza y de desesperación.

Con la excepción de los titiriteros, nadie llega a entender qué diablos salió mal. Es como si de repente los bancos dejaran de prestar, los consumidores dejaran de gastar, las empresas optasen por cerrar y la economía empezara a empeorar día tras día. Una nube oscura desciende sobre el país, como una niebla rancia que lo acosa. ¡Parece que estamos ante el fin de los días! ¡Un Armagedón financiero! ¡Sangre en las calles!

Pero, justo cuando la nación está a punto de perder la esperanza y tirar la toalla ante el colapso del, sin razón aparente, experimento capitalista, de repente comienza el proceso de recuperación, la economía comienza a crecer, las empresas vuelven a florecer, los consumidores gastan otra vez y el mercado de valores comienza a subir. La gente comienza a sentir que el futuro mira hacia arriba. ¡Es un momento increíble! ¡Todo ha quedado resuelto! ¡Las cosas van mejor que nunca y ya nadie mira atrás!

Pero, por desgracia, una vez más, sin razón aparente, la población se verá repentinamente presa de otra exuberancia irracional que conduce a una especulación bursátil desenfrenada, lo que hace que el mercado forme una burbuja que luego estalla tras un fraude, haciendo que el pánico cale entre las masas y propicie el desplome del mercado de valores, lo que conduce a otra horrible depresión.

Y vuelta a empezar.

Si bien siempre hay cierto nivel de fraude en cualquier momento del ciclo, en el momento de la burbuja es evidente que los defraudadores se envalentonan, multiplicando el número y la audacia de sus planes. Es un círculo vicioso, por no decir otra cosa.

Sin embargo, la gracia salvadora de aquella época fue que, en general, los estadounidenses promedio estaban más lejos del mercado de valores, de modo que la destrucción de la riqueza se limitaba a los ricos. Por descontado, el dolor lo terminaba sintiendo todo el país a medida que las fábricas cerraban, se perdían empleos y la economía se paralizaba por completo. Pero, aun así, el hecho es que el estadounidense promedio no invertía en el mercado de valores y eso era todo lo que los titiriteros necesitaban para convencer a sus compinches en Washington de que la Bolsa de Nueva York podía seguir regulándose a sí misma.

Aquello fue un grave error.

Los problemas comenzaron a principios de la década de los veinte, cuando muchos ciudadanos promedio decidieron sumarse a la diversión. Animados por una economía en auge, un mercado de valores en alza y el despliegue a nivel nacional de la telefonía de larga distancia, gentes de todo el país empezaron a confiar sus ahorros a los corredores de bolsa de Wall Street, que invertían su dinero en acciones cada vez más arriesgadas.

¡Bienvenidos a los locos años veinte!

Después de la Primera Guerra Mundial, el gasto de los consumidores se había disparado, creando una demanda masiva que fluía a la compra de nuevos productos y servicios. Esto provocó una explosión en el número de empresas que cotizaban en bolsa, cuyo valor comenzó a aumentar. Cundió el miedo a quedarse fuera. Y, para echar aún más leña al fuego, fueron surgiendo nuevos medios de comunicación, como la radio y los periódicos, que ayudaron a aumentar la conciencia pública sobre las oportunidades que ofrecía el mercado de valores.

En resumen, se desató una tormenta perfecta.

No es sorprendente, pues, que las cosas se salieran de control más pronto que tarde.

Como por arte de magia, la versión embrionaria del Complejo de Máquinas Comisionistas de Wall Street surgió del lodazal de aquel Manhattan en cuyo corazón estaba la Bolsa de Valores de Nueva York. Durante 150 años, el Complejo había guardado la tradición de ser una organización socialmente responsable que solamente jodía a los ricos y dejaba en paz a los pobres. Sin embargo, la Bolsa de Valores de Nueva York cambió de opinión y, desde 1921, empezó a joder a todo el mundo.

En 1925, la bolsa se convirtió en una especie de galería de tiro al plato, pero en vez de apuntar a los platos, se disparaba a inversores sencillos y hasta cándidos. Por este camino, el tiro al plato se convirtió en el tercer deporte favorito de Wall Street, sólo por detrás del golf y de la medición de penes. Como todos los deportes de los ricos, éste tenía un código de vestimenta particular y unas reglas propias y diferenciadas. La cosa funcionaba más o menos así... Un joven corredor de bolsa, vestido con pajarita y tirantes, colocaba a un inversor cándido en la posición de lanzamiento. A renglón seguido, le decía al pobrecito que saliese corriendo hacia la cima, apretando con fuerza sus posesiones. Después, un experimentado banquero de inversión, vestido con frac y sombrero de copa, ocupaba su posición de disparo y empuñaba una escopeta de dos cañones. Cuando escuchaba el grito pertinente, apretaba el gatillo y realizaba el primer disparo. El inversor salía volando por los aires, agitando enloquecido los brazos e intentando llegar a la cima sin perder el puñado de dólares que aún seguía guardado en sus bolsillos. Cuando llegaba a la cima de la trayectoria, el banquero de inversiones apretaba tranquilamente el gatillo. ¡Bum! El inversor ya solamente era carne picada y caía como una piedra al suelo. Entonces, el joven corredor de bolsa felicitaba al banquero de inversión: «¡Buen tiro!». Por su parte, el banquero de inversión asentía complacido: «Gracias, jovencito. Hiciste un buen trabajo preparando a ese inversor para el tiro de gracia». Después, giraba lentamente el cuello, como un boxeador que entra en el cuadrilátero, volvía a preparar su pistola y anunciaba un nuevo tiro, haciendo saltar por los aires a otro inversor.

Así era Wall Street en los locos años veinte.

A principios de 1929, estos locos payasos habían perfeccionado este sangriento deporte financiero, que había dirigido a inversores sencillos y hasta cándidos que apenas habían completado la educación primaria y apenas llegaban a fin de mes. Además, incorporaron una nueva faceta que hacía que el juego fuera mucho más emocionante e infinitamente más rentable, al reducir el requisito de margen para todas las compras de nuevas acciones, pasando de un 50 por ciento que podía resultar potencialmente peligroso a un 10 por ciento que ciertamente resultaba increíblemente autodestructivo y moralmente reprobable.

Dicho con otras palabras: un inversor sencillo, que prácticamente no tuviese patrimonio acumulado en términos netos y que apenas contase con experiencia financiera, podría pedir prestado hasta el 90 por ciento del valor de cualquier acción que estuviese dispuesto a comprar, por tonta que fuese su decisión o por engañoso que hubiese sido el corredor de bolsa a la hora de hacerle tragar su discurso a favor de hacerse con ese título.

Fuera a través de un anuncio en un periódico, una voz en la radio o alguna versión embrionaria de un programa de llamada en frío, las masas estaban en el punto de mira de los operadores financieros por vez primera, y el hecho de contar con un margen de hasta el 90 por ciento hacía que todo fuera asequible.

Por ejemplo, digamos que un corredor de bolsa de los locos años veinte llama a un posible cliente y le ofrece que compre títulos de la empresa XYZ, que cotiza a 40 dólares la acción. Cuando el corredor termina su llamada, quizá ha sido tan persuasivo que el cliente está listo para lanzarse y poner los ahorros de toda su vida en XYZ. Sólo hay un pequeño problema: los ahorros de toda su vida no representan mucho. De hecho, después de liquidar todas sus cuentas bancarias, lo máximo que logra acumular son apenas 4.000 dólares. Eso es todo. Ni un centavo más.

De repente, el cliente se siente desinflado. Ha hecho los cálculos y se da cuenta de que no importa cuán altas sean las acciones de XYZ, porque él no posee suficientes fondos como para hacerse con un paquete más grande y conseguir una ganancia que tenga un impacto real en su nivel de vida. Ésa es la triste realidad. Por tanto, todo lo que se ha planteado carece de sentido. ¡Es un ejercicio inútil! Si tuviera dinero para comprar más acciones, entonces valdría la pena..., pero no es el caso. Por eso, el cliente siente que el mercado de valores es un juego para los ricos, no para la gente común y corriente como él, y desiste.

Con la derrota ya asumida, le dice lo siguiente al corredor de bolsa:

—Lo siento, amigo mío, pero creo que voy a pasar... Sólo puedo permitirme comprar cien acciones, de modo que, incluso si las acciones se duplican, no será suficiente para conseguir una ganancia que verdaderamente marque la diferencia y cambie mi vida. Y, si pierdo dinero, me enfadaré mucho.

—Entiendo perfectamente lo que estás diciendo —le replica el corredor con simpatía—. De hecho, la mayoría de mis clientes estaban exactamente en la misma situación que tú cuando los conocí, pero ¡ahora han ganado tanto dinero en el mercado que no saben qué hacer con lo conseguido! Verás, creo que lo que te estás perdiendo aquí es que no necesitas tener tanto dinero como crees para hacer una fortuna en el mercado de valores.

—¿En serio? —pregunta el cliente, aún con cierto escepticismo—. ¿Cómo es eso?

—Es muy simple. Cuando compras un paquete de acciones a través de mi empresa no te hacemos pagar toda la compra de las acciones, sólo tienes que aportar el 10 por ciento. Mi firma te presta el resto.

—¿El 10 por ciento? —dice el cliente con incredulidad—. ¿Eso es todo?

—Sí, sólo el 10 por ciento. Se llama comprar con margen. Todos lo están haciendo así ahora mismo; y todos están ganando una fortuna. Estoy seguro de que sabes lo caliente que ha estado últimamente el mercado de valores, ¿verdad?

—Sí, por supuesto que sí.

—Exacto —continúa el bróker—. El mercado ha entrado en auge y no se vislumbra el final, especialmente en el caso de una empresa como XYZ, que es una de las acciones más populares que hay en este momento. Y, al comprar con margen, con tus 4.000 dólares puedes obtener mil acciones, en lugar de cien, lo que significa que ganarás diez veces más dinero a medida que las acciones coticen más alto. ¡Es obvio!

—¡Eso es increíble! —exclama el cliente—. Entonces, si las acciones se duplican, ¿ganaré 40.000 dólares con una inversión de 4.000? ¡Cielos! ¡Ni en una década podría ganar tanto en mi actual trabajo!

—Ya lo estás entendiendo —apostilla el corredor—. Y, cuando las acciones se tripliquen, como ambos creemos que sucederá, ¡ganarás 80.000 dólares con tu inversión de 4.000! Y, por cierto, ¡ni siquiera te planteo un escenario optimista habida cuenta de lo bien que va el mercado! Tengo clientes que han ganado mucho más que eso en los últimos meses. Por eso todo el mundo está entrando en bolsa ahora mismo y comprando con margen. No hay mejor manera en el mundo de ganar dinero. ¡Es la octava maravilla! ¡Es la leche! ¿Lo ves?

—¡Absolutamente! ¿Cómo empiezo? —contesta el cliente.

—Es muy sencillo —responde el corredor—. Sólo necesito un poco de información básica para abrir tu cuenta y que puedas operar con margen. En cuanto la tengamos, puedo comprar las acciones ahora mismo y tú me puedes enviar tus 4.000 dólares en los próximos días para cubrir el 10 por ciento de la operación. Mi firma te prestará automáticamente el resto, para que tú no tengas que hacer nada más.

—Vaya, parece fácil —dice el cliente, aún con un dejo de escepticismo—. ¿Cuándo tengo que devolver el préstamo?

—¡Ésa es la mejor parte! —responde el corredor—. No tienes que devolver el préstamo hasta que vendamos las acciones y hayas obtenido una ganancia.

—Bien, ¿y qué pasa con los intereses? —pregunta el cliente—. Pagaré algún interés, ¿no es cierto?

—Sí, por supuesto —responde el corredor con cierto desdén—. Pero será de apenas un 12 por ciento, y también podrás diferirlo hasta después de vender las acciones. Por tanto, nuevamente ves que no hay nada de qué preocuparse.

—No lo sé —dice el cliente—. El 12 por ciento me parece un poco alto. Puede resultar bastante caro con el tiempo. Incluso puede acabar «comiéndose» mis ganancias, ¿no crees?

—Por lo general, estaría de acuerdo —responde el corredor—. Por ejemplo, si estuvieras hipotecándote, entonces definitivamente tendrías razón, porque estarías soportando ese tipo de interés por treinta años. Sin embargo, en el caso de la compra de acciones de XYZ estamos hablando de una operación a muy corto plazo, de tres a seis meses como máximo. Transcurrido ese período, querremos vender la posición y anotarnos la ganancia. Por no tener en cuenta que el potencial de crecimiento es tan grande que cualquier interés que termines pagando será intrascendente en comparación con el dinero que vas a ganar. Sin duda, amigo mío, no veo cómo puedes equivocarte con una operación así. ¿Suena bien?

—Absolutamente —coincide el cliente—. ¡Vamos allá!

—¡Excelente! —responde el corredor—. ¡Bienvenido a bordo! Has tomado una excelente decisión.

Clic.

Dos semanas después, el cliente recibe un telegrama urgente firmado por su agente de bolsa:

> *Urgente*. Debe enviar inmediatamente 1.000 dólares a su cuenta de corretaje a través de Western Union. STOP. Si no recibimos fondos antes de las 12.00 horas de mañana, nos veremos obligados a liquidar su posición en XYZ, de acuerdo con los términos y condiciones del acuerdo de la compra con margen que fue demasiado vago o demasiado estúpido como para leer. STOP.

El cliente se queda absolutamente estupefacto. No tiene ni idea de lo que está pasando. ¿Cómo podría deberle más dinero a la firma de corretaje? ¡No ha comprado ninguna acción adicional! Además, ya no tiene dinero. ¡Lo convencieron de que pusiera los ahorros de toda su vida en la compra de XYZ!

El cliente resopla, se pone el abrigo y se dirige a la puerta. Hay una farmacia a diez millas de distancia. Tienen un teléfono con el que puede llamar directamente a Wall Street. ¡Así arreglará esto de una vez por todas! Esos bastardos no se saldrán con la suya, ¡a él no le van a hacer algo así!

Pero, por desgracia, ni siquiera logra salir por la puerta. Se detiene en seco.

«¡No, no puede ser!», se dice a sí mismo... ¡O quizá sí lo es! ¡Es otro mensajero! ¡Con otro telegrama!

El mensajero le sonríe y le entrega el telegrama sellado. Estudia el rostro del mensajero en busca de ironía. «¿Sabe él lo que está pasando? ¡Imposible! ¿Cómo podría?»

El caso es que el bastardo está ahí, sonriendo y de pie. «¡Tiene una gran sonrisa de comemierda en su cara redonda y rubia! ¿Qué le pasa a este idiota engreído? ¿Por qué está ahí de pie, tan feliz?», piensa.

Enfadado y nervioso, de repente se da cuenta. «¡Una propina! Lo que quiere el mensajero es una propina... ¡En un momento como éste!»

«¡Cómo se atreve!»

El mercado se está derrumbando, el mundo se está derrumbando y este bastardo engreído esperando una propina. ¡Qué osadía!

Así, el cliente mira fijamente al mensajero, le dedica una mirada letal y le cierra la puerta en la cara sin dejar de clavar sus ojos en su mirada. Ha encontrado una forma de sentirse un poco mejor: no le ha dado propina, le ha mirado fijamente a los ojos y ha salido victorioso. Pero su victoria es una victoria vacía. En el fondo, está preso por el pánico. Al fin, abre el telegrama y comienza a leer.

Está absolutamente atónito. ¡Es otra solicitud de dinero!

> *Urgente.* Debe enviar inmediatamente 1.500 dólares a su cuenta de corretaje a través de Western Union. STOP. Si no recibimos su dinero antes de las 12.00 horas de mañana, nos veremos obligados a liquidar su posición en XYZ, de acuerdo con los términos y condiciones del acuerdo de la compra con margen que fue demasiado vago o demasiado estúpido como para leer. STOP.

¡Hasta aquí hemos llegado! ¡Ya ha tenido suficiente! Da un resoplido y otro más, sale de nuevo por la puerta, se sube a su Ford Modelo T, arranca el motor y se dirige a la farmacia local para arreglarlo todo. «¡Tiene que ser algún tipo de error!», piensa.

Treinta minutos más tarde, llega a la farmacia, no sin dejar a su paso una gran nube de polvo de un kilómetro de largo. El clima tampoco está ayudando. ¡La sequía está siendo muy importante! Las cosechas se le están muriendo, sus pollos están flacos, sus vacas han dejado de dar leche y sus hijos corren por ahí con tierra en la cara y la tos metida hasta los pulmones. ¡Es el fin de los días!

Pero nuestro hombre no tiene tiempo para eso. Ya lidiará con la ira de Dios más tarde. Por ahora debe concentrarse en Wall Street. ¡Son el enemigo!

Antes de hacer la llamada, respira hondo. Después, levanta el teléfono y le pide al operador que lo conecte con la firma de corretaje que está tratando de robarle su dinero y obligándolo a enviarles aún más dinero, dinero que ni siquiera tiene. ¡Ya se lo han robado todo! ¿Cómo le puede estar pasando esto a él? ¡Es como si estuviera teniendo un mal sueño del que no logra despertarse!

Tras una breve pausa, escucha algunos clics. Después, el timbre del teléfono suena dos veces y, al fin, por arte de magia, está hablando con una operadora de la malvada firma de inversión.

—Hola —dice la telefonista con tono nasal—. Gracias por llamar a Dewey, Cheetham & Howe. ¿Qué puedo hacer por usted?

El cliente se hace una imagen mental de la mujer. Delgada, gafas finas con montura carey, tono condescendiente... Apesta a la típica *snob* de Nueva York y Wall Street. Enfadado, le pide que le ponga en contacto con el bastardo que ha creado ese desastre.

Unos cuantos clics más tarde, oye la voz del bastardo al otro lado de la línea. Lo escucha alto y claro, como si estuviera hablando con él desde la casa de al lado. «¡Qué tecnología!», piensa. «¡Debería haber comprado acciones de la telefónica Bell! ¿En qué estaba pensando al comprar esa mierda de XYZ?»

El caso es que, después de sacar esos pensamientos de su mente, se centra en su cometido. Necesita establecer su dominio y mostrarle al bróker quién manda. Es su única oportunidad de recuperar el dinero.

—¡Hola! —dice el corredor con tono optimista—. ¿Cómo puedo ayudar...?

El cliente interrumpe al corredor sin dejar que acabe su saludo y desata su justa ira contra él, espetándole todos los improperios posibles y acusándolo de incurrir en un auténtico fraude y de haber cometido todo tipo de delitos y crímenes, exceptuando la masacre del día de San Valentín..., aunque en el fondo piensa que este bastardo codicioso también podría estar confabulado con Al Capone.

Él balbucea:

—No te debo ni a ti ni a tu empresa ni un centavo. Todo lo que compré fueron cien acciones de XYZ, nada más y...

—Vaya, espera, espera —dice el corredor, interrumpiéndolo—. ¡Cálmate! ¡Te va a dar un infarto sin motivo alguno! Estamos de acuerdo, sólo compraste cien acciones de XYZ. No pasa nada raro. Necesitas relajarte.

El hombre se muestra incrédulo.

—¿Nada raro? Si no pasa nada raro, ¿por qué diablos recibo

telegramas de tu empresa diciendo que, si no envío 2.500 dólares, vais a liquidar mi cuenta? He recibido dos de esos comunicados esta mañana, con apenas quince minutos de diferencia. ¿Qué tienes que decirme al respecto?

—Ohhh, ya veo lo que está pasando —responde el corredor—. Son llamadas de margen. El valor de XYZ ha bajado en los últimos días. De hecho, todo ha estado bajando, todo el mercado apesta ahora mismo, por lo que nuestros operadores técnicos envían automáticamente estas comunicaciones. Lo lamento.

El hombre, que se dedica a la agricultura, se queda confundido y duda por un momento. Nunca antes había oído ese término: *llamadas de margen*. El corredor nunca lo mencionó ni le dijo nada al respecto. Sin embargo, de repente... ¡Bam! Se siente golpeado, como si Jack Dempsey acabase de propinarle un golpe. Siente que sus rodillas se debilitan. Está ante ese momento terrible en el que se da cuenta por primera vez de que está al final de una cadena imparable de acontecimientos que se pusieron en marcha por su propia idiotez. Ese término, eso de la *llamada de margen*... ¡Ya ha leído algo sobre la cuestión en alguna parte! No está seguro de dónde, pero las implicaciones son horrendas. ¡Podría acabar aniquilado por completo! De modo que piensa que es hora de hacerse el tonto.

Según considera, ha llegado el momento de fingir que nunca antes había oído hablar de esto. ¿Por qué no hablan claro? Dicen que son «llamadas de margen», pero a lo que aluden realmente es a una exigencia de pagar instantáneamente un préstamo de mierda con intereses altos. Peor aún, ¡esos capullos tienen a su disposición los 4.000 dólares que envió para utilizarlos como garantía! ¡Bastardos! No hay manera de que él hubiera podido anticipar que esto podía acabar pasando. Él solamente es un agricultor, y este tipo de jerga financiera solamente sirve para confundir a personas como él, es decir, ¡a gente buena, honrada y trabajadora!

Además, el agente nunca mencionó el término *llamada de margen*, sino que solamente habló de comprar con margen. Eso le hace sentir que tiene la autoridad moral en la conversación, porque claramente ha sido agraviado. Tiene todo el derecho a exigir que le devuelvan su dinero, ¡no hay vuelta de hoja!

Animado por ese pensamiento, el cliente se hace el despistado y dice lo siguiente:

—¿Qué diablos es una llamada de margen? ¡Nunca mencionaste nada sobre una llamada de margen cuando hablamos de la compra de acciones! ¡Nunca antes había oído hablar de ese término! Créeme, no se me olvidaría algo que...

El corredor lo interrumpe con una mentira descarada:

—¡Por supuesto que te lo mencioné! ¡Tuvimos toda una conversación al respecto! Te lo expliqué todo...

—¡No, no lo hiciste! Nunca mencionaste nada de...

Interrumpiéndolo de nuevo, con otra mentira descarada:

—¡Sí, lo hice! ¡Recuerdo cada palabra de la conversación! Te dije que, si las acciones caían más del 10 por ciento, entonces tendrías que enviar más dinero para cubrir el déficit. Así es como funciona el sistema de las compras de margen. Tus acciones son la garantía del préstamo. Entonces, cuando XYZ cayó de 40 a 37,5 dólares por acción, tu garantía cayó por debajo del umbral del 5 por ciento, que es el punto límite. Ése es el problema que hay aquí: simplemente no creía que sucedería, porque el mercado se ha comportado con tanta fortaleza que...

Mientras el agente de bolsa sigue hablando, el granjero se desconecta. Ya no puede seguir escuchando más esas locuras. ¡Ya sabe adónde quiere ir a parar el corredor con todo esto, pero lo que no puede creer es cómo el muy bastardo no para de soltar mentiras por su codiciosa boca!

Cuando las acciones alcanzaron los 37,5 dólares, el valor de la posición que tomó, de mil acciones, cayó a 37.500 dólares, dejando su cuenta con sólo 1.500 dólares de capital tomados de su inversión original de 4.000 dólares. ¡Es el maldito préstamo! Son 36.000 dólares, ¡más intereses! ¡Y ahora exigen más garantías! Que una acción caiga un 5 por ciento no es nada, eso sucede todo el tiempo. Pero lo que le está pasando es otra cosa. La operación estaba condenada desde el principio: todo era una trampa.

El cliente puede ver la ecuación exacta en su mente. Está justo ahí, flotando frente a él, clara como un día soleado. Más bien, son dos ecuaciones y se ven como se expresa en la tabla 4.1.

Tabla 4.1

	INVERSIÓN INICIAL	VALOR DE LA INVERSIÓN TRAS LA CAÍDA DE PRECIO
Precio por acción	40 $	37,50 $
Acciones	1.000	1.000
Valor total de la inversión	40.000 $	37.500 $
Préstamo de margen	90 % × 40.000 $ = 36.000 $	
Préstamo de margen (inalterado)		36.000 $
Capital en cuenta	10 % × 40.000 $ = 4.000 $	37.500 $–36.000 $ = 1.500 $

Mientras tanto, el corredor sigue hablando, mintiendo por su codiciosa boca.

—Te dije que esto tenía riesgo. Admito que dije que no era probable, pero, en mi defensa, hemos tenido un mercado alcista tan masivo durante los últimos ocho años que lo cierto es que les he estado haciendo una maldita fortuna a todos mis clientes. Quería que fueras parte de eso, pero ahora todo el mundo está entrando en pánico y todo el mercado está siendo destruido, no sólo la empresa XYZ. Es una mala situación para todos. ¿Qué te puedo decir?

—¿Que qué me puedes decir? —le espeta el granjero—. ¿Qué tal si me dices que todo esto es un montón de gilipolladas? Yo no sabía nada de esto. Nunca me dijiste nada sobre llamadas de margen y, de todos modos, no me queda dinero para enviarte. Puse mis últimos 4.000 dólares en esto. Te dije que ése es todo el dinero que tengo a mi nombre. Me vais a desplumar.

—Bueno, eso es lamentable, sin duda —replica el corredor—. La empresa tendrá que vender tu posición antes de que las acciones bajen más. De lo contrario, terminarás debiendo aún más dinero.

El agricultor se muestra incrédulo.

—¿Y eso qué significa? —farfulla.

—Significa que la empresa venderá automáticamente las acciones que sigue habiendo en tu cuenta para liquidar el préstamo. En este momento, XYZ cotiza a 37 dólares, por lo que, si vendiéramos tus acciones, recuperarías 37.000 dólares. A continuación, a esa cifra le restamos el préstamo que te otorgamos, que fue de 36.000 dólares, así como los 50 dólares de intereses que has acumulado. Entonces te quedarían 950 dólares. Luego tendrías que pagarme mi comisión, del 2,5 por ciento. Ése es el estándar de la industria y no podemos eludirlo.

»Así, si tomamos el 2,5 por ciento de una operación valorada en 37.000 dólares, obtenemos 925 dólares. Ésa es mi comisión. Entonces, después hay que deducir también esos 925 dólares...» (En ese mismo instante, el agricultor entiende por qué este bastardo lo empujó a comprar con margen: ¡eso fue lo que hizo que su comisión fuera diez veces mayor!) El corredor continúa: «... Así que te quedarían 25 dólares. ¡Oh, espera! Olvidé una última cosa: la tasa que se paga por la compraventa de las acciones. Lo lamento. El cargo es de 3 dólares por cada operación de compra o de venta. No te lo cobramos con la compra, de modo que simplemente permaneció ahí como un débito. Entonces, al deducir esos 6 dólares, el total quedaría reducido a 19 dólares.

»Si quieres, puedo cerrarlo ahora mismo —prosigue el corredor—. Probablemente te recomendaría que procedas en este momento, considerando lo mal que pintan las cosas. Obviamente, lo último que deberías querer es que tu cuenta entre en terreno negativo. Entonces tendremos que perseguirte para cobrarte las deudas y ya sabes que los agentes de morosidad no son tan amables como...

—Ya he tenido suficiente —responde el agricultor—. No sé qué te propones, pero nunca me dijiste nada acerca de llamadas de margen ni de tener que enviar más dinero si las acciones bajaban. ¡No tengo más dinero! Además, me dijiste que XYZ se iba a triplicar, que iba a ganar tanto dinero que no sabría qué hacer con él, que me iría tan bien como al resto de tus malditos clientes. Entonces, llegados a este punto, lo que quiero es cancelar todo. Quiero que cierres mi cuenta y que me devuelvas mis 4.000 dólares. De lo contrario, tendré que...

Interrumpiendo al granjero, con fría indiferencia, el corredor continúa:

—Como te decía, lo último que deberías querer es que tu cuenta entre en terreno negativo. En ese caso, tendrás que enviar más dinero para cubrir la deuda y pagarnos el dinero pendiente. No quisiera ver que...

—¿Una deuda? ¡Yo no tengo ninguna deuda contigo! ¡No te debo nada! Nunca dijiste nada...

—Lamento que te haya pasado esto —le dice el agente, continuando su discurso—. De todos modos, no sé por qué sigues diciendo que no sabes de lo que estoy hablando. Todo esto se detalla en el paquete de documentos que firmaste para abrir tu cuenta. Lo tengo justo frente a mí: el formulario de apertura de la nueva cuenta, el acuerdo para las compras de margen, la cláusula adicional que regula el interés... Lo tengo todo. Por tanto, como te dije, te recomiendo encarecidamente que vendas ahora mismo, antes de que tu cuenta entre en terreno negativo, ¿entiendes?

El agricultor se queda sin palabras. Se siente totalmente desinflado. ¿Cómo pudo ser tan estúpido como para no leer el acuerdo? La letra era muy pequeña. ¡El viejo truco de la letra pequeña!

—¡Así fue como me habéis pillado! Además, yo sólo soy un agricultor... ¿Cómo se supone que yo iba a saber algo de estas cosas? No es mi culpa... No es mi culpa... No es mi culpa... —protesta el cliente.

El agricultor seguía aferrándose a esas cuatro palabras, pero en el fondo ya era consciente de que todo se había acabado. Lo había perdido todo.

—De todos modos, ése es mi consejo —continuó el agente—. Estamos viviendo un momento muy difícil. Todos están en la misma situación que tú, a todos les están llegando estas llamadas de margen. Está pasando en todo el país, afecta a todas las acciones y está ejerciendo una enorme presión sobre el mercado. Se ha convertido en una profecía autocumplida... Cuanto más baja el mercado, más cuentas se liquidan, porque sus dueños no pueden responder a las llamadas de margen, lo que termina creando más presiones de venta, lo que luego hace que las acciones bajen aún más, activando más llamadas de margen y creando aún más y más presión de venta. Así sucesivamente. Como dije, es una situación muy mala. Entonces, ¿qué quieres hacer?

Llegado a este punto, el agricultor se queda sin palabras. Wall Street no sólo ha inflado el mercado hasta que llegó a cotas escandalosas, sino que ha propiciado esa subida de manera que ha convertido esta caída del Dow en el equivalente financiero de una avalancha en la cima del monte Everest. En ese momento, no parece haber manera de determinar cuál es el fondo de la caída. El problema se acentúa y se agranda, destruyendo todo a su paso.

Con este pensamiento en mente, el agricultor responde al corredor y le transmite dos simples palabras:

—Véndelo todo.

He ahí la locura que supone comprar acciones con un margen del 90 por ciento. Es el equivalente a entregarle a un niño un explosivo M-80 y decirle: «Ten mucho cuidado, Johnny. ¡Esto puede ser muy peligroso!».

Por supuesto, todo lo que Johnny puede imaginar son las brillantes chispas que puede iluminar con el petardo, lo que le causa una intensa excitación que sacude todo su sistema nervioso central. «¡Es emocionante!», se dice a sí mismo. ¡Así funciona la puta naturaleza humana! Así, tanto si estamos comprando acciones de mierda con un margen del 90 por ciento como si estamos manteniendo un explosivo M-80 encendido hasta que nos estalle en las manos, la emoción es tan intensa que tendemos a tener dificultades para ver el verdadero peligro que puede venir en el futuro.

Por esta misma razón, en el mercado hay muchos inversores que, como Johnny, terminan mancos por no entender los riesgos. Así, excitados por la perspectiva de obtener grandes retornos, acaban arrojando los ahorros de toda su vida con la esperanza de sacar tajada en un mercado de valores que va en auge. En realidad, lo que les va a ocurrir ya está escrito en la pared. El ajuste de cuentas llegará muy pronto.

Cuando la manía especulativa de los locos años veinte alcanzó su punto álgido, en 1928, Dow Jones & Company decidió agregar dieciocho empresas más a su índice de referencia, elevando el número total de acciones del Dow a treinta, que es la cifra que todavía se toma como referencia en la actualidad.

El problema, sin embargo, no estaba tanto en las treinta empresas de gran capitalización que componían el Dow Jones. Si bien sus precios se habían inflado en relación con los estándares históricos, lo cierto es que había otras setecientas acciones adicionales cotizando en la Bolsa de Nueva York, y la calidad de muchos de estos títulos resultó ser un problema importante. De hecho, en 1929 se había producido tal deterioro que la mayoría de los títulos valían menos que el mismo papel en el que estaban impresos.

Y, ya puestos a reírnos, ¿adivinas qué firma de corretaje estaba liderando la tarea de mover los mayores pedazos de mierda financiera de la época? ¿Sabes quién comerciaba esa mierda tan apestosa? ¿Imaginas qué compañía tejía aquellas estructuras absolutamente tóxicas hasta el punto de que, cuando finalmente implosionaron, las finanzas se convirtieron en un paisaje tan radiactivo que quedó inhabitable para cualquier ser humano que quisiese invertir durante los próximos veinte años?

Sí, lo has adivinado: Goldman Sachs.

Empleando una estrategia que siguió perfeccionando a lo largo de los cien años siguientes, Goldman Sachs fue cogiendo confianza. Una vez la compañía se convenció de que las ganancias obtenidas por esta vía compensaban la destrucción financiera que, sin duda, se estaba desencadenando, se lanzó a la piscina de cabeza y se convirtió en el agente más prolífico de la industria a la hora de sacar al mercado todo tipo de pedazos de mierda.

Llegado el mes de octubre, la Bolsa de Valores de Nueva York había completado su transición. Si antes era la principal bolsa de valores del país, ahora sería la zona cero de una guerra termonuclear. Sólo quedaba una pregunta pendiente...

¿Cuándo estallarían las bombas?

La prensa lo denominó Jueves Negro. La denominación quedó oficialmente acuñada el viernes 25 de octubre y sirvió para describir la carnicería que sufrió la Bolsa de Nueva York en la jornada anterior.

El Dow Jones se había desplomado un 11 por ciento desde que sonó la campana de apertura hasta que se cerró el mercado. El volumen de movimientos a mediodía superaba los 11 millones de acciones. Para la época, aquélla era una cifra sin precedentes: suponía más de diez veces el volumen normal de operaciones que solía experimentar la bolsa durante un día entero. La tecnología de la época (el *ticker* electrónico que recogía el valor de las acciones) ni siquiera lograba seguir el ritmo de las caídas.

Llegado el mediodía, el *ticker* aún tenía tres horas de retraso. Todos estos desarrollos exacerbaban un pánico financiero que ya se estaba extendiendo por todo el país. Inversores sencillos (carniceros, panaderos, fabricantes de velas...) habían invertido los ahorros de toda su vida en arriesgadas acciones que habían comprado tontamente con un margen del 90 por ciento. Con los pocos indicadores bursátiles disponibles funcionando con horas de retraso, nadie sabía dónde estaba el mercado o si estaban a punto de recibir un telegrama de Western Union...

A las 14.00 horas, cualquier esperanza parecía perdida.

Entonces ocurrió un milagro.

De la nada, el sentimiento de los inversores dio un repentino giro de 180 grados. Grandes órdenes de compra empezaron a inundar el mercado. Llegaban todas a la vez, se concentraban en las empresas más grandes e importantes del Dow Jones y hacían que los precios de las acciones se disparasen nuevamente. Estas órdenes de compra procedían de uno de los miembros más respetados de la Bolsa de Nueva York: un corredor que administraba dinero para los Vanderbilt, los Rockefeller y el resto de los titiriteros. Era un operador con una sólida reputación de estar bien informado.

Al ver las compras masivas procedentes de este tipo de fuente tan bien conectada, el resto de los operadores de la Bolsa de Valores de Nueva York decidieron sumarse. Al fin y al cabo, si los titiriteros estaban comprando acciones, probablemente debían saber algo. Y, así, la voz se empezó a correr, llegando a *traders*, brókeres y, finalmente, clientes. De repente, el mercado volvió a la vida.

En realidad, estas compras no surgieron de la nada. Los titiriteros creían que sería mejor para todos (y especialmente para ellos) que la fiesta siguiese el mayor tiempo posible, de modo que juntaron su dinero y desencadenaron una serie de órdenes de compra de alcance masivo, debidamente canalizadas a través de su agente de bolsa de confianza para telegrafiar sus intenciones e influir en el mercado.

Era un truco tan viejo como las montañas: colocar grandes órdenes de compra durante un breve período de tiempo para hacer subir el precio de una acción. Y un truco así funciona especialmente bien cuando las personas que realizan las compras son inversores que pueden exhibir un historial de tener razón en sus decisiones y posicionamientos.

Hoy en día nos referimos a este tipo de «compra intencionada» como un caso de manipulación de acciones penado con una estancia de tres a cinco años en prisión... Sin embargo, en 1929 no existían leyes federales contra la manipulación de acciones comunes ni, de hecho, contra cualquier otra práctica turbia que implicara la violación y el saqueo de inversores desprevenidos. Era una batalla total, imperaba la ley de la jungla y la manipulación era el juego favorito de algunos de estos tiburones.

El caso es que el plan funcionó de manera brillante.

Al sonar la campana de cierre, el Dow había recuperado casi todo lo que había perdido durante la negociación matinal y cerró la jornada con una caída mucho más manejable, de un 2 por ciento.

El viernes transcurrió tranquilamente, conforme los inversores hacían una pausa para recuperar el aliento. Todo parecía estar bien.

Luego llegó el lunes.

También fue negro —de hecho, mucho más negro que el Jueves Negro— o, al menos, así lo describió la prensa a la hora de informar a 80 millones de estadounidenses que, al recibir su diario en la mañana siguiente, recibieron conmocionados los siguientes titulares.

¡LUNES NEGRO!

¡LAS ACCIONES SE DESPLOMAN!

¡ES LA MUERTE DE WALL STREET!

¡ES EL FIN DEL CAPITALISMO!

Los mensajes eran iguales en todas partes.

A diferencia del Jueves Negro, esta vez no hubo repunte al final de la tarde que ayudase a salvar los muebles. Cuando el mercado se puso en marcha el lunes por la mañana, no tardó en hundirse como una piedra en el mar y, conforme avanzó la jornada, siguió hundiéndose. El baño de sangre comenzó exactamente a las 9.30 de la mañana.

De repente, los inversores se lanzaron a toda velocidad hacia la puerta de salida. El parqué de la Bolsa de Nueva York era de repente un Armagedón financiero. Antes de que terminara el día, el Dow había perdido el 11 por ciento de su valor, cerrando en 241 puntos, un 33 por ciento por debajo del pico histórico que había alcanzado apenas cuarenta días antes. Fue una caída impactante. Como un boxeador contra las cuerdas, el Dow se salvó por la campana de las 16.00 horas cuando estaba cotizando a los niveles más bajos de toda la jornada, tras un aluvión de ventas.

Después llegó el martes.

También fue una jornada negra —incluso más negra que el Lunes Negro, que a su vez había sido mucho más negra que el Jueves Negro— o al menos así describió la prensa este último ataque de Armagedón financiero sufrido por una ciudadanía estadounidense que ya había caído presa del pánico y estaba tratando de digerir los efectos tóxicos de los titulares publicados los días anteriores.

Los mensajes que enviaba la prensa eran los mismos en todas partes:

¡MARTES NEGRO!

¡LAS ACCIONES SE DESPLOMAN AÚN MÁS!

¡Esto es realmente la muerte de Wall Street!

¡No estamos bromeando esta vez! ¡En serio! Se acabó la fiesta, ¿vale?

¡Dos días seguidos de caídas!

¡Cuidado con los banqueros que se puedan arrojar por las ventanas!

Desgraciadamente, esta vez los titulares tenían razón.

En esta nueva jornada negra, el Martes Negro (29 de octubre de 1929) el mercado se desplomaría otro 12 por ciento, y luego seguiría cayendo durante los siguientes tres años. El Dow no tocó fondo hasta el 8 de julio de 1932. El precio de cierre de ese día (41,22) representó una caída del 90 por ciento desde el máximo histórico del Dow, alcanzado en septiembre de 1929.

Por supuesto, el mercado no se desplomó en línea recta. Nunca lo hace. Los mercados no funcionan así. Incluso en el mercado bajista más feroz se ven repuntes (en la jerga de Wall Street, los rebotes del gato muerto, o los repuntes de los tontos), pero la tendencia sigue siendo que el mercado va consolidando y afianzando sus pérdidas. Estos repuntes son anémicos, de corta duración y se caracterizan por su volumen muy ligero. Y, tan pronto como se agota el repunte, el mercado vuelve a caer nuevamente y desciende a un nuevo mínimo.

Esto fue lo que sucedió a lo largo del período de tres años que siguió al colapso de octubre, conforme una serie de repuntes del gato muerto ofrecieron breves destellos de esperanza a una nación conmocionada, cuyo sistema financiero y cuya economía subyacente estaban al borde del abismo.

Hasta que, finalmente, se derrumbaron.

Como en una hilera de fichas de dominó muy juntas que se desploman una sobre otra, el colapso del mercado de valores provocó asimismo el colapso del sistema bancario, lo que a su vez provocó una crisis crediticia en todo el país, extendiendo el impacto de la crisis a una economía que ya se estaba desacelerando y que, finalmente, acabó destruida y parada. El problema era muy profundo: el pueblo estadounidense había perdido por completo la confianza en el sistema financiero del país y empezaba a prepararse para una tormenta.

Fue la mayor profecía autocumplida conocida, y sus resultados fueron catastróficos.

El volumen del mercado de valores cayó a niveles anémicos, y las entidades financieras comenzaron a colapsar conforme se fueron desatando las estampidas bancarias. La gente se daba cuenta de que el dinero que creían que tenían a salvo depositado en el banco estaba, en realidad, prestado a especuladores de Wall Street que se habían dedicado a comprar acciones de mierda con márgenes de hasta el 90 por ciento. La compraventa de acciones se detuvo, literalmente.

Fue la época de los vagabundos, de las colas para comer sopa y de la más absoluta pobreza.

Las familias cargaban sus pertenencias en sus tartanas averiadas y viajaban por todo el país en busca de algo que cubriera de alguna forma sus necesidades más básicas, anhelando comida, una vivienda y un empleo remunerado.

Esos tres objetivos resultaban difíciles de conseguir, especialmente el tercero.

La tasa de desempleo alcanzó el 33 por ciento, ya que uno de cada tres estadounidenses no podía encontrar un trabajo. Los pocos trabajos que sí seguían en pie eran para trabajadores poco cualificados, que realizaban tareas serviles a cambio de percibir unos salarios bajísimos. El progreso simplemente había cesado. Fue la Gran Depresión.

Fue entonces, en 1934, a raíz de esta gran agitación económica, cuando el gobierno finalmente decidió intervenir y poner orden en el caos. Había llegado el momento de controlar a Wall Street, o al menos fingir que se procedía de tal forma. En 1934, mediante una ley del Congreso, nació oficialmente la Comisión de Bolsa y Valores de Estados Unidos (la SEC, por sus siglas en inglés).

Como principal «policía» financiera de la nación, la agencia tendría poderes sobre todas las actividades relacionadas con la emisión y negociación de cualquier tipo de valor: acciones, bonos, opciones, fondos de inversión o cualquier otro instrumento que se ofreciera públicamente como producto de inversión. Su misión era muy clara: restaurar la confianza de la ciudadanía, que constituía entonces una gran masa de inversores extremadamente cabreados que habían sido desplumados por un ejército de corruptos a sueldo de Wall Street cuyo proceder había sido tan codicioso que terminó haciendo estallar el mercado de valores y, en última instancia, no hundió solamente a la gente que confió en ellos, sino que también tumbó al propio sistema financiero

El Congreso creía (correctamente) que, sin un mercado de valores y un sistema bancario en el que la gente pudiera confiar, la recuperación económica sería prácticamente imposible. Delegaron el papel crítico de elegir al primer presidente de la agencia a la máxima autoridad del país, el presidente de Estados Unidos.

En aquel momento, quien ocupaba la Casa Blanca era el bueno de Franklin Delano Roosevelt. Era un gran visionario, un hombre justo que ciertamente estaba a la altura de la tarea, o al menos eso es lo que uno habría pensado. Sin embargo, seguro que no imaginas a quién acabó eligiendo para cuidar el gallinero...

¡Al Lobo de Wall Street original!

5

El viejo Joe Kennedy y el salvaje mundo de las ventas en corto

Por un lado, elegir al manipulador de acciones más notorio de Wall Street como primer presidente de la SEC tenía sentido. Después de todo, si quieres acabar con todo el fraude que ocurre en Wall Street, ¿por qué no contratar al mayor estafador de todos? Por otro lado, un nombramiento así equivale a elegir un lobo para que cuide a las ovejas y pretender que ese lobo será capaz de actuar contra su propia naturaleza y resistirá la tentación de convertir las ovejas en chuletillas de cordero.

El primer presidente de la SEC, Joseph P. Kennedy, era un sinvergüenza cuya única cualidad redentora fue que engendró un hijo llamado John Fitzgerald que terminó convirtiéndose en el trigésimo quinto presidente de Estados Unidos. Pero, más allá de esa afortunada donación de esperma de alcance presidencial, el «Viejo Joe» no fue sólo uno de los manipuladores de acciones más notorios en la historia de Wall Street, sino que también se especializó en una estrategia comercial altamente tóxica que jugó un papel importante en el desencadenamiento de la crisis.

Joe Kennedy era un vendedor en corto, es decir, apostaba a que los precios de ciertas acciones caerían. Lo hacía tomando prestadas sus acciones y vendiéndolas inmediatamente en el mercado para establecer la posición corta. Cuando apostaba bien (y el precio de las acciones caía) procedía a recomprar las acciones al precio más bajo y, a renglón seguido, se las devolvía al prestamista, embolsándose la diferencia. Cuando apostaba mal (y el precio de las acciones subía), tenía que recomprar unas acciones más caras, entregárselas al prestamista y anotarse una pérdida.

¿Estás confundido? Si es así, no eres el único. A la mayoría de las personas les resulta inútil la noción de vender una acción que no posees para sacar provecho de su eventual caída. Sí, es un poco difícil de entender. Y es especialmente confuso si tenemos en cuenta el hecho de que primero debes pedir prestadas esas acciones y después debes devolverlas en algún momento en el futuro. Con suerte, puedes obtener una ganancia entre ambas operaciones.

Francamente, si se consideran todos los obstáculos que hay que superar, parece que apostar a que una acción va a caer es una tarea complicada. Por ejemplo: ¿de dónde pides prestadas las acciones?, ¿cuánto cuesta pedirlas prestadas?, ¿cuánto tiempo puedes conservarlas?, ¿cómo las devuelves?, ¿cuánto dinero hace falta para realizar la operación?, ¿qué haces si el movimiento sale mal y los títulos se revalorizan? Son preguntas como éstas, y muchas otras, las que hacen que la mayoría de los nuevos inversores eviten las ventas en corto. Desde su perspectiva, se trata de un horizonte plagado de riesgos y demasiado complicado, por lo que es mejor dejarlo en manos de profesionales.

Pero ¿es eso cierto? ¿Es realmente tan complicado realizar una venta en corto? Es más, ¿es este tipo de operación tan arriesgada como para que la mayoría de los inversores sigan huyendo de ella como una plaga? ¿O quizá las ventas en corto tienen una mala reputación indebida e incluso pueden ser una herramienta valiosa para el inversor avezado?

Como la mayoría de las cosas en la vida, la verdad se encuentra en algún punto intermedio, aunque, desde una perspectiva práctica, debes recordar que cualquier tipo de estrategia de inversión volcada en el corto plazo suele conducirnos a una decepción, sin importar si nuestros dólares están en largo o en corto.

Un poco más adelante te lo explicaré con mayor profundidad, pero, por ahora, déjame mostrarte un ejemplo del mundo real de cómo vender una acción al descubierto, para que lo entiendas completamente y no te dejes llevar por ti mismo, por un corredor que te ofrece dicho servicio o por cualquier otro asesor.

Por ejemplo, digamos que un Robin Hood de veinticinco años, aburrido por la pandemia, está pensando en invertir el último cheque que ha cobrado merced al programa de estímulo del gobierno. Hasta ahora, le ha ido muy bien operando en largo y comprando «acciones memes» que posteriormente ha vendido, obteniendo algunas ganancias.

El término de *acción meme* es una etiqueta que se les da a aquellos títulos que se han vuelto populares entre los pequeños inversores por razones que tienen poco que ver con los fundamentales de las compañías. En cambio, el interés por estas acciones se alimenta principalmente de factores culturales. Obedece a mensajes compartidos en redes sociales o incluso al deseo de mostrarle apoyo a una determinada empresa o marca. No es sorprendente que las «acciones meme» tiendan a ser extremadamente volátiles, cotizando muy por encima de su valor intrínseco durante un período prolongado de tiempo para luego volver a caer bruscamente.

Sin embargo, a pesar de todo, lo cierto es que, durante los seis últimos meses, nuestro joven Robin Hood ha logrado ganar dinero con las «acciones meme», hasta el punto de que ha convertido una posición inicial de 25.000 dólares en 150.000 dólares. Su confianza ha aumentado cada vez más. Al igual que muchos inversores antes que él, cree que su éxito es el resultado de un agudo sexto sentido combinado con una habilidad especial que solamente él posee, en contraposición con el hecho obvio de que una marea furiosamente alcista ha venido levantando todos los barcos, incluidas las sobrevaloradas «acciones meme» que tiene en su cartera. Así, nuestro Robin Hood ha adquirido tanta confianza que quiere mejorar su juego y ya se plantea jugar en ambos lados del mercado: en largo y en corto.

Es una situación perfecta, según cree, porque está seguro de que ha detectado una empresa que es una verdadera mierda y cuyas acciones están condenadas a bajar. En ese momento, sus títulos cotizan a 40 dólares la acción en la bolsa de valores Nasdaq, pero nuestro Robin Hood está absolutamente seguro de que su valor llegará a cero. Lo único que le impide operar en corto es que no está familiarizado con todos los matices. Entiende los conceptos básicos de este tipo de ventas, pero algunos aspectos todavía le resultan confusos y necesita la orientación de un profesional.

Por ello, decide que su cuenta de Robin Hood no es el vehículo adecuado para ejecutar su primera venta corta. Entonces, levanta el teléfono y llama a su corredor de bolsa, Jimbo Jones, que trabaja en una prestigiosa firma de Wall Street. Jimbo ha sido su agente durante los últimos años, aunque Robin Hood no ha hecho muchos tratos con él. A diferencia de sus operaciones de compraventa, que le resultan divertidas y emocionantes, operar con Jimbo es tremendamente aburrido. Además, a pesar de que le trata de forma amistosa, en el fondo cree que Jimbo Jones no es más que un imbécil pomposo.

—Entonces, dime, joven Robin Hood —gorjea Jimbo—. ¿Te puedo ayudar en algo?

¡Joven Robin Hood! Esto es lo que los habitantes de Wall Street como Jimbo piensan de personas como él. ¡Cree que solamente somos flores de un día! ¡Productos de la pandemia! ¡Sanguijuelas de la sociedad, que viven de cobrar el paro y los cheques de los programas de estímulo del gobierno!

Robin Hood aclara:

—Yo no robo a los ricos para darles a los pobres. Recibo dinero gratis del gobierno y lo invierto en «acciones meme». ¿Cuál es el problema?

—No hay problema, joven Robin Hood. Deberías estar muy orgulloso.

—Estoy orgulloso, estoy muy orgulloso. Bueno, ¿cómo están las cosas hoy en Wall Street? ¿Ya has estafado a alguna viuda o a algún huérfano?

—Todavía no —responde Jimbo—. Pero el día aún no ha terminado. Todavía tengo esperanzas.

—Bueno, buena suerte con eso —dice Robin Hood—. Estoy seguro de que lo lograrás. De todos modos, hay algo con lo que necesito tu ayuda. Quiero vender una acción en corto y nunca antes lo he hecho.

—Está bien, ¿qué acción quieres vender en corto?

Robin Hood duda por un momento.

—Bien... Antes de decírtelo, sólo quiero que sepas que he investigado sobre esto, así que no intentes disuadirme de hacerlo. No voy a desistir.

—Está bien, te doy mi palabra de que no lo haré. ¿Qué acción quieres vender en corto?

Entonces, Robin Hood le da a Jimbo una explicación detallada de por qué esta empresa es la mejor venta en corto de toda la historia de las ventas en corto. Lo ha revisado todo: el balance, sus resultados anuales, el declive de sus ventas, lo inflados que están sus gastos generales, su modelo de negocio anticuado, el egoísmo de su equipo gestor... Cumplido dicho ejercicio, Robin Hood se desvía del rumbo y empieza a hablarle a Jimbo sobre su increíble trayectoria como inversor y su sobrenatural sentido del *timing*. Después de prestar atención durante algunos segundos, Jimbo deja de prestarle atención.

Es entonces cuando Jimbo recuerda un dicho: «Tener un poco de conocimiento es peligroso». Así, poner en corto esta acción es un movimiento muy arriesgado, ya que hay muchas posibilidades de que la operación acabe volviéndose en su contra. ¿Debería intentar convencer a Robin Hood de que no lo haga? ¡Ya hay un montón de inversores que están vendiendo acciones en corto, lo que crea el riesgo de que se produzca un gran estrangulamiento de posiciones cortas! ¡Si el joven Robin Hood no tiene cuidado, terminará nuevamente en el bosque de Sherwood y no le quedará como posesión ni un orinal!

El estrangulamiento de posiciones cortas (*short squeeze*) ocurre cuando el precio de una acción (o de cualquier activo) aumenta rápidamente, lo que hace que los vendedores en corto incurran en pérdidas significativas, lo que a su vez obliga a muchos de ellos a recomprar las acciones para cumplir con los requisitos de margen. A su vez, este aumento de la demanda hace subir aún más el precio, exacerbando las pérdidas de los vendedores en corto, que ahora están bajo una presión cada vez mayor para recomprar acciones, en un esfuerzo por reducir sus pérdidas. Esto conduce a un aumento aún mayor en el precio de las acciones, sometiendo a los pocos vendedores en corto que quedan bajo una presión aún mayor. ¡Así se desarrolla el estrangulamiento de posiciones en corto, el *short squeeze*, que asfixia a quienes han realizado este tipo de operación!

Hubo un caso famoso de esto a principios de la década de los ochenta, cuando los hermanos Hunt, con sede en Texas, intentaron acaparar el mercado de la plata. Durante un período de seis meses, los hermanos acumularon silenciosamente una enorme posición en futuros y opciones de plata, convirtiéndose efectivamente en uno de los mayores tenedores de plata del mundo. A medida que los hermanos continuaron comprando más y más plata, hicieron subir su precio aún más, provocando un enorme estrangulamiento de posiciones cortas en el mercado de la plata. Vendedores en corto que habían apostado contra el precio de la plata se vieron obligados a cubrir sus posiciones y asumir precios mucho más altos, incurriendo en muchos casos en enormes pérdidas.

La conclusión es que las ventas en corto pueden ser un juego peligroso que está mejor en manos de profesionales, que tienen años de experiencia y mucho dinero. Pero Robin Hood sigue su discurso...

—... ¡Y he ganado mucho dinero! —continúa—. De hecho, creo que a estas alturas no se puede negar que nací para esto. Una vez que domine el lado corto del juego, creo que voy a iniciar mi propio *hedge fund*. —Robin Hood se ríe—: Si quieres, puedes venirte a trabajar para mí, Jimbo. Te pagaré bien... si te lo ganas.

¡Hasta ahí podíamos llegar! A Jimbo Jones ya no le queda paciencia. Si el tonto de Robin Hood quiere saltar por un precipicio financiero, ¿quién es él para detenerlo? Por no hablar de que las comisiones por ventas cortas son tan altas como por las de las posiciones largas. Y, además, ¡si todo va bien podrá usar el dinero extra que le generará esta operación para pagarse su próximo viaje a Cabo!

—¡Absolutamente! —exclama Jimbo—. Vas a barrer con todo en esto. Si fuera tú, yo también me pondría corto.

—Lo sabía —chirría Robin Hood—. Incluso un cínico bastardo como tú no puede discutir mi lógica. Pues bien, quiero vender 1.000 acciones en corto. Son 40.000 dólares, ¿verdad?

—Vaya, espera, espera, cálmate —le dice Jimbo—. Antes de hacer nada, necesito ver si podemos tomar prestadas las acciones. Supongo que podemos, pero dame un segundo.

—¿Qué pasa si no podemos tomarlas prestadas?

—Que entonces no puedes venderlas en corto —dice Jimbo—. Sería una violación de las normas de la SEC y no estoy de humor para que me multen hoy y, desde luego, no a cambio de operar para ti... De hecho, aunque pudieras quedarte desnudo en corto, no deberías hacerlo. Es demasiado arriesgado. Tu cuenta terminaría con lo que se conoce como un fallo en la entrega.

—¿Significa eso que no se han entregado las acciones?

—Sí, las acciones... Tanto si vendes 1.000 acciones en corto como 1.000 acciones que tienes en tu poder, quien termina comprándolas esperará que aparezcan anotadas en su cuenta en algún momento. No pueden simplemente quedarse en el limbo. Tienen que llegar a la otra parte. Para que quede claro, no me refiero a que esto lo tengan que hacer mensajeros que caminan a pie y recorren el Bajo Manhattan recogiendo y entregando certificados físicos de tenencia de acciones para auxiliar a compradores y vendedores. Todo eso se acabó en los años sesenta. Desde entonces, el volumen de las transacciones es tan enorme que hubo que cerrar el mercado un día a la semana para que los operadores se pudiesen poner al día con tanto papeleo. De todos modos, por eso hoy en día todo se hace digitalmente. Ahora todo son unos y ceros, y llevamos la cuenta de las operaciones en un libro de contabilidad electrónico. Pero eso no cambia el hecho de que, cuando un inversor vende un bloque de acciones y otro inversor se lo compra, el comprador espera que las acciones electrónicas del vendedor aparezcan en su cuenta con la fecha de liquidación correspondiente, mientras que el vendedor espera que el dinero del comprador también aparezca en su cuenta. En un momento hablaré de las posiciones cortas, pero es más fácil empezar con una posición larga. Imagina que tienes 100.000 dólares y que quieres comprar 1.000 títulos de una compañía cotizada a 40 dólares, en lugar de vender en corto esas acciones. En ese caso, le haría un pedido a mi operador para comprar 1.000 acciones de la empresa XYZ a razón de 40 dólares la acción. Él iría al mercado, compraría las acciones en tu nombre y ¡ya está! Unos segundos más tarde, las acciones aparecerían en tu cuenta y tu saldo de efectivo se reduciría en unos 40.000 dólares, ¿verdad?

—Sí, ¿y?

Jimbo continúa:

—Entonces, si revisaras el libro de contabilidad electrónico, ¿el nombre de quién verías anotado como propietario de esos títulos? ¿El tuyo?

—Sí, por supuesto —dice Robin Hood.

—No —dice Jimbo—. Verías el nombre de mi empresa. Todas las acciones se mantienen en lo que hoy en día se llama el nombre de la calle. Eso significa que la empresa que queda registrada como propietaria es la firma de corretaje que ha vendido las acciones a su cliente, y no el comprador real.

—Eso suena turbio —dice Robin Hood.

—No es turbio —responde—. Tú figuras como propietario efectivo de las acciones en nuestro registro interno, por lo que para ti no hay ninguna diferencia. Y esto hace que sea más fácil realizar un seguimiento de todo el mercado, con todas las compras y ventas que se producen. Sin esto, el sistema se vería saturado.

»De todos modos, cuando abriste tu cuenta con nosotros por primera vez —continúa Jimbo—, firmaste un montón de formularios y uno de ellos fue el que nos dio el derecho de mantener todas las acciones de tu cuenta con el nombre de la calle. También en ese papel nos dabas el derecho de prestarlas a cualquiera que quiera quedarse corto. Y ése es un gran negocio en Wall Street. Tenemos un departamento entero, el Departamento de Préstamo de Acciones, que no hace nada más que eso. Están todo el día con ese tipo de operaciones. Llaman a otras firmas de corretaje, a *hedge funds*, a fondos de inversión y a cualquier otra persona que consideren que puede prestarles acciones, a cambio de una comisión. Es una operativa enormemente rentable. Por tanto, cuando digo que necesitas pedir prestadas las acciones antes de ponerte corto, ya sabes a qué me refiero. No es magia. Los títulos tienen que venir de algún sitio.

—Entendido —dice Robin Hood—. Estoy tomando prestadas las acciones de tu empresa, pero en realidad son propiedad de los clientes.

—¡Exactamente! Y si no tomas prestadas las acciones cuando intentas ir en corto, entonces quienquiera que esté en el otro lado de la operación no recibiría la entrega electrónica en la fecha de liquidación..., ¡y ahí es cuando realmente puedes acabar jodido!

—¿Por qué es así?

—Pues, porque, después de diez días sin entregar las acciones al comprador, éste tiene permitido salir al mercado y comprar las acciones sin preguntar a nadie y, a renglón seguido, enviarle la factura de compra a mi empresa. ¿Y adivinas a quién le traslada esa factura mi empresa?

—A mí —dice Robin Hood.

—Y, por cierto, cuando ese tercero compre las acciones, lo hará al precio más alto posible, maximizando tus pérdidas. Por eso no puedes exponerte en corto sin haber pedido prestadas las acciones primero. Incluso si fuera legal, no lo hagas.

—Entendido —dice Robin Hood—. ¡Nunca te quedes desnudo!

—Eso es, es una receta segura para el desastre. Bueno, sigamos. Acabo de recibir noticias del Departamento de Préstamo de Acciones. Me dicen que tienen las acciones disponibles, así que estamos listos para comenzar. Permíteme explicarte esto paso a paso, empezando por configurarte una cuenta de margen. Necesito hacer eso ahora mismo para que puedas ponerte corto en XYZ. Dame un segundo...

—¿Por qué necesito una cuenta de margen? —pregunta Robin Hood—. Yo hago todo con mi cuenta de efectivo de Robin Hood. No me gustan las cuentas de margen, apalancarme para operar...

—Bueno, lamentablemente, no tienes otra opción. No se pueden realizar ventas al descubierto en una cuenta de efectivo. Verás, técnicamente, el dinero que envías no se destina a pagar las acciones. Se utiliza como garantía de las acciones que estamos tomando prestadas. No se nos permite hacer préstamos, ni tampoco aceptar garantías, si operamos con una cuenta de efectivo. Es lo que dicta la ley federal: debe hacerse con una cuenta de margen, ¿de acuerdo?

—Sí, está bien.

—Está bien, perfecto —dice Jimbo—. Muy bien, ya tengo el número de cuenta. Estamos listos para comenzar. Entonces, la primera pregunta es: ¿cuántas acciones deseas vender en corto? Puedes pedir prestadas tantas acciones como quieras.

—Supongo que unas mil —responde Robin Hood.

—¿Supones? —replica Jimbo.

—Bueno, es decir... No estoy seguro de cómo funciona todo esto —dice Robin Hood, aún dubitativo. Más confiado, se lanza nuevamente—: Mi experiencia está en las operaciones convencionales. Me dedico a buscar empresas ganadoras, Jimbo. ¡Por eso he ganado mucho dinero! En cualquier caso, ¿cuánto me costaría hacerme con esas 1.000 acciones? ¿Valen 50.000 dólares?

«¡Increíble!», piensa Jimbo para sí mismo. «¡Nunca alguien que sabe tan poco pensó que sabía tanto! ¡Será un placer ver cómo se estrella y acaba en llamas!»

—Está bien, amigo mío —le traslada cálidamente a Robin Hood—. Déjame explicarte cómo funciona. El requisito de margen inicial para una venta corta es el 150 por ciento del monto de la operación, por lo que para vender en corto...

—¿Del 150 por ciento? —le espeta Robin Hood, interrumpiendo a Jimbo—. ¡No voy a aportar 60.000 dólares para vender en corto 40.000 dólares en acciones! ¡Eso es una locura! No vale la pena.

—Cálmate, ¡no tienes que aportar 60.000 dólares! —le dice Jimbo, dándose cuenta de lo completamente despistado que está Robin Hood. Incluso cosas tan simples como los requisitos de margen se les escapan por completo a estos inversores novatos—. Has olvidado incluir los 40.000 dólares que obtendrás cuando vendas las mil acciones que tomaste prestadas. Actualmente, las acciones cuestan 40 por acción, por lo que, si vendes mil acciones, terminarás con 40.000 dólares en tu cuenta, lo que significa que solamente necesitarás enviar 20.000 dólares para cumplir con el requisito de margen del 150 por ciento. ¿Lo pillas?

—Sí —responde Robin Hood—. Entonces, con 40.000, puedo vender en corto dos mil acciones, ¿verdad?

—Exactamente —dice Jimbo—. Es básicamente el 50 por ciento de cualquier cantidad que desees desplegar en corto. Ahora, déjame preguntarte esto: ¿estás seguro de seguir adelante con esta idea?, ¿tienes confianza en que es lo correcto?, ¿o simplemente estás seguro de ti mismo? Hay una gran diferencia, amigo mío.

—Oh, estoy seguro de seguir adelante —dice Robin Hood—. Y tengo mucha confianza, ¿vale? De hecho, nunca he tenido más confianza en nada en toda mi vida. ¿Como es que me preguntas eso?

—Bueno —replica Jimbo—. Solamente te lo he dicho porque me ha impresionado tu seguridad, por decirlo suavemente.

—Sí, bueno —dice Robin Hood—. El caso es que estas acciones van a irse a cero. Por eso quiero actuar.

—Está bien. ¡Guau! Bueno, ya hasta me has convencido a mí. Veamos, ¿cuánto dinero tienes en tu cuenta de efectivo en este momento?

—Un poco más de 150.000 dólares. Casi todo son beneficios. No está mal, ¿eh?

—No está nada mal, amigo mío. ¿Y cuánto de eso está en este momento en efectivo, qué porcentaje?

—¡Tío, está todo en efectivo! —dice Robin Hood—. Así me muevo yo, chaval. No mantengo mis posiciones por más de uno o dos días. Mi sincronización es impecable, ¿sabes?

—Oh, sí, sí —responde Jimbo—. Has convertido esto en una ciencia, ¿verdad?

—Obviamente. Pero he de decir que también es cierto que yo nací para este negocio. Lo que hago no se puede enseñar. Es un regalo, un don poco común, diría yo. O quizá simplemente es un sexto sentido, más que nada. De todos modos, si haces lo correcto y me cobras comisión baja, estaré dispuesto a darte algunos consejos sobre acciones a cambio, muchacho.

—Absolutamente —dice Jimbo—. No verás ni un centavo de comisión de mi parte. —Porque le va a sacar la comisión sin que se dé cuenta, como el verdadero Robin Hood—. Voy a renunciar por completo a ello; fíjate cuánto creo en ti. De hecho, dada la confianza que ambos tenemos en esta operación, y si te soy honesto, te diría que creo que deberías acortar un poco más. La única pregunta que tengo es: ¿cuánto tiempo crees que pasará antes de que las acciones se desplomen? ¿Hablamos de días, semanas, meses...?

—Días. Quizá dos semanas, como máximo. ¡Ciertamente, menos de un mes!

—Está bien, perfecto, entonces, definitivamente, es una operación de corto plazo —responde Jimbo—. La razón por la que pregunto es que el tipo de interés del préstamo es un poco alto en este momento y, si quisieras mantener esta posición a largo plazo, entonces los intereses empezarían a acumularse.

—¿Cuán alto es el interés? —pregunta Robin Hood.

—Un 20 por ciento —responde Jimbo—. Pero, dado tu horizonte temporal, no hay que tener eso muy en cuenta De todos modos, a futuro, recuerda que, cuando estés vendiendo una acción a corto plazo, saber encontrar el momento oportuno lo es todo. Dicho con otras palabras, no basta con tener razón. Tienes que acertar relativamente rápido, porque, de lo contrario, el interés de las acciones que tomaste prestadas podría comenzar a consumir tus ganancias. ¿Tiene sentido?

—Sí —responde Robin Hood—. Pero ¿por qué el interés es tan alto en este momento?

—Oferta y demanda —le replica Jimbo—. En este momento, hay muchos otros inversores que buscan pedir prestadas esas acciones, lo que en realidad es una muy buena señal para ti, ¿verdad? Quiero decir, normalmente, la tasa es de alrededor del 3 por ciento, por lo que obviamente debes estar en lo cierto con tu tesis de inversión. Al menos, lo que sí sabemos es que hay muchos otros vendedores en corto que están de acuerdo contigo.

—Lo sabía —dice Robin Hood—. ¡Mis instintos con estas cosas son asombrosos!

—Obviamente, tienes un don, amigo —dice Jimbo, refiriéndose al don del autoengaño.

—Sin duda —coincide Robin Hood—. Y es hora de darle un

buen uso a ese don que tengo. ¿Cuánto puedo acortar? ¿Cuál es el máximo?

—Veamos, entre los 150.000 dólares que tienes en tu cuenta de efectivo y los 10.000 dólares que tienes aquí en nuestra entidad, serían 160.000 dólares en total. El requisito de margen inicial para quedarse corto es del 50 por ciento, lo que duplica la cantidad de dinero que puedes aportar. Nos vamos a 320.000 dólares. A 40 dólares por acción, el máximo que puedes adquirir serían 8.000 acciones, lo que equivaldría a 320.000 dólares. Pero creo que deberías empezar de forma más modesta, sólo para estar seguro. Deberías empezar vendiendo en corto 7.000 acciones. Eso sería un desembolso en efectivo de sólo 140.000 dólares. Por supuesto, ganarás un poco menos de dinero a medida que las acciones coticen a la baja, pero de esta manera te quedas con algo de dinero en reserva, en caso de que las acciones vayan temporalmente por el camino equivocado.

Robin Hood, completamente desconcertado, le replica enfadado:

—¿Qué estás diciendo? ¡Esta jugada no va a ir por ningún camino equivocado! Estas acciones van en una dirección clara: hacia la taza del váter. En este momento, estas acciones son tan...

Jimbo deja de escuchar por un momento y se pone a pensar en cuántos problemas puede meterse si permite que un novato como Robin Hood tome todo su patrimonio neto y lo utilice como garantía para hacer su apuesta contra una acción que ha quedado sujeta a muchas posiciones en corto. Esta estrategia conlleva enormes riesgos. Puede quedarse atrapado en una de esas contracciones en corto que mencionábamos antes. Robin Hood podría perderlo todo en cuestión de segundos.

Eso mismo pasó no hace mucho con Tesla. La acción del fabricante de coches eléctricos había estado sujeta a tantas posiciones cortas que llegó un punto en que básicamente estaba sobrecortada y no quedaban acciones para pedir prestado. Mientras tanto, cada una de esas ventas al descubierto representaba un futuro comprador de acciones. En algún momento, éstos tuvieron que volver al mercado y recomprar las acciones con las que se habían puesto en corto para así poder devolver las acciones que habían pedido prestadas. Esto creó una enorme demanda reprimida. Es como tomar una banda elástica y estirarla todo lo que puedas: cuando finalmente la sueltas, sale volando exactamente en la dirección opuesta, desatando un movimiento rápido y violento.

En el caso de Tesla, lo único que hizo falta fue la publicación de algunas noticias positivas, y los «largos» pudieron reunir suficientes compras para empezar a hacer subir el precio de las acciones. Esto comenzó a crear llamadas de margen que afectaron a todos los vendedores en corto. Los afectados entraron en pánico. De repente, se lanzaron al mercado y comenzaron a comprar acciones para tratar de cubrir sus posiciones cortas, lo que hizo que las acciones se encarecieran aún más. Así siguió el proceso, en un círculo vicioso.

—No quiero ofenderte, tío —continúa Robin Hood—, pero vosotros, los muchachos de Wall Street, sois noticia de ayer. Toda la información que necesito la puedo encontrar en línea.

«¡A la mierda con el cumplimiento!», piensa Jimbo; y dice:

—No me ofendo, tranquilo. Entonces, ya que tienes tanta confianza...

—La tengo.

—Pues yo recomendaría que vendas en corto 7.000 acciones y mantengas una pequeña cantidad en reserva, por si acaso. Esas 7.000 acciones equivaldrían a 140.000 dólares, que tendrías que transferir hoy desde tu cuenta de efectivo y...

—Ningún problema.

—Está bien, perfecto —continúa Jimbo—. Ahora, rápidamente, déjame mostrarte cómo realmente puedes ganar dinero cuando cubres tu posición corta, ¿de acuerdo?

—Sí, adelante.

—Bien, si vendemos al descubierto 7.000 acciones a 40 dólares cada una, entonces tenemos 280.000 dólares en tu cuenta de corretaje. Después tendrás que depositar 140.000 dólares para cumplir con los requisitos de margen mínimo, lo que elevará el saldo total de la cuenta a 420.000. Después, digamos que las acciones bajan a 20 dólares por acción y decides que quieres cubrir el corto y dejarlo ahí. Lo que haríamos entonces es ir al mercado y comprar las 7.000 acciones a 20 dólares cada una, lo que te costaría apenas 140.000 dólares. Después, se deduciría el dinero de tu cuenta de corretaje, dejando el saldo en 280.000 dólares. Y, luego, cuando recibiéramos las acciones en la fecha de liquidación, las devolveríamos al Departamento de Préstamo de Acciones. Además de los 140.000 que depositaste inicialmente para cumplir con el requisito de margen, el resto del saldo que tengas entonces en tu cuenta sería tu ganancia. En este caso, serían 140.000 dólares. Ésa sería tu ganancia. Así es como se gana dinero cuando inviertes en corto. ¿Tiene sentido?

—Absolutamente —responde Robin Hood—. Pero de ninguna manera voy a cubrir a 20 dólares por acción. Este título va a llegar a cero. Tal vez lo cubra a 1 dólar por acción, porque no soy tan codicioso como vosotros, los de Wall Street. Entonces, ¿cuánto ganaría si cierro la apuesta cuando el título cotice a 1 dólar por acción?

—Si tuvieras que cubrir a 1 dólar por acción, eso significa que te costaría 7.000 dólares recomprar las acciones. Entonces, simplemente restas 7.000 de 280.000 y te quedas con 273.000 dólares de ganancia. Por descontado, tienes que pagar el interés del 18 por ciento sobre las acciones que tomaste prestadas, pero ese 18 por ciento era a un año, y apenas conservaste las acciones por un mes. Entonces, el interés sería de aproximadamente un 0,5 por ciento, y el 0,5 por ciento de 280.000 dólares, que era el valor de mercado de las acciones el día en que las tomaste prestadas, equivale a 4.200 dólares de intereses. Al final del día, tu beneficio neto serían 268.800 dólares.

—Eso me gusta —dice Robin Hood.

—¿A quién no? Ahora, rápidamente, sólo para darte el otro lado de la ecuación, para que al menos seas consciente de ello, si las acciones subieran y se revalorizasen el equivalente a 20 dólares por acción, hasta llegar a 60 dólares, eso significa que, cuando volvieras a comprar las acciones, tendrías pérdidas en tu cuenta. Te costaría 420.000 comprar las 7.000 acciones por las que recibiste 280.000 dólares cuando las vendiste al descubierto. En ese caso, acabarías perdiendo 140.000 dólares.

—No estoy preocupado por eso. No hay forma de que esta acción suba. Es una tragedia asegurada.

—Bien —responde Jimbo—, pero, para que lo sepas, cada cuenta de margen, incluida la tuya, tiene un requisito de mantenimiento mínimo en todas las ventas al descubierto, que es del 130 por ciento. Entonces, si las acciones suben más del 20 por ciento, lo que en este caso sería cualquier precio por encima de 48 dólares, entonces tu cuenta caerá por debajo del requisito mínimo de mantenimiento. En ese caso, recibirás una llamada de margen y tendrás que enviar más dinero para apuntalar tu saldo. Si no lo envías, nuestro sistema comenzará a recomprar las acciones automáticamente, para cubrir la posición corta, y sin siquiera avisarte. Dicho con otras palabras, marcarán tu posición en el mercado para ver cuánto valdría tu cuenta en caso de estar cubierta. Por eso, si el saldo cae por debajo del 130 por ciento, deberás enviar más dinero. Cuanto más suben las acciones, más dinero tendrás que enviar. No estoy tratando de provocarte un bajón ni nada por el estilo, pero el cumplimiento de la legalidad me exige que te mencione esto.

—Ya he tenido suficientes conversaciones negativas por un día. Estoy listo para actuar. Quiero vender en corto 7.000 acciones y quiero hacerlo ahora mismo.

—Un movimiento audaz. Hagámoslo. Espera solamente un segundo.

Mientras Jimbo ejecuta el intercambio, Robin Hood se muestra entusiasmado. Éste es el comienzo de algo muy grande. Sabe que es una gran decisión. Puede sentirlo en sus propios huesos. Con este simple intercambio se le abre un universo de posibilidades. Armado con su conocimiento (mejor aún, ¡con su sabiduría!, pues, al fin y al cabo, no sólo tiene conocimientos, sino que también es mucho más sabio de lo que sería normal para alguien de su edad), puede operar en corto e incluso ponerse largo y corto al mismo tiempo. Es difícil imaginar que hace apenas nueve meses trabajaba como chico de almacén en un Costco. Y ahora..., ¡mira!

—¡Listo! —declara Jimbo—. Oficialmente estás corto en 7.000 acciones de GameStop a 40 dólares cada una. Felicidades. Te deseo suerte, muchacho.

—¿Suerte? —pregunta Robin Hood—. La suerte es para los

perdedores. Esto va de talento, nada más y nada menos. Lo verás pronto: ¡GameStop se va a cero!

—Vale —responde Jimbo—. No olvides transferir tu dinero hoy. Tiene que estar en nuestra cuenta antes de las 14.00 horas de mañana.

—Ya lo sé —dice Robin Hood con desdén.

—Simplemente, no lo olvides. El dinero ha de estar aquí, a las 14.00 horas, mañana 14 de enero.

Clic.

¡Pobre Robin Hood!

A menos que hayas estado escondido debajo de una roca durante los últimos tres años, estoy bastante seguro de que sabes lo que pasó después.

Como has descubierto hace escasas líneas, XYZ era GameStop, que sufrió una de las mayores contracciones cortas, o *short squeeze*, en la historia de Wall Street, alcanzando más de 400 dólares por acción a finales de enero de 2020, a pesar de que su valor intrínseco era de apenas 5 dólares por acción, siendo generosos. En el centro de este breve estrangulamiento de posiciones cortas estaba una revuelta populista protagonizada por millones de pequeños inversores reunidos en un foro bursátil online llamado WallStreetBets.

Fundado en 2016 por un hombre llamado Jaime Rogozinski, en términos técnicos podemos decir que WallStreetBets es un *Subreddit*, lo que significa que, para acceder al foro, primero debes pasar por su sitio web madre, *Reddit*. En términos prácticos, WallStreetBets es algo así como un Salvaje Oeste de la inversión, un lugar donde uno no puede esperar ninguna de las sutilezas sociales normales que *a priori* cabría esperar en un espacio digital que no tiene categoría X. En cambio, los usuarios se llaman los unos a los otros con lindezas como «simio retrasado» (al parecer, este término se considera un gran cumplido en la comunidad de WallStreetBets) y se dedican a exponer las virtudes de volcar hasta su último centavo en una sola inversión con la que apuntar a la luna. Usando el lenguaje de WallStreetBets, este tipo de suicidio financiero sigue la máxima del YOLO (*you online live once*, sólo se vive una vez).

No se puede negar que, de vez en cuando, a alguien en WallStreetBets se le ocurre una idea de inversión inteligente. En esos casos, puede que toda la comunidad la respalde y comience a comprar. En ese caso, ¡cuidado!

Ése fue el caso de las acciones de GameStop. Un miembro muy respetado de la comunidad, que usaba el seudónimo de Roaring Kitty, expuso una tesis de inversión bastante convincente de por qué las acciones de GameStop estaban fundamentalmente infravaloradas y por qué los vendedores en corto profesionales, que habían estado atacando sin piedad a la empresa y haciendo caer sus acciones, se habían equivocado. Todo lo que hacía falta era un rápido aumento de las compras, y las acciones volverían a subir al nivel que les correspondía en función de su valor fundamental, de manera que los vendedores en corto también comenzarían a sufrir las correspondientes llamadas de margen y se verían obligados a cubrir sus posiciones, lo que crearía aún más compras de acciones y elevaría aún más el precio de la acción.

Así fue como empezó todo: con una publicación convincente de un usuario llamado Roaring Kitty. Lo que pasó a continuación fue asombroso.

Actuando de forma concertada, millones de pequeños inversores lograron reunir suficiente poder adquisitivo como para elevar el precio de GameStop hasta un nivel tan escandalosamente alto que incluso los vendedores en corto mejor financiados (entre ellos destaca particularmente el caso de dos *hedge funds*, Citron Capital y Melvin Capital) se vieron obligados a cubrir sus posiciones cortas después de sufrir pérdidas masivas.

En el caso de Melvin Capital, las pérdidas fueron tan pronunciadas que necesitaron una inyección de efectivo de 2.750 millones de dólares tomada de inversores externos para evitar su colapso. En el caso de Citron, las pérdidas no fueron tan cuantiosas, pero sí ascendieron a decenas de millones de dólares, suficiente como para que el gestor del fondo, Andrew Left, anunciara públicamente que su empresa dejaría de realizar ventas en corto para siempre.

Por fortuna, pude entrevistarme tanto con Andrew Left como con Jaime Rogozinski en persona, puesto que quería conocer ambos lados de la historia. Irónicamente, les hice a cada uno la misma pregunta: «¿Cómo resumirías el *short squeeze* de GameStop con una simple oración?»; ambos respondieron empleando casi las mismas palabras: «Fue un puto desastre».

Desde la perspectiva de Andrew, fue un desastre que le costó decenas de millones de dólares, y lo fue porque no había ninguna razón racional para que aquellas acciones subieran tanto, aparte del hecho de que ocho millones de pequeños inversores que estaban aburridos por la pandemia y se habían hartado de recibir dinero gratis del gobierno habían decidido demostrarles a los *hedge funds* que podían llevar «a la luna» cualquier acción que se propusieran, tuviera o no sentido. Que las acciones de GameStop seguramente volverían a caer de la luna a la tierra, provocando que todos estos pequeños inversores perdieran cada dólar de ganancia, era algo que, según explicó Andrew, no parecía importarles a estos operadores movidos por la máxima del YOLO. Por encima de todo, lo que querían muchos de ellos era darles una buena lección a los *hedge funds*.

Por supuesto, la advertencia de Andrew fue correcta. El 28 de enero, GameStop alcanzó un máximo histórico de 483 dólares por acción, pero luego volvió a caer. Ese mismo día, las dos principales plataformas a través de las cuales los de WallStreetBets habían venido ejecutando sus operaciones (Robin Hood y TD Ameritrade) impidieron comprar más acciones de GameStop. Por el contrario, la venta todavía seguía estando permitida. El impacto fue devastador.

Prohibir las nuevas compras y, al mismo tiempo, tolerar las ventas equivalía a tirarle el océano Atlántico a una pequeña hoguera. A cierre de mercado, GameStop se había desplomado y apenas valía 112 dólares, de modo que miles de millones de dólares se habían esfumado en cuestión de horas.

¿Qué razones dieron estas dos empresas para tomar esta acción extrema? Para la plataforma Robin Hood, que era más pequeña que TD Ameritrade y tenía reservas de capital mucho menores, la compra colectiva por parte de millones de pequeños clientes había situado a la empresa en riesgo de incumplir los requisitos de capital que los reguladores habían establecido para abordar precisamente este tipo exacto de escenario, en el que los clientes de una firma de corretaje pueden acabar generando un riesgo sistémico para todo el sistema de compensación a base de concentrar una posición muy fuerte en una acción volátil. ¿Por qué riesgo sistémico?

Bueno, si recuerdas lo que vimos anteriormente en este capítulo, en cada operación hay dos partes. Cuando alguien compra acciones en bloque, hay alguien más que tiene que vendérselas, de modo que dos firmas de corretaje se sitúan en medio, a cada lado de la operación, garantizando su parte tanto en el caso de que el cliente sea cumplidor como en el supuesto de que no pague por la operación. Para Robin Hood, esto significaba que la empresa era responsable de compras de acciones por miles de millones de dólares realizadas cada día por su ejército de pequeños clientes. Así, si una acción de GameStop caía rápidamente y sus clientes no podían o no querían pagar por lo que de repente se convertía en una operación ruinosa, la empresa tenía que cubrir la pérdida.

Vi un escenario calcado a éste en mi primer día como corredor de bolsa.

Si has visto la película que dedicaron a mi primera etapa en Wall Street, quizá recuerdas la fecha del 19 de octubre de 1987, también conocida como el Lunes Negro. Aquella sombría jornada, el Dow Jones cayó 508 puntos en una sola sesión, y la empresa para la que trabajaba, L. F. Rothschild, se vio obligada a cerrar sus puertas. Irónicamente, lo que destruyó a la empresa no fueron sus propias decisiones de inversión, sino las imprudentes posiciones de uno de sus clientes institucionales, Haas Securities, que tenía más de 500 millones de dólares en operaciones abiertas que había ejecutado a través de Rothschild, dejando a la firma en apuros. Cuando el mercado colapsó, Haas perdió tanto dinero que no pudo recuperar sus operaciones abiertas, transfiriendo 500 millones de dólares de deuda al balance de L. F. Rothschild.

El resto, como se dice, fue historia. En cuestión de días, L. F.

Rothschild superó sus necesidades de capital neto y se vio obligado a cerrar sus puertas después de haber estado más de cien años operando en el sector.

En el caso de GameStop, por muy problemático que fuera este escenario para la operativa de una firma con escasa capitalización como Robin Hood, lo cierto es que había otro enorme problema que complicaba aún más las cosas. No sólo estaban comprometidos a respaldar las compras diarias de acciones de sus clientes, sino que también estaban expuestos a las cuentas de margen de sus clientes. En esencia, cualquier cliente que hubiera comprado GameStop con margen (por desgracia para Robin Hood, prácticamente todos sus clientes lo habían hecho) constituía un riesgo potencial enorme, porque, si el precio de GameStop colapsaba rápidamente y no era posible vender las posiciones de sus clientes mientras todavía tenían capital en sus cuentas para cubrir el agujero, entonces, Robin Hood también estaba obligado a cubrir las pérdidas.

Fue un desastre potencial en ciernes, lo que dejó a Robin Hood sin otra opción que restringir inmediatamente todas las nuevas compras de acciones de GameStop. Si no lo hicieran, los reguladores las cerrarían al día siguiente por violar sus requisitos de capital neto. La decisión fue definitivamente una en la que todos pierden, sin importar el camino que tomaran.

De hecho, en el mismo instante en que anunciaron que dejarían de comprar acciones de GameStop, Robin Hood sufrió la justa ira de toda la comunidad de WallStreetBets, que los acusó abiertamente de estar confabulados con los vendedores en corto. El hecho de que no tuvieran otra opción no fue una excusa creíble para ocho millones de pequeños inversores que vieron con horror cómo su acción favorita colapsaba y se llevaba consigo sus sueños de un plumazo.

En cuanto a TD Ameritrade, el motivo principal por el que se detuvieron las compras no fue tanto el hecho de que la compañía estuviese entre la espada y la pared como le sucedió a Robin Hood, sino más bien la combinación del riesgo inherente a aquella situación (al igual que Robin Hood, estaban financieramente comprometidos con el respaldo de cada operación que quedase al descubierto) con el deseo de la compañía de contribuir a mantener un mayor orden en el mercado. En opinión de TD Ameritrade, el precio de GameStop se había desvinculado por completo de sus fundamentales. La acción estaba siendo manipulada por un ejército bien organizado de pequeños inversores enfadados que querían acabar con Wall Street, incluso si no ganaban dinero. De hecho, la mayoría de los de WallStreetBets no ganaron dinero con la operación, incluidos muchos de los que compraron los títulos lo suficientemente temprano.

¿Qué es lo que fue mal? Impulsados por la codicia, por la presión de sus pares y por la creencia tácita de que la escalada no terminaría, la mayoría de estos inversores no sólo se negaron a vender, sino que siguieron comprando incluso cuando el título ya se había disparado. Además, para colmo de males, la mayoría de ellos compró las acciones con margen, lo que provocó que su posición se liquidase por completo en cuanto las acciones colapsaron.

Fue por esta razón que el fundador de WallStreetBets, Jaime Rogozinski, se refirió también al ascenso y caída de GameStop como «un puto desastre» que, según añadió, «nunca debería haber sucedido». Yendo un poco más allá, me dijo que «fue un ejemplo clásico de que a veces hay cosas que son demasiado buenas para ser ciertas. El estrangulamiento de posiciones cortas tenía sentido hasta llegar a quizá 80 dólares por acción, pero todo lo que pasó después de eso se volvió ridículo. Casi todos los usuarios perdieron su dinero».

Su argumento se entiende bien, especialmente si se considera cuál es el precio actual de GameStop.

Cuando escribo estas líneas, la empresa cotiza a poco más de 23 dólares por acción, y la compañía sigue buscando una manera de renovar un viejo y desgastado modelo de negocio que se construyó en torno a las ventas de videojuegos en tiendas físicas.

Por último, ¿qué fue del joven Robin Hood y de su cuenta con Jimbo Jones? Bueno, por decirlo suavemente, el momento de Robin Hood no podría haber sido peor. A los pocos días de quedarse corto a 40 dólares por acción, las acciones de GameStop superaban los 100 dólares por acción, pero nuestro joven Robin Hood ya había perdido toda su inversión mucho antes. Así, cuando las acciones rozaron los 50 dólares, recibió una llamada de margen de la empresa de Jimbo, que decía: «A menos que nos transfieras inmediatamente otros 20.000 para que tu cuenta vuelva a alcanzar el requisito mínimo de mantenimiento de la empresa, ¡cerraremos tu posición!».

Obviamente, esto era algo que Robin Hood ya no podía hacer. Había agotado toda su capacidad financiera cuando estableció la posición corta en primera instancia, quedándose sin poder financiero en caso de que la operación saliese mal.

En respuesta, la empresa de Jimbo cubrió la posición corta de Robin Hood sin pensarlo dos veces, dejando un saldo negativo en su cuenta de poco menos de 5.000 dólares.

Si el joven Robin Hood pagará alguna vez esa suma es cuestión de especulación, aunque creo que es fácil anticipar que nuestro intrépido inversor dejó la ciudad hace tiempo y que Jimbo se tendrá que comer esos 5.000 dólares.

Entonces, con todo esto en mente, ¿tiene sentido vender una acción en corto o es simplemente una táctica que deberíamos dejar en manos de los *traders* profesionales?

La respuesta debería ser obvia: mejor dejarlo en manos de los profesionales, aunque, francamente, también daría el mismo consejo si nos refiriésemos a compras largas formalizadas a corto plazo o volcadas en seleccionar acciones individuales.

Seguimos avanzando.

Eso sí, antes de profundizar en cómo ganar dinero de verdad en el mercado de valores, retomemos nuestra breve historia de Wall Street, esta vez desarrollando todo lo sucedido en torno a la creación de mi organismo regulador favorito: la SEC.

6

Un poderoso puñetazo doble

Para ser justos, como principal entidad policial del país en asuntos financieros, la SEC resultó ser mucho mejor que su predecesora. El único problema fue que lo que la precedió fue básicamente la nada, por lo que en realidad tampoco podemos decir gran cosa de lo que supuso la creación de este organismo.

Al fin y al cabo, antes de 1934, invertir en el mercado de valores era como dar un paseo por Tombstone, en Arizona, antes de que los hermanos Earp llegaran a la ciudad..., ya sabes, lo del tiroteo en el O. K. Corral.

Si tenías suerte, podías pasar una tarde agradable y regresar a casa sin que te robaran ni te asesinaran. Sin embargo, con el tiempo, podías dar por seguro que, en algún punto, la suerte te abandonaría y te encontrarías en el lugar equivocado, en el momento equivocado, enfrentando la sombría anarquía del Salvaje Oeste. Así era el mercado de valores estadounidense durante los locos años veinte.

Ya fueras un directivo corrupto emitiendo un comunicado de prensa falso, un corredor sin escrúpulos recomendando una acción sin valor alguno o un titiritero de Wall Street atando a un inversor a un blanco móvil para que fuese disparado sin piedad, lo cierto es que no había control alguno. Hasta 1934 no había manera alguna de esquivar todas las balas: te venían de todas partes, de todas las direcciones, sin previo aviso.

En cierto sentido, invertir en el mercado era como apostar en un casino corrupto. No sólo las probabilidades estaban naturalmente en tu contra, sino que también había una mano negra en cada partida que jugabas. Con cada tirada de dados, cada giro de ruleta o cada mano de cartas que te repartían estabas sufriendo trucos y manipulaciones de cartas que inclinaban más aún la balanza del lado del casino. Esta combinación hacía imposible ganar. Ésta era la realidad del mercado de valores estadounidense... antes de que la SEC llegara a la ciudad.

Poner un lobo a cuidar ovejas, permitir que un zorro cuide del gallinero, dejar que los reclusos gobiernen la prisión, elegir a un pirómano para que sea jefe de bomberos... En retrospectiva, debió haber sido obvio desde el principio que, con el viejo Joe Kennedy en la cima de la cadena regulatoria, las cosas no tardarían mucho en descontrolarse. Después de todo, si hay tantas metáforas que se refieren a los riesgos inherentes a la decisión de darle poder a alguien con un largo historial de abusos, probablemente es porque había algo de verdad en todos los recelos que despertó su nombramiento.

Sea cual sea el caso, a pesar de la cuestionable moral de Joe Kennedy (que era un mentiroso, un tramposo, un mujeriego, un manipulador, un lobotomizador, un contrabandista y un empedernido antisemita que admiraba a Adolf Hitler), es innegable que fue un gestor razonablemente hábil que realizó algunas cosas útiles. Por tanto, empecemos por los aspectos positivos.

Con Joe Kennedy al mando, la primera tarea de la SEC fue detener las artimañas de los casinos corruptos de Wall Street. Lo hizo estableciendo un conjunto claro de reglas básicas que todos debían seguir. Esto no sólo abarcaba a las personas que trabajaban en Wall Street, sino también a las empresas cotizadas, a las personas que invertían en ellas y a todos los demás agentes implicados. Por primera vez, existía un conjunto coherente de leyes federales sobre valores cotizados que se podían aplicar legalmente, en todos los estados de Estados Unidos.

No se puede subestimar la importancia que supuso la creación de esta jurisdicción interestatal. Con su amplio mandato federal y el brazo ejecutor de la aplicación de una ley que afectaba a toda la nación, la SEC podía presentar casos en cada estado y podía citar a cualquier persona o entidad que sospechara culpable de fraude. La lista incluía banqueros, corredores, analistas, abogados, contables, agencias de calificación o cualquier otro individuo que pudiera influir en el mercado.

De acuerdo con las leyes federales de valores, ahora, todos estaban legalmente obligados a actuar con justicia y honestidad al tratar con los clientes. Y, aunque hoy en día damos por sentada la capacidad de perseguir el fraude en el mercado de valores, en 1934, esto suponía algo así como un movimiento tectónico. De hecho, si le hubieras preguntado a un corredor de bolsa de los locos años veinte qué opinaba sobre la perspectiva de tratar más honesta y justamente a sus clientes, probablemente habría inclinado la cabeza hacia un lado y te habría mirado fijamente por un momento, como hace cualquier persona que acaba de escuchar algo que desafía completamente la lógica. A renglón seguido, se habría reído en tu cara y habría dicho algo así como: «¿Por qué iba a querer hacer eso? Esto es Wall Street, no los Boy Scouts... La honestidad y la justicia son fantasías infantiles que es mejor dejar en manos de los escolares».

¿Crees que estoy exagerando? Si la historia nos enseña algo, es que los seres humanos pueden ser extremadamente terribles cuando todos a su alrededor se comportan de la misma manera.

Por ejemplo, en la antigua Roma entregaban a los esclavos para ser comidos por los leones, mientras los ciudadanos que se creían tan morales aplaudían y vitoreaban ante semejante espectáculo. De igual modo, durante la Inquisición española, los mismos cristianos que temían defraudar a Dios no lo dudaron a la hora de destripar a millones de judíos y musulmanes por no ser creyentes. Hecho el destrozo, todos regresaban a casa con sus familias y se sentían incluso más cerca de Dios. Y, por descontado, ahí están las atrocidades indescriptibles de la Alemania nazi, con millones de judíos y otras personas masacrados. Lo que quiero decir con esto es que lo que una sociedad considera moral o aceptable en un momento dado puede ser entendido como un crimen contra la humanidad en otro momento.

Algo parecido ocurrió en este caso, en el que, de hecho, había menos en juego.

Imagina que vas a un médico en la década de los treinta y le pides que deje de fumar mientras lubrica el guante de goma con el que va a realizarte un examen de próstata. Desde tu perspectiva del siglo XXI, tienes todo el derecho a exigirle algo así, pero, desde su perspectiva de los años treinta, tal exigencia sonaría ridícula. Después de todo, ¡la gente entonces fumaba todo el tiempo! El médico fumaba, como fumaban su esposa y sus hijos mayores. También fumaban sus pacientes, sus compañeros de trabajo en el hospital... ¡Hasta el padre del doctor, que se encontraba ingresado y solamente respiraba gracias a una máquina de oxígeno, tenía un pitillo colgando de la boca!

Por eso, el médico se siente cargado con la voz de la razón y, cuando le pides que deje de fumar, te responde con tranquilidad: «Relájate, joven. Nunca he sido de los que le echan humo al culo de los pacientes, así que, simplemente, relájate y, créeme, todo irá bien». A renglón seguido, el doctor toma una calada lenta y profunda de su palito cancerígeno y lanza un espeso chorro de humo que tiene como dirección final el esfínter anal de su paciente...

De igual manera que algo así nos resultaría hoy inaceptable, hay muchas normas que damos por sentadas, pero que eran ideas revolucionarias cuando se introdujeron por primera vez. Un ejemplo: hoy en día asumimos que los operadores de Wall Street deben ser justos y honestos y tienen que anteponer los intereses de los clientes a los suyos propios. Creemos que esta expectativa es moralmente lógica, pero ése no era el caso hasta 1934, de modo que Wall Street utilizó a millones de inversores como carne de cañón. De hecho, nadie tenía remordimientos por actuar así: todos dormían como bebés cuando apagaron las luces.

El impacto de la SEC sobre las empresas cotizadas fue igualmente profundo. Por vez primera existía un conjunto claro de reglas que regulaban la emisión de valores y la obtención de capital a base de la negociación de acciones en bolsa. Se implementó un sistema de registro centralizado para todos los títulos que salían al mercado, exigiendo una serie de formularios que facilitaban el proceso de revisión.

Según el nuevo sistema, todos los valores que salían al mercado debían presentarse ante la SEC con su correspondiente folleto. Una vez se recibía este documento, era revisado por la división de finanzas corporativas de la agencia, donde debía superar distintas revisiones. El proceso de ida y vuelta iba concretando la información mediante el intercambio de datos entre la agencia y el emisor. Tras la aprobación final, los valores quedaban «legalmente registrados» y podían venderse al público, siempre y cuando una copia del folleto fuese facilitada a los inversores en el momento de la salida a la venta de la acción.

Fue así, durante este proceso de aprobación, como la SEC llegó a tomar una de las decisiones más brillantes de sus ochenta y nueve años de historia. De hecho, fueron más bien dos decisiones en una, un verdadero puñetazo doble que creó la tormenta perfecta para la formación de capital. La primera decisión brillante de la SEC fue basar su proceso de revisión en un concepto o mentalidad de divulgación total, o *full disclosure*. Por definición, esto significa que la empresa debe poner a disposición pública toda la información pertinente para que los posibles inversores puedan tomar decisiones de manera documentada. Esto incluye proporcionar una descripción detallada del negocio principal de la empresa, así como su situación financiera actual, sus perspectivas de crecimiento, su equipo directivo, el número de acciones en circulación, el tipo de valores que se ofrecen, los nombres de los mayores accionistas de la compañía y cualquier factor de riesgo clave que pueda afectar al proceso de inversión.

Tal y como lo veía la SEC, si una empresa quería recabar dinero entre las filas de la ciudadanía estadounidense, entonces necesitaba estar dispuesta a contarle a esa misma ciudadanía lo bueno, lo malo y, sobre todo, lo feo de su forma de operar. En términos prácticos, un folleto informativo de una empresa que quiere estar cotizada en el mercado no está destinado a ser una pieza de marketing atractiva y que exponga el brillante futuro de la compañía. Se supone, de hecho, que es todo lo contrario, lo que lo convierte en el documento más importante que uno puede revisar cuando se predispone a tomar una decisión de inversión debidamente documentada. De hecho, sin tener este documento en cuenta, el inversor está volando a ciegas. Si bien algunas partes del folleto se pueden hojear de manera más superficial, se debe prestar especial atención a las siguientes secciones:

- *El resumen.* Sin duda, la sección más leída. El resumen se encuentra al principio del folleto y proporciona a los inversores una breve descripción de los puntos clave recogidos en el documento. Esto incluye el propósito de la salida a bolsa, una breve descripción del negocio, los riesgos involucrados, la situación de las finanzas de la empresa, la descripción del equipo gerente o cualquier otro detalle que pueda ser de interés para un inversor.
- *Datos de mercado e industria.* Esta sección se basa, principalmente, en informes del sector elaborados por terceros, y proporciona a los inversores más información sobre el mercado y la industria en la que opera la compañía. Aquí se incluyen características específicas, como el tamaño del sector, su crecimiento y las tendencias clave que lo forjan, así como el panorama competitivo con el que se enfrenta la firma. También se recogen en este segmento del folleto algunas de las métricas clave en las que se basará la empresa para medir el éxito futuro. Ejemplos de ello son la cantidad de clientes o usuarios activos diarios, el crecimiento interanual de las ventas o el ingreso promedio por cliente. Esta sección también puede incluir información sobre el entorno regulatorio actual y cualquier riesgo que el emisor pueda enfrentar como resultado del mismo.
- *Estados financieros consolidados.* Esta parte del documento recoge los estados financieros estandarizados y también incluye datos financieros adicionales relevantes sobre la

compañía emisora. Incluye un balance actualizado, la cuenta de resultados y el análisis del flujo de efectivo, así como proyecciones futuras de todo lo anterior. En algunos casos, esta sección también incluirá información sobre una próxima transacción, caso de una fusión o una adquisición, y su posible impacto en las finanzas de la empresa desde la perspectiva del flujo de efectivo y de los beneficios.

- *Discusión y análisis de la administración.* Escrita en un tono más conversacional que el resto del folleto, esta sección brinda a los inversores un entendimiento básico de la situación financiera actual de la empresa, así como de sus perspectivas de crecimiento futuro. Incluye información sobre las operaciones de la empresa, resultados financieros pasados, liquidez actual, recursos de capital y factores de riesgo clave.
- *Negocios.* Esta sección proporciona una descripción detallada de los productos, servicios y operaciones comerciales generales de la empresa, incluyendo aquí información sobre la historia de la empresa, su mercado objetivo y cualquier ventaja competitiva que la firma ostenta sobre firmas rivales. También puede incluir detalles sobre los clientes clave de la empresa, sus proveedores, sus socios estratégicos y cualquier contrato relevante que esté vigente y que sea importante para el modelo de negocio de la empresa. Esta información puede ayudar a un inversor a tomar una decisión informada sobre si invertir, ya que le brinda una descripción general completa de las operaciones de la empresa y las oportunidades y los desafíos a los que se enfrenta.
- *Equipo directivo.* Esta sección proporciona a los inversores información clave sobre las personas que son responsables de gestionar la empresa en el día a día. Por lo general, incluye información sobre los altos cargos de la firma y los miembros clave de su dirección, incluyendo aquí sus nombres, sus antecedentes, su experiencia y una descripción de su cualificación, así como una explicación de sus funciones y responsabilidades dentro de la empresa.

- *Accionistas principales.* Esta sección ofrece a los lectores una lista de personas o entidades que poseen una participación significativa en la empresa emisora y proporciona información clave sobre su identidad y su participación, junto con cualquier afiliación que puedan tener con el emisor. Esta información puede ser crucial para los inversores, porque las acciones de los principales accionistas pueden tener un impacto importante en el desempeño de la empresa y en el valor de los títulos que se ofrecen en el mercado. Por ejemplo, los accionistas principales pueden tener la capacidad de influir en las decisiones del consejo de administración del emisor o de hacer valer su poder accionarial a la hora de votar sobre asuntos importantes, como posibles fusiones, adquisiciones o repartos de dividendos. Como resultado, es importante que los inversores comprendan quiénes son los principales accionistas y si sus objetivos de inversión personales se alinean con los de ellos.
- *Relaciones o transacciones con terceros.* Esto se refiere a transacciones financieras que se han realizado (o se realizarán) entre la empresa emisora y terceras partes relacionadas, caso de los altos cargos o los principales accionistas de la firma. Estas transacciones pueden incluir préstamos, ventas o compras de activos, servicios prestados o recibidos y cualquier otro tipo de transacción financiera. Es importante que los inversores estén al tanto de estas transacciones, ya que pueden derivar en conflictos de intereses o en situaciones de influencia indebida en el día a día del negocio. El folleto debe proporcionar información completa sobre estas transacciones, incluidos los términos y condiciones, el propósito de la transacción y la contraprestación involucrada. Esta información puede ayudar a los inversores a comprender la naturaleza y el alcance de las relaciones entre el emisor y los terceros con los que guarda relaciones. De esta manera se pueden evaluar los riesgos y los beneficios potenciales derivados de invertir en los valores que se ofrecen.

- *Factores de riesgo.* Esta sección destaca los riesgos e incertidumbres potenciales que pueden afectar al desempeño empresarial y financiero de la compañía. Los factores de riesgo más comunes incluyen los propios del mercado, como los cambios en la demanda, la competencia o las condiciones económicas. También se incluyen aquí los riesgos operativos (caso de las interrupciones en la cadena de suministro, las fallas tecnológicas o las cambiantes regulaciones), los riesgos financieros (como los cambios en los tipos de interés, el efecto de las fluctuaciones en los tipos de cambio de las divisas y el impacto de las calificaciones crediticias), los riesgos legales (como posibles demandas, investigaciones o modificaciones de las leyes o normativas en vigor) y los riesgos medioambientales (como los desastres naturales y otras cuestiones relacionadas con el cambio climático). Debido a que la divulgación de los factores de riesgo ayuda a proteger a la empresa de responsabilidades futuras (es decir, de factores de riesgo no divulgados), las empresas tienden a enumerar todos los riesgos imaginables, sin importar cuán remotos o inmateriales puedan ser. Por lo tanto, es importante permanecer alerta mientras uno lee esta sección y no sucumbir a la fatiga que puede suponer la concatenación de factores de riesgo, porque, al final de todo, el texto se vuelve borroso, y uno termina sin comprender la importancia de cada factor de riesgo.

¿Qué sección es más importante? Al fin y al cabo, nunca se debe subestimar lo crucial que resulta el equipo directivo para el éxito de la empresa. Un equipo directivo de primer nivel casi siempre encontrará la forma de hacer que una empresa funcione, incluso si su modelo de negocio inicial resulta decepcionante. Si ése es el caso, simplemente se adopta un nuevo modelo y el proyecto sigue adelante. En cambio, un equipo directivo de mala calidad puede tener la mejor idea del mundo, pero ejecutarla tan mal que la lleve al desastre, llevándose consigo a los accionistas.

Hasta ahí mi descripción de los elementos centrales en los folletos que autoriza la SEC, similares a los de otros organismos o agencias de este tipo de otros países. Si me pidieran que describiera un documento como éste en términos más «prácticos», simplemente diría: «Es un documento aburrido, feo y horripilante, que pretende asustar a cualquiera que lo lea, excepto a los inversores más inteligentes. Destaca todos los riesgos posibles, y lo hace de la peor manera posible, y minimiza cualquier potencial alcista, utilizando poderosas advertencias. En consecuencia, si te lees el folleto promedio de principio a fin, hay un 95 por ciento de posibilidades de que termines corriendo a la montaña en vez de haciendo una inversión».

¿Por qué? Yo diría: «Porque, para el ojo inexperto, las cosas parecen demasiado arriesgadas como para llegar a otra conclusión que no sea salir corriendo».

Así pues, ahí están dos puntos de vista opuestos sobre cómo leer un folleto. ¿Cuál está bien y cuál está mal? Como ocurre con la mayoría de las cosas en la vida, la verdad se encuentra en algún punto intermedio.

Sin embargo, déjame dejarte una cosa muy clara. Yo *no* intento decir que los folletos ofrecen al lector una visión imprecisa de las perspectivas comerciales de la empresa que lo ha producido. Más bien, lo que quiero decir es que todas las advertencias y factores de riesgo que uno se encuentra en el folleto de la empresa se pueden hallar en el folleto de cualquier otra empresa de tamaño similar que opere en la misma industria. Dicho con otras palabras, la gran mayoría de los desafíos y factores de riesgo que destaca el folleto son los mismos desafíos y factores de riesgo que sus competidores se ven obligados a resaltar.

Sí, hacer negocios es difícil..., para todos.

Hay riesgos esperando en cada esquina y peligros en cada rincón. No importa de qué negocio hablemos, existen innumerables obstáculos que pueden hacer que una compañía tropiece: dificultades para captar capital, desafíos en las cadenas de suministro, problemas con los competidores, clientes volubles, problemas de cobro, recesiones profundas, episodios de inflación desbocada, posibles demandas judiciales contra la compañía, cambios tecnológicos, pandemias de alcance global..., y suma y sigue.

Entonces, dada esa realidad, ¿qué debes tener siempre en cuenta al revisar un folleto? La respuesta está en entender el contexto de lo que estás leyendo.

Dicho con otras palabras, desde una perspectiva sobria y sin emociones, ¿cómo se comparan los aspectos positivos y negativos de ese folleto en particular con los mismos aspectos positivos y negativos de los folletos de empresas de tamaño similar en la misma industria? Esto es, con diferencia, el aspecto más importante a considerar al tomar una decisión de inversión.

Y es que, en esencia, resulta que el tiempo no es lo único que es relativo. También lo es el riesgo, también lo son las recompensas y también lo es cualquier otro dato incluido en un folleto informativo. Sospecho que Einstein estaría orgulloso.

Por eso es fácil para un inversor experimentado ver más allá de la inclinación negativa del folleto típico. Sabiendo que la mayor parte del documento está escrito en un lenguaje estandarizado que abunda en este tipo de documentos, estos inversores son capaces de entender el contexto en el que realmente está la empresa y pueden tomar la decisión correcta. Por el contrario, un inversor novato tiende a lidiar con serias dificultades a la hora de procesar toda esta información. Al no haber leído un número suficiente de folletos, le falta el contexto adecuado para tomar una decisión correcta. Y, entre la forma incendiaria en que se destacan los factores de riesgo y la forma tan subestimada en que se recogen los aspectos donde la compañía tiene una mayor ventaja, la opinión que se forman los inversores sobre la empresa en cuestión tiende a inclinarse hacia lo negativo, lo que impide llegar a una conclusión adecuada.

Por ejemplo, digamos que un inversor novato está leyendo un folleto sobre el dólar estadounidense. ¿Cuál sería su conclusión?

Bueno, obviamente, habría muchos aspectos positivos en el folleto, ¿verdad? Después de todo, el dólar no sólo es la moneda de reserva global, sino que los propios Estados Unidos tienen la economía más grande del mundo, son la única superpotencia del globo y tienen detrás un historial positivo en cuanto a devolver sus deudas a lo largo de toda su historia.

Pero ¿qué pasa con los aspectos negativos? Dios mío, ¿por dónde empezaría siquiera el folleto?

De entrada, nos hablaría de cómo la Reserva Federal imprimió enormes sumas de dinero mientras mantenía los tipos de interés a cero durante un tiempo increíblemente prolongado. Estas dos revelaciones sirven por sí solas como una enorme señal de advertencia, y se pueden enumerar una tras otra, pero, además, después se citarían innumerables factores de riesgo que son demasiado numerosos para contarlos. Después de todo, ésa es la naturaleza de las monedas nacionales: son un asunto complicado, incluso en el caso de las mejores divisas existentes. Pero, por supuesto, esa distinción pasará desapercibida para la mayoría de los inversores novatos.

De hecho, cuando terminan de leer el folleto, probablemente se encuentran en un estado cercano al *shock*. «¿Qué estaba pensando la Reserva Federal?», se preguntan. «¿Por qué iban a llevar el dólar a aguas desconocidas e iban a generar una incertidumbre masiva que afectase a la economía de todo el mundo?», considerarían. El folleto diría, por ejemplo, que hay muchos economistas que piensan que devaluar el dólar de una manera tan extrema puede provocar un severo deterioro de su valor percibido. Y un inversor novato, cuando termina de leer esto, quedaría completamente consternado. A pesar de que estas cosas no son tan escandalosas como parece, el inversor se pregunta cómo el folleto podría siquiera insinuar algo así. «¡Parece una locura!», «¡Qué irresponsabilidad!», «Eso nunca podría suceder, al menos no en esta vida», «Desafía la lógica», «¡Esto es Estados Unidos!».

Pero, aun así, el daño ya está hecho.

El inversor nunca verá el dólar de igual manera. Se han sembrado las semillas de la duda en su subconsciente, donde permanecerán silenciosamente, como un virus latente. De hecho, dependiendo de lo poco que sepa un inversor sobre los mercados mundiales de divisas, podría encontrarse pensando que solamente un loco estaría lo suficientemente loco como para invertir en ese momento en el dólar estadounidense. Pero ¿qué pasa con todos los aspectos positivos que recoge el folleto? ¿No son suficientes para compensar los aspectos negativos y dar una imagen más precisa del dólar estadounidense? Desafortunadamente, no.

Una vez más, un folleto, por su propia naturaleza, está diseñado para hacer que los aspectos positivos parezcan menos positivos y que los negativos parezcan más negativos y, francamente, probablemente es mejor que así sea. Después de todo, a pesar de los desafíos que esto supone para un inversor sencillo, el hecho de que los operadores estén obligados a enviar un folleto a cada posible inversor sirve como una poderosa compensación que ayuda a poner algo de freno a toda la fanfarronería y las tonterías que tienden a salir de la boca de los corredores. De hecho, como alguien que ha sido testigo de primera mano de cómo funciona esto al más alto nivel, puedo decirte que te sorprenderías de lo que dicen algunos agentes cuando lanzan una nueva emisión al mercado. Y no me refiero sólo a los comerciales de Stratton Oakmont, que en paz descanse. ¡No! Me refiero a todas las empresas importantes de Wall Street, desde Goldman Sachs hasta todas las que están por abajo. En el calor del momento, cuando sus agentes intentan cerrar una venta, las tonterías brotan de su garganta con la fluidez de las cataratas del Niágara.

La conclusión es la siguiente: para tener una visión completa de una empresa, debemos comenzar leyendo su folleto y leerlo con mucha atención, pero luego hacer investigaciones adicionales para crear el contexto adecuado. Nunca olvides que todas las empresas enfrentan desafíos cuando intentan hacer crecer sus respectivos negocios. Ya sea una empresa de primera línea que paga dividendos, una empresa de alta tecnología de rápido crecimiento con tecnología disruptiva o una nueva empresa que tiene tan mala pinta sobre papel que podría hacer vomitar a un inversor. Hay innumerables factores de riesgo, pero deben considerarse en su contexto.

Pasemos a la segunda decisión brillante que tomó la SEC, que fue la no inclusión de ningún tipo de «revisión de méritos» en el proceso de aprobación de los folletos. En otras palabras, la SEC se abstiene de intentar determinar qué empresas tienen probabilidades de tener éxito en el mercado y cuáles no. ¡Gracias a Dios!

Después de todo, los bravos hombres y mujeres que forman parte de la división corporativa de la SEC no tienen la más mínima idea de qué empresas tendrán éxito y cuáles no. ¿Cómo podrían tenerla? La mayoría acaban de salir de alguna universidad o facultad de derecho.

Pero permíteme ir un paso más allá.

¿Cómo podría siquiera saberlo yo, imaginando que decidiera aceptar un trabajo allí (¡ja!) después de treinta y cinco años trabajando en capital riesgo?

Éste es mi punto de vista...

Al fin y al cabo, hasta los principales inversores de capital riesgo del mundo aciertan solamente tres de cada diez veces, y eso con suerte. De hecho, si hablas con cualquiera de ellos, te contarán innumerables historietas de guerra sobre los diferentes acuerdos que decidieron declinar y que terminaron convirtiéndose en algunas de las empresas más grandes del mundo.

La conclusión es que tratar de elegir ganadores y perdedores es un asunto propio del azar de cualquier industria, e incluso los mejores de los mejores aciertan solamente una parte de las veces. Por ejemplo, ¿sabes cuántas personas rechazaron a Sylvester Stallone cuando les mostró por primera vez el guion de *Rocky*? ¿Te atreves a decir una cifra?

Resulta que todos en Hollywood le dieron la espalda. Sí, todos los geniales directores de estudio, que habían llegado a la cima de su profesión gracias a su asombroso historial a la hora de elegir ganadores, pensaron que era una idea estúpida, con poco atractivo comercial y, especialmente, protagonizada por un actor desconocido como Sylvester Stallone, que aspiraba a desempeñar el papel principal.

Quizá si Ryan O'Neal fuera el protagonista, entonces sería un éxito. ¿Ryan... quién? Sí, exacto.

Si tienes menos de cincuenta años, probablemente no sepas quién diablos es Ryan O'Neal, pero lo cierto es que causó furor a principios de la década de los setenta, cuando Sylvester Stallone era solamente un desconocido luchando para sacar adelante su carrera. Todo el mundo pensaba que O'Neal estaba destinado a convertirse en el mayor atractivo de taquilla en la historia de Hollywood. También era fácil creer que Stallone debía pensar en cambiar de trabajo y convertirse en portero de discoteca o en actor de doblaje de escenas de riesgo. Pero, por supuesto, *Rocky* ganó el óscar a la mejor película, y Stallone se convirtió en un actor conocido en todo el mundo, mientras que Ryan O'Neal pasó a ser una reliquia del pasado.

De nuevo, ponerse a elegir a ganadores y perdedores es siempre una tarea arriesgada, y esto resulta aún más complicado de lo habitual cuando se trata de empresas cotizadas. Simple y llanamente, hay demasiadas variables involucradas y numerosas cosas que pueden salir mal. Por no hablar de que nunca se sabe cuándo caerá un rayo y alguien entrará por la puerta con una nueva idea o una nueva perspectiva que puede hacer que, lo que alguna vez fue el peor negocio del mundo y pareció destinado a la bancarrota, ahora esté camino de convertirse en una compañía tan prometedora como Apple o Google.

Es por esta misma razón que la decisión de la SEC de basar su proceso de aprobación en la divulgación completa y, al mismo tiempo, la decisión de abstenerse de evaluar los méritos de las compañías que salen al mercado resultó ser un poderoso puñetazo doble para la formación de capital y creó el panorama de inversión moderno del que todos nos beneficiamos hoy. Sin embargo, la falta de revisión de los méritos le genera algunos retos al inversor promedio. Por ejemplo, más de un comercial de esos que hablan muy rápido pone hincapié en el hecho de que el folleto que te ha enviado recibió la aprobación de la SEC, como si eso equivaliera al sello de aprobación de la SEC.

La realidad es que es todo lo contrario. Por ejemplo, en el peor de los casos, que un folleto esté «aprobado» significa simplemente que la SEC ha aprobado la forma en que una empresa ha revelado qué tan problemática es —y eso a menudo da como resultado una redacción de una problemática tan alarmante y crítica que cualquier inversor que se atreva a invertir en la compañía se diría que está o parece estar loco—. En algunos folletos, incluso la propia firma de contabilidad de la empresa defiende que la empresa tendrá suerte si logra sobrevivir más de un año: su competencia siempre parece ser enorme, su presencia en el mercado no parece tener ningún punto de apoyo, sus patentes parecen ser cuestionables, su marca registrada parece carecer de valor y su equipo directivo parece ser tan propenso al fracaso que uno pensaría que tiene un historial constante de llevar empresas a la quiebra.

Sin embargo, a pesar de las múltiples señales de alerta recogidas en estos folletos, lo que el corredor de bolsa le señala al inversor novato es el brillante sello de aprobación que recibió de la SEC. Y, aunque en la portada del documento la letra pequeña dice que la SEC no está emitiendo un juicio sobre los méritos de la empresa, lo cierto es que pocas personas se molestan en leerla, ya que esa letra pequeña es demasiado pequeña. E, incluso si lo hicieran, los comerciales rápidamente te dirían que éste es «un procedimiento operativo estándar en todas las empresas de Wall Street», o algo así.

Déjame contarte una pequeña historia. ¿Recuerdas cómo empezó mi carrera en Wall Street? Como mencioné antes, todo arrancó en una firma de corretaje muy respetada, llamada L. F. Rothschild, que vendía acciones de alta calidad en la Bolsa de Nueva York (al menos a eso se dedicaban la mayor parte del tiempo, porque tampoco tenían ningún problema en revolcarse en la alcantarilla de vez en cuando para ganar unos dólares extra. «¡Después de todo, de eso se trata Wall Street!», me dijeron). Después de pasar seis agotadores meses en el programa de capacitación de Rothschild, aprobé mi examen de agente de bolsa y me presenté a trabajar el lunes por la mañana, listo para conquistar el mundo. Y de nuevo, ¡ay de mí!, la fecha era el 19 de octubre de 1987. ¡El puto Lunes Negro! Durante las seis horas y media que siguieron, observé con inquietud y asombro cómo el mercado caía 508 puntos en un solo día y, sin más, L. F. Rothschild se vio obligado a cerrar sus puertas..., y yo me quedé sin trabajo.

Recuerdo ese día como si fuera ayer. Los agentes caminaban con la cabeza gacha y el rabo entre las piernas. Todos me decían:

«¡Mierda! ¡Se acabó la fiesta! ¡No puedo creerlo! ¡Se acabó la fiesta!». Y yo pensaba: «¿Qué quiere decir eso de que "se acabó la fiesta"? ¡Si ni siquiera he podido estar en esa fiesta! ¿Cómo puede haber terminado?». A partir de ahí, las cosas sólo empeoraron. Bajé las escaleras y, en la portada del *New York Post*, leí el titular:

¡La muerte de Wall Street!

Justo debajo, una imagen sombría del parqué de la Bolsa de Valores de Nueva York, con el primer plano de algunos hombres con sobrepeso vestidos descuidadamente y haciendo todo tipo de expresiones de horror. Justo debajo de eso, el subtítulo anticipaba:

Los brókeres piensan en convertirse en taxistas.

En retrospectiva, creo que fue el subtítulo lo que captó mi atención. En ese mismo momento supe que «la fiesta» realmente había terminado, al igual que mi vida profesional. Yo era un joven de veinticuatro años que había dejado la escuela de odontología y se había declarado en bancarrota menos de siete meses antes.

Resumiendo, mi historia fue que, después de abandonar la escuela de odontología, puse en marcha un negocio de carnes y mariscos. El proyecto creció con rapidez, llegamos a tener una flota de veintiséis camiones, pero, luego, con la misma rapidez, la empresa se vino abajo y me quedé sin nada. Básicamente, cometí todos los errores posibles que un joven emprendedor puede cometer: crecer demasiado, operar sin capital suficiente, expandir el negocio solamente a base de crédito... El negocio quebró, y yo también caí en bancarrota. Así fue como acabé en Wall Street.

Luego, después de seis largos meses en el programa de formación de L. F. Rothschild, volví a la zona cero, es decir, estaba nuevamente arruinado y desesperado y no podía pagar el alquiler. Y, con Wall Street presa del pánico y las nuevas contrataciones suspendidas, me vi obligado a aceptar un trabajo fuera de

Wall Street, en una pequeña firma de corretaje ubicada en Long Island llamada Investors Center.

Investors Center... Sólo su nombre me provocaba escalofríos. Estaba acostumbrado a nombres rimbombantes y dinásticos como Lehman Brothers, Goldman Sachs o Merrill Lynch. Nombres que tenían peso detrás y que resonaban en Wall Street. No podía imaginarme diciendo: «Hola, soy Jordan Belfort, te llamo desde el Investors Center, ubicado en el puto culo, en Long Island. Estoy tan lejos de Wall Street como tú, así que las posibilidades de que sepa algo que tú no sabes son casi nulas, si no nulas del todo. ¿Quieres enviarme algo de dinero para administrarlo? Probablemente nunca lo volverás a ver...».

Bien, estoy seguro de que ya has visto la película *El lobo de Wall Street* al menos una vez y, probablemente, más de una. Pues bien, una de las escenas clásicas de la película es ésa en la que me puedes ver entrando por primera vez en las destartaladas oficinas de Investors Center, donde enseguida me quedé boquiabierto. Miraba a mi alrededor y no había nada en el lugar que evocase la riqueza, el éxito o, en definitiva, la industria de Wall Street. Ni ordenadores en los escritorios, ni comerciales sofisticados, ni brókeres vestidos con traje y corbata. Apenas veinte viejos escritorios de madera, la mitad de ellos vacíos, y un grupo de adolescentes ya no tan jóvenes vestidos con vaqueros y zapatillas de deporte, con expresiones de lo más tontas.

Mientras el gerente me entrevistaba, me llamó la atención un chaval que estaba sentado a unos dos metros y medio de nosotros. Sobresalía con respecto a los demás. Estaba hablando por teléfono con un cliente. Era alto, larguirucho y tenía la cara más larga que la de un pura sangre. No debía tener más de veinte años, y daba la sensación de que iba vestido como para irse de vacaciones de primavera. Estaba hablando por teléfono con un cliente, pero de repente se levantó de su asiento y comenzó a gritarle por teléfono, reprendiendo a aquel pobre tipo. El gerente y yo volvimos la cabeza para escuchar.

«¡No me fastidies!», gritaba el corredor, con cara de caballo. «¡No me importa lo que diga ese estúpido folleto! Para lo único que sirve un folleto es para asustarte muchísimo. ¡Eso es todo!

Dice todo lo malo y nada bueno. Así que esto es lo que quiero que hagas: quiero que vayas al baño, que cierres la puerta, que apagues las luces y que leas el folleto en la puta oscuridad. Ésa es la mejor manera de hacerlo, porque esta acción se va a disparar hasta la luna y no quiero que te pierdas semejante revalorización. ¿Suena bien?»

A continuación, se sentó tranquilamente en su asiento y esperó una respuesta.

«Es Chris Knight», dijo el gerente. «Él es el mejor agente que tenemos. Tiene un gran discurso, ¿no es cierto?»

«Sí, supongo», respondí.

Luego pensé: «Definitivamente está pasándose un poquito de frenada y actuando un tanto relajado en relación con las garantías que exige la normativa. Pero, bueno, ¿quién soy yo para juzgar, verdad? También escuché algunas locuras en Rothschild y, definitivamente, aquéllos no eran los niños del coro...».

Le dediqué al gerente una especie de sonrisa cómplice, como diciendo: «No te preocupes, sé bien lo que sucede en las oficinas de venta de Wall Street. ¡No voy a denunciarte!».

La verdad es que los corredores de Rothschild no eran los «niños del coro». Durante los seis meses que estuve formándome en su programa escuché al menos una docena de veces eso de «vete al baño a leer el folleto a oscuras». Debe ser una coletilla de algún manual secreto de capacitación en ventas —y, ciertamente, tal manual no debe existir con conocimiento de la SEC, puesto que se trata de una clara violación de la regla que alude a la distribución de acciones de conformidad con la información recogida en este documento clave.

Así es como se supone que funciona la ley...

Durante el período de distribución, que comienza cuando el folleto de la empresa se presenta ante la división de finanzas corporativas de la SEC y finaliza treinta días después de que las acciones empiecen a cotizar, la única información que se puede transmitir a los inversores es la que está incluida en dicho documento. Cualquier otra comunicación está estrictamente prohibida. Ni seguir un guion para comercializar la venta, ni desarrollar una presentación de marketing con otros mensajes, ni publicar un anuncio diferente, ni permitir que un corredor de bolsa idiota como Chris Knight haga declaraciones al azar. Si se comercializan las acciones de tal manera, se ha violado la ley.

El problema es que esta norma funciona mucho mejor en la teoría que en la práctica.

En las trincheras, así es como realmente funciona la venta de una compañía que sale a bolsa. El proceso se divide en cuatro fases distintas:

1. *La fase de la escasez.* El proceso comienza cuando un agente llama a un cliente y le dice que en las próximas dos semanas aparecerá una nueva emisión, le cuenta que se trata de un movimiento muy «caliente» y le advierte de que, en su opinión, el cliente debería comprar esas acciones. Los siguientes 60 segundos se dedican a brindarle al cliente una breve descripción de la compañía, centrándose principalmente en el hecho de que la oferta inicial de acciones es limitada, lo que hará que las acciones suban tan pronto como comiencen a cotizar. La mala noticia aquí es que, dado que la operación es tan atractiva, el agente sólo puede conseguirle al cliente un puñado de acciones. Pero la buena noticia es que son tan valiosas como el oro, por lo que el cliente tiene la buena estrella de que su agente pudo conseguirle ese pequeño número de títulos. El cliente tenderá a agradecerle profusamente al corredor este logro y le trasladará lo agradecido que está.
2. *La fase previa a la formulación.* Aquí es donde el comercial comienza el proceso de tratar de minimizar el impacto negativo que tendrá la lectura del folleto por parte del cliente, si es que acaso decide leerlo. Comienza explicando que, dado que se trata de la oferta de un nuevo valor cotizado, es obligatorio enviar el folleto al cliente, pero se asegura de añadir lo siguiente: «Sé lo ocupado que estás, así que no necesitas perder el tiempo leyendo toda esa cosa. Es algo aburrido, probablemente solamente querrás hojearlo. Eso es lo que hace la mayoría de la gente. Pero, bueno, no me malinterpretes, es una compañía increíble y

todo eso, así que si te gusta leer este tipo de cosas, ¡adelante! Por mí como si lo lees hasta caer dormido...».

3. *La fase de la oración.* Después de colgar el teléfono, el corredor envía por correo electrónico el folleto al cliente para cumplir con su obligación legal según la ley de la SEC. Después cierra los ojos y le reza a Dios con todas sus fuerzas, para que con suerte el cliente no lo lea. Si finalmente lo hace, entonces el corredor se prepara para una llamada telefónica con un interlocutor enfadado o, al menos, confundido. Si así ocurre, se activa la cuarta fase.
4. *La fase de neutralización.* Dado que el corredor sabía que esta llamada podía ocurrir, ha preparado una respuesta pensada para neutralizar el posible efecto paralizador derivado de la lectura de ese tóxico folleto. Dependiendo de su nivel de ética, elegirá una u otra de las diferentes refutaciones enlatadas que tiene preparadas y que van desde algunos pasos que apenas rebasan las líneas rojas del regulador (por ejemplo, contar algunas historias sobre otras empresas que eran como ésta y cómo se convirtieron en grandes éxitos del mercado) hasta sumergirse como un cisne y adentrarse a diez metros de profundidad en las profundidades de la ley (por ejemplo, cayendo en el discurso de «quiero que vayas al baño y leas ese folleto en la oscuridad»).

De todos modos, volvamos a mi entrevista de trabajo en Investors Center, en concreto al instante en que Chris Knight de repente se levantó de su silla para seguir gritando: «¡Oh, vamos! ¡Por Dios, Bill! Estás siendo ridículo. El folleto solamente te dice cuál puede ser el peor de los casos. Además, cada nueva emisión tiene un precio de apenas 10 céntimos por acción. ¡Eso es todo! ¿Cómo puedes equivocarte comprando un título que sale al mercado a 10 centavos?».

Me incliné hacia el gerente y le susurré: «¿Acaba de decir 10 centavos por acción?».

«Sí, ¿por qué lo dices?», respondió el gerente. «¿Cuál es el problema?»

«No hay problema», respondí. «Es sólo que nunca había oído hablar de una acción tan barata.» En ese momento, Chris Knight colgó el teléfono con ira y murmuró: «¡Esa rata maloliente! ¡Me ha colgado! ¡Qué descaro tiene ese tipo! ¡Lo mataré!».

Le lancé al gerente una mirada preocupada. «Está bien», me dijo. «La próxima vez seguro que lo capta.» Asentí, pero era evidente que allí estaba pasando algo muy malo. Algo en mi estómago me dijo que aquello no era del todo normal. «Una empresa saliendo a bolsa a diez céntimos el título... debía de ser una verdadera porquería», me dije a mí mismo.

Por supuesto, a estas alturas ya sabía muy bien que la SEC no hace ninguna revisión de méritos, por lo que un folleto aprobado no es óbice para que lo que se está colocando sea un gran pedazo de mierda. Aprendí todo sobre el concepto de divulgación total que había instaurado el regulador cuando estaba estudiando para sacarme el título de agente de bolsa. Con todo, una cosa es aprenderte lo que dice el libro y otra ver cómo, en la vida real, un corredor como Chris Knight hacía lo que estaba haciendo.

En ese mismo momento no estaba tan seguro de que la ausencia de revisiones de mérito fuera realmente algo bueno, dado el potencial de abuso que empezaba a resultarme evidente. Toda la situación se me hacía equivocada. Sentía que, probablemente, firmas como Investors Center ni siquiera debían existir. No tenía sentido cómo se podía permitir algo así. Por otro lado, justo detrás del gerente había dos placas colgadas en la pared que contaban una historia muy diferente. Una de ellas era grande y rectangular y tenía letras de color azul claro que indicaban que el Investors Center era un miembro orgulloso de la Asociación Nacional de Corredores de Valores (la National Association of Securities Dealers, NASD). La otra placa era cuadrada y mostraba que el Investors Center era una firma de corretaje debidamente autorizada y aprobada para operar por la Comisión de Bolsa y Valores. Me quedé impactado. Señalé las dos placas en la pared y dije: «Entonces, ¿ustedes realmente están regulados? ¡Guau! Eso es increíble...».

El director pareció desconcertado. «¿Qué quieres decir?», respondió. «¡Por supuesto que estamos regulados!» Me señaló un taco compuesto por cinco paquetes de papeles que estaba depositado en su mismo escritorio. Cada paquete tenía unos ocho centímetros de alto y en su interior llevaba algún tipo de pequeño folleto en versión reducida. «Esto son solamente algunas de las salidas a bolsa que hemos llevado al mercado en el pasado.» Me arrojó uno de los paquetes encima, para que lo inspeccionara más de cerca. «Todo lo que hacemos aquí es completamente honesto.»

«¡Increíble!», seguía pensando yo. ¿Quién hubiera pensado que un lugar como ése pudiera ser legítimo?

En retrospectiva, lo cierto es que yo estaba muy equivocado al respecto. El Investors Center no estaba lejos de ser una firma de corretaje legítima, sino que además se encargaba de poner en práctica ciertas artimañas que terminaron allanando el camino para mi trayectoria, que sin duda constituye una de las más salvajes en la historia de Wall Street.

Pero, aparte de eso, lo que yo debí haber pensado aquel día, mientras estaba sentado en aquella silla ante ese paquete de documentos, era lo importante que es la ausencia de revisiones de méritos a la hora de sacar empresas a bolsa. Sin duda, ¡puede ser un arma de doble filo!

Antes de seguir adelante, hay algunos datos más que necesito compartir contigo sobre el tema de la divulgación de información, empezando por el hecho de que el requisito de transparencia no termina cuando la empresa pasa a estar cotizada en el mercado. Asimismo, hay divulgaciones periódicas que las empresas tienen que seguir cumpliendo para mantener informados a los inversores. Repasemos rápidamente cuáles son las cuatro más comunes:

1. *Formulario 10-K.* Se trata de un completo informe que todas las empresas cotizadas deben presentar anualmente. En términos simples, incluye todo lo que se necesita saber en clave financiera y, además, está auditado de forma externa bajo pena de perjurio. Tanto el CEO como el

CFO de la compañía tienen que firmar una carta diciendo que, hasta donde ellos saben, toda la información recogida en este formulario es verdadera al cien por cien, sin tonterías, exageraciones, contabilidad creativa o inventarios contabilizados por partida doble. Esa firma es una modificación reciente de la SEC, que procedió a instaurar este requisito en su intento de tomar medidas enérgicas contra los directores ejecutivos y los directores financieros que mienten y engañan a sabiendas y que en el pasado presentaron números falseados, pese a lo cual se salieron con la suya recibiendo apenas una simple palmadita en la muñeca... Ahora, si envías información falsa a sabiendas, existe una posibilidad real de que el FBI llame a tu puerta y te ofrezca un billete de ida al caos.

2. *Formulario 10-Q*. Ésta es una versión simplificada de su hermano mayor, el 10-K. Debe presentarse una vez cada tres meses, en vez de una vez al año. La otra diferencia principal entre los dos es que, a diferencia del 10-K, el 10-Q no está auditado, lo que significa que la información que contiene no es tan fiable. Aun así, el 10-Q puede ser útil como sistema de alerta temprana, ya que nos puede advertir de posibles problemas referidos a los flujos de efectivo, la cadena de suministro, la gestión de inventario u otros aspectos del negocio que, eventualmente, aparecerán también en el formulario 10-K.
3. *Formulario 8-K*. Este formulario se emplea para anunciar cualquier cambio significativo en el seno de la empresa y se puede presentar en cualquier momento. Ejemplos comunes de presentaciones 8-K son el anuncio de una adquisición, una declaración de quiebra, un cambio en un puesto clave de la administración o del consejo de la compañía, la emisión de nuevas acciones... En términos prácticos, una presentación 8-K puede ser el mejor amigo o la peor pesadilla de un operador a corto plazo, dependiendo de cómo interprete la noticia y qué sentido le encuentre el conjunto del mercado.
4. *Formulario 13-D*. A menudo conocido como el «formula-

rio del beneficiario final», el 13-D se utiliza para anunciar públicamente que una persona o un grupo ha acumulado más del 5 por ciento de las acciones que tiene la empresa en circulación. Como parte de la presentación, el inversor debe revelar cualquier intención que tenga con esta operación y que vaya más allá de ganar dinero pasivamente como tenedor de tal paquete de títulos accionariales. (Si no hay más intenciones que ésa, pueden presentar una versión reducida de este formulario, conocida como formulario 13-G.) Las intenciones activas más comunes serían, por ejemplo, hacerse cargo de la empresa a través de una oferta pública de adquisición (como hizo recientemente Elon Musk con Twitter) o convertirse en un inversor activista (con el objetivo de forzar cambios clave en las operaciones en curso de la empresa o en su estructura de capital, para así aumentar el valor para los accionistas).

Además de los Cuatro Grandes formularios, existen otras formas de divulgación de información, pero las anteriores son las que escucharás con más frecuencia y las que impulsan la gran mayoría de las decisiones de inversión.

Antes de continuar, hay un punto crucial que quiero recordar: la mayor ventaja que tiene Wall Street sobre el llamado Main Street es la percepción de que saben algo que el Main Street no sabe. Esta percepción se ha perfeccionado a lo largo de los últimos cien años hasta rozar la excelencia, a expensas de incontables miles de millones de dólares invertidos en publicidad por parte de los compinches de Wall Street en Madison Avenue, cuyo proceder es igualmente despiadado.

A través de una combinación de correos directos, vallas publicitarias, anuncios de radio, *spots* de televisión y, en los últimos veinte años, suficiente publicidad en línea como para aplastar a un elefante, las empresas de Madison Avenue han logrado con éxito su misión de coger al cerdo más maloliente, feo y codicioso del mundo y pintarlo con los más atractivos pintalabios rojos.

Te lo explico de forma más elaborada.

El hecho es que no necesitas que Wall Street gestione tu dinero. Simplemente no lo necesitas. Podrías hacer un trabajo mucho mejor gestionándolo por ti mismo. ¿Crees que estoy exagerando? Bueno, quizá.

Pero ¿acaso piensas que Warren Buffett es un exagerado? ¿Acaso ves a Warren Buffett como el tipo de persona a la que le gusta inflar las cosas o estirar la verdad? Definitivamente, no, ¿cierto? Simplemente, ésa no es su naturaleza. Es un hombre de voz suave y gran sabiduría en el que sin duda puedes confiar, ¿no?

De hecho, diría que todos estamos de acuerdo en que Warren Buffett es una fuente fiable a la que acudir en busca de consejos de inversión, ¿cierto? Pues, entonces, con eso en mente, no dejes de leer una de las citas más recientes de Warren Buffett sobre la comunidad financiera. Atiende a lo que dice y reflexiona:

> Preferiría darle mi dinero a un grupo de monos que se dedican a lanzar dardos para elegir qué títulos del S&P 500 van a comprar que entregarle mis ahorros a un bróker de Wall Street o a un gestor de un *hedge fund*. No es nada personal, es sólo que los monos superarán a los de Wall Street nueve de cada diez veces.

Sin embargo, hace apenas treinta años las cosas eran muy diferentes. Cuando fui por primera vez a Wall Street en 1987, es cierto que necesitabas contar con un agente de bolsa si querías saber qué es lo que estaba pasando en el mundo de las finanzas más allá de lo que podías leer en la edición matutina de *The Wall Street Journal* que, por definición, traía solamente las noticias de la jornada de ayer.

Con ese propósito, una de las frases de venta clásicas que incluí en el primer guion que diseñé para mi firma de corretaje, Stratton Oakmont, tenía que ver con esa misma cuestión, abordando el hecho de que la disparidad de información coloca al inversor promedio en una situación de enorme desventaja en comparación con un agente de Wall Street que tiene el dedo en el pulso del mercado. El guion que desarrollé era, originalmente, para promover la compra de acciones de Eastman Kodak, que en aquel momento era una empresa líder en la Bolsa de Nueva York. Polaroid había demandado recientemente a Kodak por infracción de patente, lo que hizo que sus acciones cayeran como una piedra, pasando de más de 100 dólares por acción a 40 dólares por título como resultado de la nube de litigios que se cernía sobre la compañía.

La tesis del guion era sencilla. Muchas instituciones tienen cláusulas restrictivas en sus estatutos corporativos que les prohíben involucrarse en empresas que enfrentan litigios importantes. Entonces, una vez que se resolviera el litigio, lo más probable era que estos vehículos regresasen en masa a comprar esas acciones y las enviarían de regreso a lo más alto. Para respaldar esta afirmación, incluí ejemplos de otras tres empresas que, al igual que Kodak, habían enfrentado situaciones similares. Tan pronto como se resolvió el litigio, las acciones volvieron a la vida con fuerza, y rápidamente llegaron a nuevos máximos. Sin duda, era una narrativa poderosa que tenía todo el sentido del mundo y que llegaba al potencial cliente a todos los niveles, tanto lógica como emocionalmente. Sin embargo, lo que hacía que todo funcionara era la frase final que incluíamos en nuestro discursito de venta.

Esta frase era tan poderosa que, cuando se la decías al cliente, había una posibilidad de hasta el 50 por ciento de que te interrumpiera justo en medio de tu parlamento y te dijese algo así como: «¡Eso es cierto!». Y la respuesta: «¡Ya lo creo!»; o bien, simplemente, un gruñido de complicidad que parecía decir: «Sí, desde luego que es una gran oportunidad».

En esencia, la frase clave le dejaba muy claro al cliente que necesitaba comprar las acciones ahora mismo (antes de que se anunciase cualquier acuerdo legal en el periódico) y también destacaba la importancia de tener un agente de bolsa con sede en Wall Street a su lado, presente en su vida y listo para ayudarle a ganar dinero, a pesar de la comisión adicional que ello pudiese suponer. Al final del día, pagar al bróker valía la pena.

La frase clave llegaba al final de la intervención del comercial. Lo siguiente ya era solicitar permiso al cliente para activar el pedido de compra. ¿Y qué es lo que les decíamos? Era algo así: «Pues bien, Jim, la clave para ganar dinero en una situación como ésta es posicionarse ahora, antes de que lleguen a un acuerdo en el litigio, porque, cuando leas sobre ello en *The Wall Street Journal*, ya será demasiado tarde».

Así, el mensaje quedaba claro.

Si no estás en Wall Street, básicamente no tienes ninguna posibilidad de ganar dinero en el mercado de valores. La información viaja con demasiada lentitud y, cuando *The Wall Street Journal* llega al quiosco, la jugada que parecía rentable ya no vale ni una moneda de cinco céntimos. Y quien dice *The Wall Street Journal* dice cualquier otra fuente de noticias a la que el ciudadano de a pie pueda tener acceso. Para entonces, todos los operadores, analistas y corredores de bolsa de Wall Street ya habrán visto las noticias y habrán actuado en consecuencia, comprando, vendiendo o manteniéndose al margen, según corresponda. Para garantizar esa posición de ventaja, los agentes de Wall Street tenían sus ordenadores especiales sobre sus escritorios. Estas máquinas, llamadas Quotrons, les daban acceso a la cotización de las acciones, que podían consultar en tiempo real, y también les brindaban un servicio de noticias patentado, llamado Bloomberg, que traía consigo todo tipo de noticias financieras importantes y las enviaba directamente a sus escritorios en cuanto se podían divulgar.

Y, para inclinar aún más la balanza, todas las grandes empresas de Wall Street tenían mensajeros acampados ante la sede de la SEC en Washington D. C., esperando que las empresas cotizadas presentaran la documentación requerida en los plazos estipulados. En cuanto llegaban, estos mensajeros entraban en acción: iban en bicicleta, corrían a pie, conducían a toda velocidad y, así, enviaban por fax estas urgentes revelaciones para que los analistas financieros controlasen el desempeño de las respectivas empresas que les tocaba seguir, diseccionando las cuentas y componiendo de este modo su propia investigación. Ese informe se compartía después con los comerciales, con los brókeres y, en última instancia, con los clientes.

Todas esas ventajas iban sutilmente implícitas en la poderosa línea de ventas que situábamos estratégicamente al final de nuestro discurso de venta. Y, en esas raras ocasiones en las que el cliente todavía seguía mostrándose escéptico o quizá nos decía que prefería hacer negocios a través de un agente local, lo que añadíamos era algo así: «Jim, no pretendo interferir en la relación que tienes con tu agente local en Oklahoma. Estoy seguro de que hace un muy buen trabajo para ti si se trata de cosas como el ganado, las cosechas o los informes agrícolas, pero, cuando se trata de acciones, soy yo quien está aquí en Wall Street y quien tiene el dedo en el pulso del mercado. Mientras tu corredor local está ocupado leyendo *The Wall Street Journal* de ayer, yo tengo información privilegiada sobre las noticias de mañana...».

Así proseguía nuestra línea de presión. La idea era ésa: no había forma posible de que un inversor ocupado en una explotación agrícola de Oklahoma o una cadena de montaje en Míchigan pudiera competir con la información que tenía un agente de bolsa de Wall Street. Entre la brecha de información, la brecha tecnológica y la incapacidad de los clientes de comprar siquiera una acción sin levantar el teléfono y llamar a un bróker, tales intermediarios no tenían ninguna posibilidad.

Pero ¿qué pasa hoy en día? ¿Acaso algo de lo que acabo de describir suena remotamente lógico en el mundo digital, un mundo donde la información fluye a la velocidad de la luz y llega a todos los teléfonos inteligentes, a todos los portátiles y a todos los ordenadores de sobremesa, sin importar en qué parte del mundo se encuentran estos dispositivos? Absolutamente, no. Ya no tiene el menor sentido. Esa vieja idea que Wall Street sigue tratando desesperadamente de colarle al público inversor (a saber, que poseen información a la que el público en general no puede acceder) es una gigantesca tontería.

Sí, hubo un momento en que todo eso fue verdad. Pero ese tiempo ya pasó hace mucho.

Desde 2001, todas las empresas cotizadas están obligadas legalmente a presentar sus divulgaciones en la base de datos en línea de la SEC, llamada EDGAR (Electronic Data Gathering, Analysis, and Retrieval), lo que hace que cada 10-K, 10-Q, 8-K y

13-D estén disponibles al instante y puedan ser revisados por cualquier inversor en el mundo que tenga acceso a internet.

En pocas palabras, la brecha de información se ha cerrado.

Para obtener información actualizada sobre cualquier empresa pública, todo lo que tienes que hacer es conectarte a <edgar.com> y, listo, enseguida tendrás toda la información que necesitas al alcance de la mano.

De modo que ahí lo tienes: el poder de la divulgación total impuesta por la SEC, combinado con la ausencia de una revisión de méritos de las compañías cotizadas, fue algo así como un poderoso puñetazo doble para la formación de capital y sentó las bases para que el mercado de valores estadounidense se convirtiera en la envidia del mundo.

Pero, claro está, el proceso llevó tiempo.

En 1934, el país todavía estaba en ruinas.

La Gran Depresión no se parecía en nada a las crisis que Estados Unidos había experimentado en el pasado. La economía había vivido muchos procesos de auge y caída, y también algún pánico ocasional, pero lo que estaba sucediendo esta vez era muy diferente. La gente estaba enfadada. Indignada. Exigía un cambio. La SEC se fundó para contribuir a ese cambio. Para lograrlo, la agencia tenía dos misiones principales:

1. Restaurar la confianza de los inversores.
2. Hacer que en Estados Unidos se vuelva a invertir.

Era una misión noble, y el éxito de la primera parte allanó el camino para hacer realidad la segunda. En esencia, se trataba de convencer al público estadounidense de que se había nivelado el campo de juego, de modo que los hogares se sentirían más cómodos para volver a invertir de nuevo.

En teoría, era un plan brillante.

El problema era que una cosa es decirlo y otra muy distinta es hacerlo. Para descongelar los mercados de capitales, era preciso que las dos partes se dispusiesen a entrar de nuevo en el mercado: Wall

Street y los ahorradores. Ambas partes tenían que estar de acuerdo en que se había nivelado el campo de juego y que el nuevo conjunto de leyes de valores era justo para todos. De lo contrario, el nuevo arreglo sería más de lo mismo y, aunque estoy seguro de que Wall Street habría aceptado con gusto el mantenimiento del viejo *statu quo*, la ciudadanía estadounidense no lo haría. Ya habían tenido suficiente. Los habían desplumado demasiadas veces y no iban a sentarse nuevamente en la mesa si no veían que había un cambio real.

Por su parte, Wall Street estaba nervioso. De hecho, estaba aterrorizado. Por fin se estaban poniendo frenos para acabar con más de cien años de avaricia y excesos. El nuevo conjunto de leyes sobre valores no era en absoluto despreciable. Se exigía una divulgación completa de toda la información financiera relevante. Registrar debidamente los datos de las compañías que salían al mercado, negociar de forma justa y honesta, poner al cliente en primer lugar: todas estas nociones resultaban radicales allá por los años treinta del siglo XX, y nunca antes se había intentado nada remotamente parecido.

Pero, aun así, ¿qué otra opción tenía Wall Street?

Por sorprendente que pareciera, esta vez el pueblo estadounidense se había enfadado en serio. Los días de gloria, los de la violación y el saqueo de las finanzas de la población, estaban finalmente llegando a su fin.

Así fue cómo Wall Street decidió hacer lo correcto y hacer de tripas corazón.

Los líderes de los bancos y de las firmas de corretaje más grandes de Wall Street se reunieron y acordaron aceptar este nuevo conjunto de reglas. A partir de ese momento, las honrarían y las respetarían, con el propósito de hacer de la Bolsa de Nueva York un lugar más amable, gentil y justo, donde las necesidades de los inversores siempre fuesen lo primero. Después de todo, Estados Unidos había sido increíblemente generoso con ellos, y ahora estaba exigiendo instaurar un nuevo paradigma. El país que había hecho ricos y poderosos a estos financieros les dejó claro que había llegado el momento de devolver un poco esas fortunas, que sin duda eran mayores de lo que cualquiera de ellos pudiese haber imaginado en un primer momento. Se planteaba así una especie de renacimiento, una nueva era, el tiempo de un Wall Street brillante, esperanzador y ético.

Increíble, ¿verdad?

Bueno, si te crees alguna de esas tonterías (es decir, si de verdad piensas que, en un momento de crisis nacional, Wall Street recuperó su compás moral y se dispuso a sacrificar sus beneficios por el bien común), pues déjame decirte que tengo un terreno para venderte en el centro de Wakanda.

En serio, ¿realmente crees que esos codiciosos aceptarían la derrota sin más? ¡Claro que no! Por eso, lo que realmente ocurrió fue algo así como una versión financiera de la típica rabieta de los niños de diez años, del tipo: «A menos que sigamos jugando según las viejas reglas, nos llevaremos la pelota a casa y nadie podrá jugar. ¡Para que os enteréis!». Eso es precisamente lo que hizo Wall Street.

Las grandes empresas simplemente se negaron a cooperar. «Esto es injusto», afirmaron. «¡Es antiamericano! ¡Es un complot comunista! No aceptaremos estas nuevas reglas ni pretendemos respetarlas. No registraremos los nuevos valores. No presentaremos folletos informativos. No revelaremos todo lo que se está pidiendo. Y, ciertamente, no antepondremos las necesidades de nuestros clientes a las nuestras. ¿Por qué diablos íbamos a hacer eso? ¿Crees que estamos locos o algo así? ¿Cómo vamos a ganar dinero siendo honestos?»

Y así empezó el boicot.

Se publicaron numerosos artículos en periódicos clave. Las figuras fundamentales en el proceso de refuerzo regulatorio fueron difamadas públicamente. Se presentaron demandas ante la Corte Suprema. Éste fue el mayor esfuerzo de *lobby* en la historia de Estados Unidos, y los titiriteros de Wall Street lo desplegaron para declararle la guerra al Congreso e insistir en que se debían modificar las ridículas leyes que se le querían imponer como novedad al mercado de valores. Hasta que no lo hicieran, la bolsa permanecería cerrada. No se cerrarían nuevos acuerdos, no habría más crédito ni más capital para las empresas.

El mensaje era claro: si Estados Unidos no coopera, Estados Unidos será nuestro rehén.

Y funcionó.

Bajo la intensa presión del monopolio casi total que tiene Wall Street sobre la obtención de capital y la concesión de crédito, el Congreso diluyó las leyes que pretendían regular el mercado de valores hasta convertirlas en una versión mucho más ligera, creando todo tipo de exenciones masivas en beneficio de la Bolsa de Valores de Nueva York. El intercambio, en su mayor parte, seguiría regulándose a sí mismo, y las acciones coercitivas que se establecieran en el nuevo régimen sancionador carecerían de la fuerza debida, dejando a los titiriteros sin el castigo de medidas enérgicas que podrían haber enderezado su proceder.

No sorprende que los arquitectos del conjunto original de leyes y normas de la SEC se quedaran completamente devastados al ver lo sucedido, aunque sin duda les debió molestar más aún la siguiente decisión que tomó Franklin Delano Roosevelt. El presidente seguía teniendo un problema. Wall Street no confiaba en él. Desde su perspectiva, Roosevelt era un *outsider*, un idealista acérrimo con inclinaciones comunistas, que se mostraba abiertamente hostil ante las empresas estadounidenses. En consecuencia, incluso esta versión diluida de la normativa SEC seguía suponiendo un salto inasumible para los titiriteros de Wall Street. Según su forma de pensar, si cedían sólo una pulgada a F. D. Roosevelt, acabaría tomando una yarda. Antes de que ellos mismos se dieran cuenta, podían acabar bajo su yugo.

Así que el *impasse* continuó.

Para acabar con los problemas, Roosevelt necesitaba a alguien que vendiera su plan en Wall Street, alguien que operase desde dentro, alguien a quien él conociera bien y a quien pudiera confiar esta tarea. De lo contrario, los mercados permanecerían cerrados, la gente sufriría y la Gran Depresión seguiría en pie.

Por eso, Roosevelt eligió al viejo Joe Kennedy, no sin causarles un gran disgusto a sus asesores clave ni sin decepcionar a los artífices de la primera remesa de leyes más estrictas sobre los valores. Estaban tan conmocionados como indignados, al igual que lo estaba la prensa. Los artículos de los periódicos eran demoledores: «¡Di que no es así, Joe! Han puesto a un lobo a cuidar a las ovejas. ¿Qué pasará ahora?».

Pero Roosevelt tenía sus razones.

Sabía que Kennedy era el tipo de vendedor que hablaba rápido y que, con un guiño y un movimiento de cabeza, podía conseguir que Wall Street aceptara su papel. Y eso es exactamente lo que hizo.

Su plan era diabólicamente simple.

El pretexto era como sigue: «Nunca tendremos los recursos para estar vigilando de forma continuada todo lo que pasa en Wall Street, debemos ser prácticos y, cuando se trata de hacer cumplir la ley, hay que pensar a quién vigilamos de cerca y a quién no. Al final, hay personas en las que sabemos que podemos confiar, y luego están todos los demás, de quienes no podemos esperar que obedezcan todas estas nuevas leyes. Para aquellas personas en las que confiamos, la regulación es sencilla. Simplemente les entregamos un conjunto de leyes que están obligadas a seguir, y sus brújulas morales internas se encargarán del resto. Y en lo que respecta a todos los demás, los vigilaremos como unos putos halcones».

Y eso fue lo que hizo el viejo Joe.

Convenció a sus antiguos compinches para que aceptaran las estrictas normas de divulgación y requisitos por el lado de las finanzas corporativas, pero lo hizo al mismo tiempo que prometía un sistema de justicia a dos niveles en cuanto a la aplicación de la nueva normativa. «Será incluso mejor que antes», dijo a sus compañeros titiriteros. «Restaurar la confianza de los inversores generará más dinero para que podamos seguir robando y, cuando te pillen con el carrito del helado, me aseguraré de que la SEC mire hacia otro lado o te dé una palmadita en la muñeca. Será sencillo, no habrá que levantar ni una ceja.

»Estableceremos un listón inusualmente alto para abrir nuevas investigaciones y sabremos jugar con el beneficio de la duda a la hora de interpretar los resultados. Además, en esas raras ocasiones en que una de nuestras estafas se salga tanto de control que la ciudadanía termine perdiendo tanto dinero que hasta la prensa se ponga de su lado y se involucre en la cuestión, yo me aseguraré de que la SEC se encargue de señalar a algún idiota de escasa importancia. Diremos de él que se volvió codicioso, que actuó por su cuenta..., y lo convertiremos en el chivo expiatorio, dejando que el resto de la institución siga adelante con su operativa. Va a ser increíble, señores. Tienen mi palabra. ¿Hay acuerdo?»

Como era de esperar, todos se mostraron de acuerdo. Al fin y al cabo, era un plan realmente brillante ideado por un viejo Lobo de Wall Street que, por arte de magia, se había transformado en un lobo con piel de cordero. El viejo Joe se puso rápidamente manos a la obra. El primer paso que dio fue dividir a la comunidad financiera en dos grupos separados, los buenos y los malos. En el primer grupo metió a las personas e instituciones que consideraba dignas de confianza. Aquí figuraban los jefes de los bancos, las firmas de corretaje, los fondos de inversión, los fideicomisos, las agencias de calificación, las firmas de abogados vinculadas con el sector y las empresas de contabilidad más ligadas a Wall Street, así como los altos ejecutivos de las treinta empresas públicas del Dow. Básicamente, este grupo era el «quién es quién» que incluía a todos los posibles responsables de provocar el problema. Sin embargo, el viejo Joe veía las cosas distintas y quería proteger de esta forma a sus viejos compinches.

Para él, sus antiguos aliados eran hombres de honor y, como todos los hombres de honor, podían ser regulados bajo un código de honor. Al fin y al cabo, todos ellos procedían de las familias adecuadas, habían estudiado en los internados adecuados, se habían graduado en las universidades adecuadas y pertenecían a los clubes de campo adecuados. Dicho de otro modo, todos habían crecido dentro de ese marco y comprendían la importancia de protegerlo. Para ellos, los códigos de honor de Wall Street eran una tradición sagrada que debía respetarse y protegerse a toda costa, o bien, al menos, eso era lo que se decían a sí mismos y a los demás..., mientras comenzaban a violarlo.

Luego, en el segundo grupo (los malos), el viejo Joe metía a todos los demás. Aquí entraban las personas e instituciones que no formaban parte del *establishment*. Y, aunque sería injusto decir que no los consideraba dignos de confianza, el hecho de que quedasen fuera del círculo de los buenos los convertía en agentes susceptibles de ser vigilados como halcones para evitar que causaran daños.

Por supuesto, estas reglas no estaban escritas. El viejo Joe era demasiado listo como para hacer eso. Sabía que actuar de tal manera violaría uno de los principios más básicos de la Constitución (la igualdad ante la ley) y quedaría inmediatamente anulado por la Corte Suprema de Estados Unidos. Por eso, oficialmente, sólo había un conjunto de reglas que se aplicaban a todos.

Sin embargo, en la práctica, la cosa era muy diferente.

Con la aplicación selectiva de la ley y, de vez en cuando, con las pequeñas palmaditas propinadas en las muñecas de algún que otro miembro del *establishment* en esas raras ocasiones en que habían hecho algo tan atroz que simplemente no podía ser ignorado, las empresas más grandes de Wall Street siguieron funcionando como de costumbre, y el reinado de los titiriteros continuó en pie.

Antes de continuar, hay un pequeño punto que quiero plantear muy rápidamente. Verás, sé lo que podría estar pasando por tu mente ahora mismo.

Quizá estás pensando algo así: «A ver, Jordan, todo este ataque a la SEC suena un poco egoísta viniendo de un tipo como tú, que fue demandado por la SEC por manipulación de acciones y terminó pagando una multa de 3 millones de dólares. Probablemente crees que fuiste perseguido injustamente y que te convertirse en una de las cabezas de turco sacrificadas por un sistema moralmente arruinado y podrido hasta la médula».

Si eso es lo que estás pensando, lo entiendo totalmente. Puede parecerte que eso es lo que estoy haciendo si no conoces la historia completa. Imagino que tiene sentido pensar que todavía guardo rencor y que estoy intentando vengarme de la SEC.

Así que permíteme dejar las cosas claras: nada puede estar más lejos de la verdad. No tengo ni el más mínimo problema con la SEC y, ciertamente, nunca me sentí indebidamente perseguido. Ni lo más mínimo. Incluso en la cárcel, donde los reclusos constantemente juran su absoluta inocencia, yo solía decir que era el único reo de la prisión de Shawshank que se declaraba culpable.

¿Me entiendes?

Nunca me he hecho ilusiones ni he pensado que yo era un hombre inocente que estaba siendo acusado injustamente por parte de investigadores deshonestos. No me sentí censurado por un sistema de justicia dedicado a atraparme. Nada de eso. ¡Simple y llanamente, yo era culpable de los cargos que se presentaron contra mí! Violé la ley y obtuve mi merecido. Nunca he tratado de minimizarlo o racionalizarlo.

De hecho, visto en retrospectiva, creo que ser descubierto por la SEC resultó ser una de las mejores cosas que me han pasado en la vida. Mi caída en desgracia me enseñó valiosas lecciones que, de otro modo, nunca habría aprendido. Esas lecciones me sirvieron como base para la maravillosa vida que tengo ahora.

De modo que mis críticas a la SEC no tienen nada que ver con interacciones pasadas o con la forma en que me trataron. Más bien tienen que ver con el hecho de que ellos, los de la SEC, saben perfectamente lo que está pasando en las grandes empresas de Wall Street. Son conocedores de artimañas como las operaciones anticipadas, la manipulación de las acciones, las burbujas, el fraude, las malas prácticas. Y, sin embargo, no hacen nada para ponerle freno a todo eso. A lo sumo imponen sanciones ridículamente pequeñas que tienen el mismo impacto que una multa de tráfico por exceso de velocidad.

Volviendo al viejo Joe, lo cierto es que su plan funcionó perfectamente y la SEC lo puso en marcha con el apoyo de Wall Street. Tal y como se había acordado, la Bolsa de Nueva York reanudó sus operaciones, aunque las cosas siguieron funcionando con lentitud durante los diez años siguientes. Con la tasa de paro rondando el 33 por ciento y el mundo al borde de la Segunda Guerra Mundial, el poco dinero que tenía la gente se destinaba a comprar bonos de guerra estadounidenses, y la producción se volcaba en derrotar la gran maquinaria de guerra de Hitler.

La economía propia de aquellos tiempos de guerra se desarrolló más lentamente al principio, hasta que rápidamente cobró fuerza y, cuando terminó la guerra, desencadenó un auge como nunca antes se había visto.

Al final, el estallido de la Segunda Guerra Mundial lo cambió todo.

En la práctica, desató al gigante económico y provocó un vuelco histórico, con Wall Street reemplazando a Londres como epicentro financiero mundial. Bendecidos con vastos recursos naturales y con unos océanos que protegen al país al este y al oeste, Estados Unidos salió de la guerra casi completamente ileso.

Sus fábricas estaban en auge, el capital fluía, la gente trabajaba..., y el mercado de valores estaba preparado para una racha alcista cuyo alcance fue masivo. Con todo, el Dow tardó nueve años en recuperar todo el terreno perdido tras la crisis de 1929.

Sin embargo, cuando finalmente lo logró, tal hito no estuvo exento de ironía.

Entonces había muchos rumores sobre la nueva apuesta o alternativa. Se hicieron algunas afirmaciones muy audaces. Y se dijo que este desarrollo lo cambiaría todo... para mejor.

7

La verdad sobre el crac..., y otras cosas importantes

¿Preparado para un dato impactantemente insólito? Aquí va...

Al Dow Jones le hicieron falta más de veinticinco años para recuperarse por completo del crac de 1929 y de la Gran Depresión subsiguiente. Fueron veinticinco años oscuros, sombríos y miserables.

Concretamente, el Dow Jones alcanzó el punto más alto de su historia el 3 de septiembre de 1929, con 381,76 puntos, pero no pudo rebasar nuevamente dicho nivel hasta el 23 de noviembre de 1954, veinticinco años y casi tres meses después.

La primera vez que escuché esta estadística fue en 1987, cuando estaba estudiando para mi examen de corredor. Recuerdo que me sorprendió mucho. En ese momento, estaba leyendo sobre los peligros de las posiciones apalancadas durante los locos años veinte y cómo crearon una bomba de relojería que explotó el Lunes Negro. También aprendí sobre los graves errores cometidos por el gobierno de Estados Unidos y por la Reserva Federal en los primeros años de la crisis. Subieron los tipos cuando deberían haberlos bajado, aumentaron los impuestos cuando deberían haberlos reducido, restringieron la oferta monetaria cuando deberían haberla ampliado e impusieron aranceles a las importaciones cuando deberían haber facilitado el comercio, y no paralizarlo.

Al final, aquello fue un círculo vicioso que hizo que el Dow Jones se desplomara un 90 por ciento, alcanzando un mínimo histórico de 41,22 puntos el 8 de julio de 1932. Aquel año fue muy malo, por decirlo suavemente. Desde entonces, el mercado comenzó a recuperarse, pero lo hizo lenta y dolorosamente, arrastrándose durante un cuarto de siglo.

En retrospectiva, parece extraño que, a pesar del enorme auge económico de la Segunda Guerra Mundial, Wall Street aún no logró hacer que el Dow se moviera nuevamente con mayor rapidez. Después de todo, al final de la guerra, Estados Unidos se había convertido en una superpotencia económica. Sus fábricas e industrias estaban en auge y la prosperidad volvía a florecer en todo el país. El desempleo era bajo, el ánimo de la población estaba por las nubes y la producción industrial aumentó un 300 por ciento en relación con su nivel previo a la crisis. Pero, por alguna razón inexplicable, aún no fue suficiente: desde el final de la Segunda Guerra Mundial, se necesitaron otros nueve años para que el Dow finalmente superara el pico anterior al colapso.

Impactante, ¿verdad? Uno casi debería quedarse impresionado por la pura audacia de los banqueros y corredores de bolsa de los locos años veinte que fueron capaces de impulsar el mercado a un nivel tan por encima de su valor fundamental. Es absolutamente asombroso que ni siquiera una guerra mundial ni la emergencia de un nuevo gigante industrial fueron suficientes para lograr que ese obstinado Dow recuperase y superase los niveles a los que cotizaba antes del colapso.

Se supone que el mercado de valores sirve como indicador adelantado de la economía subyacente, con una perspectiva de futuro que se anticipa a los patrones generales de la producción, avanzando su desempeño entre seis y nueve meses antes. Entonces, ¿cómo es posible que, al final de la Segunda Guerra Mundial, con la economía en auge alcanzando niveles sin precedentes de producción industrial y el futuro de Estados Unidos brillando como nunca, el Dow todavía estuviera estancado, en 181,43 puntos, cotizando un 50 por ciento por debajo de su nivel previo al crac?

¿Qué salió mal con el mercado de valores y por qué éste no se recuperó como hizo el resto de la economía? La verdad es que hay una excelente razón para explicar todo esto: a saber, ¡que este dato ni siquiera está cerca de ser cierto!

Sí, como lo oyes, estamos ante una estadística falsa, basada en suposiciones erróneas y en la omisión de información clave.

En realidad, al Dow Jones necesitó solamente siete años y dos meses para recuperarse por completo. Concretamente, el 5 de noviembre de 1936, mientras el país estaba aún en plena Gran Depresión, la bolsa logró alcanzar un nuevo máximo histórico de 184,12 puntos, superando su anterior máximo histórico de 381,15 de 1929... Sé que parece un error tipográfico, pero no lo es.

¿Cómo puede 184,12 ser un nuevo pico histórico si este número es considerablemente menor que el máximo histórico anterior, de 384,15 puntos?

Veamos. De entrada, tranquilo, tus habilidades matemáticas no te han fallado: 381 es definitivamente mayor que 184. Por tanto, lo que ocurre es que no estás teniendo en cuenta toda la información necesaria. Más concretamente, falta analizar tres cosas:

1. El impacto de la deflación.
2. El reparto de dividendos.
3. La composición del Dow Jones.

Es preciso considerar estas tres cosas para tener una lectura más precisa del desempeño que realmente tuvo el Dow. De lo contrario, la imagen que obtendrás estará drásticamente sesgada. Si analizas el Dow Jones en un período de tiempo muy corto (tal vez dos o tres meses), sí es cierto que comparando la cotización del índice puedes obtener una lectura muy precisa sin tener en cuenta estos tres factores. Sin embargo, más allá de ese tipo de comparativa, la foto que obtendrás estará más sesgada conforme pase el tiempo, hasta llegar a convertirse en una imagen completamente errónea. ¿Por qué? Bueno, empecemos por el primer factor que no habíamos considerado.

1. El impacto de la deflación

Durante los últimos ochenta y cinco años, la economía estadounidense ha estado experimentando una inflación constante, con los precios aumentando lentamente, año tras año. A veces suben más, otras veces suben menos, pero la tendencia general es que los precios siguen aumentando.

Sin embargo, eso no fue lo que ocurrió durante la Gran Depresión. Entre 1930 y 1935 ocurrió exactamente lo contrario. Por primera vez en la historia, la economía estadounidense sufrió una deflación masiva, con la caída generalizada de los precios de los bienes y servicios. El precio de todo, desde los automóviles hasta las casas, los alimentos, el combustible para la calefacción, la gasolina, el billete de autobús y la peluquería, cayó un 33 por ciento cuando se consideran todos los bienes y servicios.

Entonces, ¿cómo afectó esto al precio del Dow Jones? Es importante analizar esta cuestión, puesto que, como todo lo demás, el valor real del Dow (y, de hecho, de cualquier índice bursátil) siempre estará relacionado con el desarrollo de la economía subyacente. Por ejemplo, digamos que el Dow cotiza actualmente a 500 puntos, y que en este momento el precio de una casa promedio es de 3.000 dólares, mientras que el precio de un automóvil promedio es de 100 dólares, los suministros cuestan 3 dólares al mes y la suma de tres litros de leche, una docena de huevos y medio kilo de carne picada cuesta 5 dólares.

Entonces ocurre el desastre.

Se produce una Gran Depresión y, de repente, los precios de los bienes y servicios empiezan a bajar, y todo lo que te rodea se vuelve un 33 por ciento más barato. El precio de una casa nueva cae a 2.000 dólares; el coche, a 66 dólares; los suministros caen a 2 dólares; y la suma de tres litros de leche, una docena de huevos, una hogaza de pan y medio kilo de carne picada bajan de 10 a 3,5 dólares. Mientras tanto, el Dow no se mueve ni un centímetro.

Teniendo eso en cuenta, déjame hacerte una pregunta: a la luz de esta deflación del 33 por ciento, ¿cuál es el valor real del

Dow Jones, en términos de su poder adquisitivo económico? ¿Es el poder adquisitivo de este Dow el mismo de antaño, cuando el índice cotizaba a 500 puntos, o acaso se ha producido un cambio y su valor ha aumentado?

La respuesta es clara: ha aumentado.

¿Y cuánto ha aumentado? Un 33 por ciento, en términos económicos reales, de modo que un Dow de 500 puntos tendría el poder de compra de un Dow de 667 puntos —si el valor del dólar se hubiese mantenido constante—. Ésta no es una construcción teórica, ésta es una realidad económica evidente que tendrá un impacto significativo en tu bolsillo. Por esta razón, las estadísticas económicas se presentan de dos maneras distintas:

1. En términos nominales.
2. En términos reales.

Cuando una estadística se comunica en «términos nominales», eso significa que no se ha ajustado en función de factores externos que permiten obtener más contexto. De esta forma, vemos el número tal como es, sin más. Por el contrario, cuando una estadística se presenta en «términos reales», eso significa que el dato se ha ajustado teniendo en cuenta factores externos que pueden proporcionar más contexto. Algunos ejemplos serían los datos ajustados a la inflación, la deflación, las fluctuaciones monetarias, los datos desestacionalizados o los cambios en el tamaño de la población, por nombrar sólo algunos casos. Cuando se compara el valor de un activo durante un período prolongado de tiempo, y si no se realizan ajustes, los datos presentados sin más pueden perder todo el sentido.

En 1936, el Dow Jones, con 185 puntos, parecía estar un 50 por ciento por debajo de su máximo histórico en términos nominales. Sin embargo, en términos reales, este valor era un 33 por ciento mayor de lo que parecía, aunque un 20 por ciento inferior al máximo histórico. Y eso me lleva al punto número dos.

2. El reparto de dividendos

Este punto tiene detrás una historia asombrosa. Supongo que has oído hablar de IBM (International Business Machines), ¿verdad? Bueno, en los viejos tiempos, en la década de los setenta, cuando yo era niño, IBM era una de las empresas más grandes y reconocidas del mundo. Apodada «Big Blue» por sus ordenadores azules, su logotipo azul y blanco y el hecho de que los inversores la consideraban la más sólida de las acciones conocidas como *blue chips*, IBM empleaba a más de 350.000 personas en 170 países y su facturación anual era de más de 15.000 millones de dólares (recuerda: 15.000 millones de dólares de la época, cuando 15.000 millones significaban algo...). Y aunque la dirección de IBM empezó a cometer algunos errores a principios de la década de los ochenta (primero se perdieron el auge de los PC, luego fallaron con el *boom* de los servidores y finalmente se quedaron atrás debido al auge de internet), lo cierto es que la suya sigue siendo una empresa enorme hasta el día de hoy. De hecho, IBM tiene aún a más de 280.000 empleados en plantilla, sus ingresos anuales son superiores a los 59.000 millones de dólares y su acción cotiza a 120 dólares en la Bolsa de Nueva York, y forma parte del Dow.

Pero, por supuesto, a pesar de su tamaño, IBM no siempre fue una compañía tan grande. Como toda empresa gigante, tuvo que crecer para llegar a lo más alto. En sus comienzos, la empresa era una humilde sociedad vinculada a un inteligente germano-estadounidense llamado Herman Hollerith que, a finales del siglo XIX, tuvo la idea de utilizar «tarjetas perforadas» de cartón para reemplazar el proceso de conteo manual que había hecho tan abrumadora la tarea de completar el Censo de 1890. En esencia, estaba intentando construir un ordenador antes siquiera de que Edison inventara la bombilla y de que la gente usara la electricidad.

Sorprendentemente, sus tarjetas perforadas funcionaron brillantemente, su negocio prosperó y la empresa salió a bolsa en 1910. Dos décadas después, esa empresa entró en el Dow. Así, con esa increíble historia de éxito en mente, ¿adivinas cuánto dinero tendrías hoy si hubieras invertido 100 dólares en acciones IBM cuando salió a bolsa por vez primera, en 1910?

Supongo que estás pensando que la respuesta es un número muy grande, ¿no es cierto? Al fin y al cabo, ¿cómo podría ser una cifra pequeña, teniendo detrás una historia de éxito tan grande? Bueno, si eso es realmente lo que estás pensando, entonces tienes toda la razón. Una inversión de 100 dólares en IBM en 1911 valdría hoy un poco más de 4 millones de dólares. Impresionante, ¿no?

Mmm... No estoy tan seguro. De hecho, si te soy honesto, la verdad es que la primera vez que vi ese número no me sorprendió. No lo niego: una inversión de 100 dólares que se convierte en 4 millones de dólares no está nada mal. Sería ridículo decir lo contrario. Sin embargo, yo esperaba que la cifra fuera un poco mayor, quizá 10 o 20 millones de dólares. Después de todo, estamos hablando de una empresa que en 1910 era relativamente pequeña, mientras que 75 años más tarde dicha sociedad se había convertido en la empresa más rentable del mundo, superando a la competencia por un factor de casi 2,5. No lo sé... Simplemente pensé que, considerando lo increíblemente grande que llegó a ser IBM, una inversión de 100 dólares habría generado aún más retornos.

Pues bien, resulta que mis instintos no iban mal encaminados.

Hubo un factor crucial que se omitió en el cálculo y que cambia el resultado de manera asombrosa: a saber, que IBM ha estado repartiendo dividendos desde la década de los treinta.

En la práctica, hay dos formas de ganar dinero siendo titular de las acciones de una empresa. La primera es a través de la apreciación del capital, que es una forma elegante de decir que se ha cumplido el viejo reto inversor de comprar barato y vender caro. En el lenguaje de Wall Street, la apreciación resultante se denomina «ganancia de capital». En Estados Unidos, tal beneficio se clasifica en dos categorías:

1. *Ganancias de capital a corto plazo.* Incluye los retornos de todas aquellas inversiones que se han mantenido en

cartera durante menos de un año. Estos beneficios tributan de la misma manera que las rentas ordinarias.

2. *Ganancias de capital a largo plazo.* Incluye los retornos sobre cualquier inversión que se mantuvo en cartera durante más de un año. Hoy en día, están gravados a una tasa del 15 por ciento. Salvo en el caso de los inversores de rentas bajas, ese porcentaje del 15 por ciento es sustancialmente menor de lo que la gente paga en impuestos sobre sus ingresos ordinarios. (El ahorro relativo derivado de obtener por esta vía tus ingresos y quedar sujeto a este nivel de tributación aparece reflejado en la tabla 7.1, diferenciando entre los distintos niveles de renta.)

Tabla 7.1. Tramos federales del impuesto sobre la renta en Estados Unidos (2023)

TIPO IMPOSITIVO	DECLARACIÓN INDIVIDUAL	DECLARACIÓN CONJUNTA	AHORRO
10 %	0 $-11.000 $	0 $-22.000 $	0 %
12 %	11.001 $-44.725 $	22.001 $-89.450 $	3 %
22 %	44.726 $-95.375 $	89.451 $-190.750 $	7 %
24 %	95.376 $-182.100 $	190.751 $-364.200 $	9 %
32 %	182.101 $-231.250 $	364.201 $-462.500 $	17 %
35 %	231.251 $-578.125 $	462.501 $-693.750 $	20 %
37 %	+578.126 $	+693.751 $	22 %

Es importante recordar que las tasas impositivas pueden cambiar con el tiempo, por lo que es esencial mantenerse informado y consultar con un asesor tributario para comprender cómo están gravadas tus inversiones para cada año fiscal.

La segunda forma de ganar dinero con una acción consiste en que la empresa reparta dividendos. El dividendo es la distribución de una parte de las ganancias de la compañía entre sus accionistas, incluidos los que han accedido a tales títulos comprándolos públicamente en el mercado bursátil. Es decir, si poseemos acciones de una empresa que reparte dividendos, en el momento en que ese dividendo se distribuye, obtenemos la parte proporcional. Por ejemplo, si IBM paga un dividendo trimestral de 1,50 dólares por acción, esto significa que, por cada acción que poseamos, recibiremos 1,50 dólares al final de cada trimestre, lo que se traduce en un total de 6 dólares al año.

A partir de ahí, tú mismo puedes calcular otro número importante, la «rentabilidad por dividendo». Siguiendo con el ejemplo de IBM, tomas su dividendo anual de 6 dólares por acción y lo divides entre el precio actual de la acción de 120 dólares. El número que obtienes debes expresarlo como porcentaje (en este caso es un 5 por ciento). ¿Qué significa esto? Que si compras acciones de IBM y las mantienes en cartera, tendrás un retorno de tu inversión del 5 por ciento anual aunque el valor de las acciones no cambie.

Así se expresa sobre el papel:

Rentabilidad por dividendo = dividendo anual/precio actual de la acción

Acción A:
Precio de la acción (t – 1 año) = 120 $
Precio (hoy) = 120 $
Dividendo = 6 $ por acción

Rentabilidad de la inversión/ROI = (rentabilidad neta de la inversión/coste total) × 100 %

Rentabilidad neta de la inversión = (precio – precio de compra) + dividendo

ROI = ((120 $ – 120 $) + 6 $)/120 $ = 0,05 × 100 % = 5 %
ROI = 5 %

En términos generales, hay dos tipos de dividendo:

1. *Dividendos ordinarios.* En su mayor parte, se pagan trimestralmente y pueden desembolsarse en forma de efectivo o emitiendo acciones adicionales.

2. *Dividendos especiales*. Son pagos únicos que se pueden declarar en cualquier momento y también pueden desembolsarse en forma de efectivo o de acciones adicionales. Las empresas pueden declarar un dividendo especial por diversas razones, entre ellas:

   - *Efectivo adicional disponible*. La empresa puede tener una cantidad significativa de efectivo adicional disponible que no necesita para dedicar a operaciones o planes de expansión inmediatos. En este caso, se puede optar por distribuir un dividendo especial a los accionistas como forma de entregarles parte de ese efectivo.
   - *Un evento único*. Si una empresa vende un activo importante o recibe la compensación derivada de algún tipo de acuerdo legal de calado, entonces puede elegir si desea distribuir un dividendo especial como manera de transferir parte de ese dinero extra a los accionistas.
   - *Cambio de estrategia comercial*. Una compañía puede estar en proceso de cambiar su estrategia de negocios y quizá ya no necesita retener la mayor cantidad de efectivo disponible. En este caso, la empresa podrá optar por distribuir un dividendo especial entre los accionistas.
   - *Necesidad de calmar la presión de los accionistas*. Puede que los accionistas activistas estén presionando a la compañía para que distribuya un dividendo especial, especialmente si se considera que la empresa tiene un historial de pago de dividendos regulares y, además, tiene una cantidad significativa de efectivo disponible.

Cuando una empresa es joven y experimenta un rápido crecimiento, es raro que pague dividendos, porque necesita cada dólar que tiene a su disposición para financiar el crecimiento futuro. Sin embargo, si la compañía llega a un punto en el que genera suficiente flujo de efectivo como para financiar todas sus operaciones y su crecimiento futuro, entonces la junta directiva podría declarar un dividendo, que se distribuiría entre todos los accionistas de la firma con arreglo al porcentaje de acciones que poseen.

Desde una perspectiva histórica, hay ciertas industrias que tienen rentabilidades por dividendo muy altas, lo que las hace extremadamente atractivas para los inversores de mayor edad que buscan ingresos adicionales con los que complementar los ingresos que les generan sus pensiones de jubilación. Por ejemplo, las empresas de sectores como los suministros básicos, el petróleo y el gas o los servicios financieros tienden a tener una rentabilidad por dividendo muy alta y a realizar pagos a los accionistas trimestralmente. Para un jubilado que tiene como principal fuente de ingresos el cheque mensual de la seguridad social, tener una cartera compuesta por acciones de este tipo puede marcar la diferencia y hacer que, en vez de dedicarse a sobrevivir, pueda financiarse una vida mucho más holgada.

Con tal fin, existen dos formas de manejar los ingresos obtenidos vía dividendos trimestrales:

1. *Puedes gastarlos.* Algunos inversores viven de estos ingresos, pero no hay ninguna ley que diga que no puedes coger tales ganancias e irte a Las Vegas para pasar unos días locos. ¡Es tu dinero y puedes hacer lo que quieras! Pero quizá es mejor ser más responsable y probar la opción número dos.
2. *Puedes reinvertirlos.* Suponiendo que no necesitas los ingresos que te generan los dividendos para cubrir tus gastos de manutención, ésta sería definitivamente la opción más recomendable. La mayoría de las empresas que pagan dividendos ofrecen un programa de reinversión de dividendos, lo que te permite transferir automáticamente los dividendos para dedicarlos a la compra adicional de más acciones. (Hablaré de esto con mucho más detalle en un capítulo posterior, cuando explique cómo utilizar la capitalización a largo plazo para maximizar la rentabilidad de una inversión.)

Para cobrar un dividendo, debes ser poseedor de títulos accionariales de la empresa desde antes de una fecha determinada, conocida técnicamente como la fecha de registro. Si compras acciones después de dicha fecha, no podrás recibir el próximo dividendo.

La fecha exdividendo es aquella en que las acciones empiezan a cotizar sin el dividendo y, generalmente, se fija dos días hábiles antes de la de registro. Cuando una acción se excluye del dividendo, el precio de la acción generalmente cae por una cantidad casi exacta al valor del dividendo, puesto que el valor de cada título se reduce en la cantidad del dividendo que se paga. Así, si las acciones de una empresa cotizan a 100 dólares cada una y la compañía declara un dividendo de 1 dólar por acción, en la fecha exdividendo veremos que el precio de las acciones bajará normalmente hasta situarse en 99 dólares por acción para reflejar el hecho de que las acciones cotizan ahora sin ese dividendo de 1 dólar.

Para calcular el impacto que tuvieron los dividendos en el supuesto período de recuperación de veinticinco años del Dow Jones, hay dos puntos de máxima importancia que deben considerarse:

1. En primer lugar, existe una relación inversa entre la rentabilidad por dividendo de una empresa y el precio de sus acciones. Más específicamente, cuando el precio de las acciones de una empresa baja, la rentabilidad por dividendo aumenta. Por el contrario, a medida que sube el precio de las acciones de una empresa, la rentabilidad por dividendo se aminora. Es matemática simple, pero podemos tomar nuevamente como ejemplo las acciones de IBM para aclarar mejor este punto. Si las acciones de IBM cayeran un 50 por ciento (pasando de 120 a 60 dólares por acción), su rentabilidad por dividendo (del 5 por ciento) se duplicaría automáticamente (hasta el 10 por ciento). Por el contrario, si el precio de IBM aumentara un 50 por cien-

to (de 120 a 240 dólares por acción), entonces su rentabilidad por dividendo (del 5 por ciento) se reduciría automáticamente a la mitad (hasta el 2,5 por ciento). Como te decía, es simple matemática.

2. En segundo lugar, si bien el precio de las acciones de una empresa tiende a fluctuar constantemente, el tamaño de su dividendo tiende a permanecer obstinadamente constante. La razón es que las empresas harán casi todo lo posible para mantener el dividendo que pagan a los accionistas, ya que incluso la más mínima reducción en su alcance puede tener consecuencias desastrosas para la cotización de sus acciones. Si lo piensas bien, tiene bastante sentido que así sea. ¿Por qué? Porque si una empresa considera necesario reducir su dividendo periódico, esto puede ser una señal reveladora de que la compañía está experimentando problemas de flujo de caja. Además, los precios de muchas acciones se mantienen por su dividendo debido a la operativa de inversores ávidos de rentabilidad que se sienten atraídos ante la perspectiva de conseguir mayores ingresos. Por eso, hasta la más mínima reducción tiende a ejercer una enorme presión sobre el precio de las acciones, ya que esos mismos inversores ávidos de mejorar sus rentabilidades empiezan a vender las acciones y a comprar títulos de otra empresa que ofrezca una mayor rentabilidad por dividendo. Por estas mismas razones, el consejo de administración de las empresas tenderá a autorizar un recorte de dividendos solamente cuando contemple que este recurso es el último posible.

Entonces, teniendo todo esto en cuenta, si bien vimos que el Dow Jones cayó un 90 por ciento durante la Gran Depresión, tenemos que preguntarnos también cuál fue el impacto de dicho desplome en los dividendos de las treinta empresas que componían el índice. Antes de responder, recuerda que la distinción clave para hablar de esta cuestión es que no me refiero a ningún cambio en el monto real (en dólares) del dividendo de cada empresa, puesto que, en la mayoría de los casos, se mantuvo más o menos constante. A lo que me refiero, entonces, es al impacto que tuvo la caída del 90 por ciento en la rentabilidad por dividendo de cada una de las treinta empresas cotizadas y, de forma colectiva, en la rentabilidad por dividendo registrada en promedio por el Dow Jones. Y, por supuesto, la respuesta es que la rentabilidad por dividendo de cada empresa aumentó conforme se consolidó la caída de cotización del 90 por ciento, al igual que sucedió con el dato promedio para todo el Dow.

Más específicamente, entre 1930 y 1945, la rentabilidad promedio por dividendo observada en las treinta acciones del Dow se situó en el 14 por ciento, una cifra verdaderamente asombrosa en términos históricos (hoy, este indicador es apenas un 1,9 por ciento). En términos prácticos, esto significaba que cualquier inversor cuya cartera estuviese compuesta por las empresas del índice de referencia y reinvirtiera sus dividendos a lo largo de este período habría duplicado su inversión cada cinco años, incluso si el Dow no se hubiese movido ni un centímetro en su cotización general. Los dividendos por sí solos serían más que suficientes para lograr este truco.

Para ilustrarlo mejor, regresemos a mi cálculo original sobre el valor actual de una inversión de 100 dólares realizada en IBM cuando la empresa salió a bolsa por primera vez, en 1910. Sin considerar los dividendos, el valor actual derivado de dicha posición sería de aproximadamente 4 millones de dólares. Y, si bien convertir 100 dólares en 4 millones es impresionante, me resultó sorprendente que el dato no fuese aún mayor dada la duración del período. Sin embargo, podemos preguntarnos cuánto valdría hoy esa misma inversión si hubiésemos reinvertido también todos los dividendos que IBM pagó a los accionistas a lo largo de los últimos cien años. Te aseguro que esta respuesta sí te sorprenderá.

¿Estás preparado?

La cifra asciende a 140 millones de dólares. Sí, has leído bien. ¡140 putos millones de dólares! ¡Más de un millón de veces el capital inicial que invertiste!

No sé tú, pero ese número no solamente me desconcierta

profundamente, sino que también explica por qué, en términos reales, no puede decirse ni de cerca que el Dow «tardó veinticinco años en recuperarse por completo de la Gran Depresión» y superar su máximo previo al colapso, de 383 puntos.

Así, si ajustamos los datos para contar el efecto de la deflación y si incluimos los elevados dividendos ofrecidos por el Dow durante todo el período analizado, encontramos que el índice alcanzó un nuevo máximo sólo siete años después (en concreto, el 5 de noviembre de 1936, cuando llegó a 185 puntos).

Volvamos a revisar los números. Ya hemos tenido en cuenta la deflación, que hizo que cada punto del Dow Jones fuera un 33 por ciento más valioso, en términos reales, lo que al final del período se traduciría en 62 puntos adicionales, elevando el valor real del Dow de 185 a 247 puntos. A renglón seguido, para considerar el efecto de una rentabilidad por dividendo tan al alza (14 por ciento), utilizaremos lo que se conoce como la «regla del 72».[11] Esta regla establece que, a una tasa del 14 por ciento, duplicaremos nuestro dinero cada cinco años. Por tanto, tal ejercicio de cálculo revela una circunstancia que, de otro modo, permanecería oculta ante nuestros ojos: a saber, que el Dow Jones se había recuperado por completo a finales de 1936, diecinueve años antes de lo que la mayoría de la gente piensa y en un momento en que el país aún estaba sufriendo la fase central de la Gran Depresión.

Sin embargo, en 1939 se tomó una decisión tan desacertada que casi se antoja como una broma de mal gusto y que, en la práctica, resultó en una caída masiva del valor real del Dow. Esto nos lleva a la tercera variable.

11. La regla del 72 es una forma sencilla de calcular el interés compuesto. Simplemente coge el número 72 y divídelo por la tasa de rentabilidad actual. De esta forma podrás calcular cuántos años deben pasar para que puedas duplicar tu dinero.

3. La composición del Dow Jones

Permíteme volver al ejemplo de IBM una última vez. Desde que la empresa salió a bolsa por vez primera, al comenzar los años diez del siglo pasado, hasta el crac bursátil de octubre de 1929, su crecimiento fue razonablemente satisfactorio, pero no lo suficiente para que la empresa fuese una de las más grandes del mercado. El problema radicaba en que el núcleo del negocio de la empresa estaba en el procesamiento de datos... y en aquella época, este término ni siquiera existía.

De hecho, cuando se desencadenó el Lunes Negro, IBM ni siquiera formaba parte del Dow Jones. No fue hasta 1932 que Dow Jones & Company decidió incluir al fin a IBM en su emblemático índice, a pesar de que la empresa era aún una compañía relativamente desconocida para el gran público.

Llegado ese momento, el Dow Jones había caído más del 90 por ciento desde su máximo anterior al colapso en 1929. A IBM no le había ido mucho mejor: su valoración se desplomó prácticamente en la misma proporción. Así, cotizaba entonces a 9 dólares por acción, muy por debajo del máximo de 234 dólares alcanzado en septiembre de 1929.

Resumiendo, esos últimos tres años habían sido una mierda para todos.

Sin embargo, las cosas empezaron a mejorar rápidamente, especialmente para IBM. ¿Fue una genialidad o simplemente una pura suerte? No lo sé, pero el responsable de incluir a IBM en el Dow debería recibir póstumamente el Premio Nobel por su habilidad para la selección de valores. No en vano, apenas tres semanas después de su inclusión, Franklin Delano Roosevelt ganó las elecciones presidenciales prometiendo un «New Deal para Estados Unidos» que tuvo la consecuencia no deseada de crear la peor de las pesadillas contables en la historia: la nueva Ley de Seguridad Social.

De repente, todas las empresas de Estados Unidos estaban legalmente obligadas a llevar un registro de las horas trabajadas por cada uno de sus empleados y a transferir parte de sus salarios al gobierno federal, que a su vez debía determinar a quién enviar estas cotizaciones, siendo sus beneficiarios los mayores de sesenta y cinco años que cumpliesen con los requisitos para percibir estas pensiones. Al final, sólo había una forma de solucionar este problema burocrático: las máquinas de International Business Machines.

Con sus tabuladores de última generación y sus tarjetas perforadas protegidas por patentes, IBM ofrecía la única solución al mayor problema que enfrentaba el país ante la necesidad de procesar todos estos datos. Fue así como comenzó el mayor período de crecimiento conocido en la historia de las corporaciones estadounidenses. IBM pasó de ser un fabricante de máquinas de suma y de tarjetas perforadas que se necesitaban una vez cada diez años para completar el censo del país a convertirse en la empresa más grande y valiosa del mundo, eclipsando a su competidor más cercano, Exxon, al que superó en capitalización por más de un 250 por ciento. Es una historia de éxito realmente sorprendente, ¿verdad?

Y el éxito no fue solamente para IBM, sino también para algún perspicaz experto de Dow Jones & Company que tuvo la sabiduría y la previsión de incluir la compañía en el índice justo antes de que echase a andar un legendario período de crecimiento que duró cuarenta y siete años. Cuarenta y siete años de crecimiento meteórico, con los precios de sus acciones en alza y los dividendos por las nubes. Los accionistas de «Big Blue» disfrutaron de una rentabilidad tan absolutamente asombrosa que, si un inversionista hubiera comprado una mísera acción cuando IBM entró en el Dow con un valor de 9 dólares por acción, en 1979 habría tenido en sus manos un título valorado en 41.272 dólares. Dicho de otra manera, durante esos cuarenta y siete años de crecimiento acelerado, IBM arrojó una rentabilidad del 458.600 por ciento.

Es realmente increíble, ¿no te parece?

¡Qué sabiduría! ¡Qué previsión! ¡Qué astucia la de los genios que seleccionan las acciones en la Dow Jones & Company! No es fácil imaginar siquiera el impacto que tuvo IBM en el índice general a lo largo de todos esos años. Probablemente ayudó a impulsar su crecimiento a cotas que nadie había imaginado antes, ¿no?

Bueno, en realidad, no tanto...

Hubo un pequeño problema.

En 1939, alguien dentro de Dow Jones & Company (o quizá un grupo de personas, porque parece una decisión demasiado tonta para ser tomada por una sola persona) decidió eliminar IBM del índice. Lo hicieron justo cuando estaba a punto de convertirse en la empresa más valiosa del mundo. Así es: siete años después de su inclusión, IBM fue retirada del índice.

No importa realmente por qué Dow Jones & Company tomó esta decisión, aunque la versión resumida es que estaban realizando cambios estructurales en otro de sus índices, el Dow Jones Utility Index,[12] e IBM quedó en medio del fuego cruzado. Al final, la firma fue reemplazada por AT&T, que era una empresa mucho más grande que IBM en aquel momento. De cualquier modo, esta decisión terminó siendo terriblemente mala. Durante los cuarenta años siguientes, IBM superó a AT&T en todos los aspectos imaginables, excepto en la categoría de enfurecer a sus clientes con un servicio de atención al cliente deplorable. En ese campo, nadie duda que AT&T era el rey indiscutible... Sin embargo, en todos los demás aspectos, y especialmente en lo que respecta a la rentabilidad de las acciones, la diferencia entre las dos empresas fue absolutamente asombrosa.

Más específicamente, desde 1939 hasta que IBM regresó al fin al Dow Jones en 1979, una inversión de 1.000 dólares en títulos de AT&T se habría revalorizado hasta los 2.500 dólares, mientras que la compra de 1.000 dólares de títulos de IBM habría experimentado un salto hasta llegar a más de 4 millones de dólares. La fecha exacta en la que IBM regresó al índice fue el 16 de marzo de 1979. En aquel momento, la cotización del Dow llegó a los 841,18 puntos.

12. Creado en 1929, el Dow Jones Utility Index (DJU) recoge el desempeño de quince empresas de suministros y servicios básicos (o servicios públicos) que cotizan en bolsa en Estados Unidos. Las compañías se seleccionan en función de su capitalización de mercado, su liquidez y la representatividad de su categoría o subgrupo industrial. El DJU se considera un indicador adelantado del desempeño general de este sector en el mercado de valores.

La pregunta del millón es qué valor habría alcanzado el Dow Jones el 16 de marzo de 1979 si IBM no hubiera sido expulsada. ¿Te atreves a adivinarlo? ¿Qué tal si te ahorro la molestia y te lo digo? La respuesta es... 22.740.

Impactante, ¿verdad?

Sin duda, es sorprendente, pero así de profundo es el impacto que IBM o cualquier otra compañía puede tener en el Dow Jones a lo largo de un período de tiempo sostenido. Por supuesto, tal impacto puede ir en ambos sentidos. Así como tomar la decisión correcta puede tener un efecto positivo en el índice, tomar la decisión equivocada puede tener un impacto negativo en el selectivo.

¿Por qué es esto importante?

Por tres razones.

En primer lugar, ésta es la tercera variable que hace que el relato prevalezca y se afirme que la bolsa necesitó veinticinco años para recuperarse del crac, algo que ya hemos visto que es evidentemente falso. En términos reales, la recuperación se produjo en cuestión de siete años y, de hecho, fue una realidad cuando el país todavía estaba en medio de la Gran Depresión.

En segundo lugar, éste es un crudo recordatorio del valor que tiene saber erigirse en un inversor paciente y enfocado en el largo plazo, sin dejarse asustar por un mercado bajista feroz que te puede llevar a vender en mínimos simplemente porque todos los que ves a tu alrededor te dicen que harán falta décadas para que el mercado logre recuperarse.

En términos históricos, esto no es cierto.

Si retrocedemos y observamos los últimos 150 años, podemos ver que el mercado bajista promedio dura menos de dos años e, incluso en el caso del peor período bajista de la historia y el colapso total de la economía estadounidense, la caída fue de sólo siete años. Por tanto, ¡no escuches a esos idiotas y ten más paciencia, coño!

En tercer lugar, es importante dejar claro que un índice de treinta acciones como el Dow no sirve como un punto de referencia preciso para hablar del mercado de valores estadounidense en general, por muy cuidadosamente que se hayan elegido las empresas que forman parte del selectivo. El tamaño de la muestra es demasiado pequeño y, además, un índice con la composición del Dow ignora el papel que juegan empresas que quizá hoy son más pequeñas, pero que están experimentando un rápido crecimiento y el día de mañana van a ser claves. Este tipo de compañías han desempeñado un papel fundamental en la economía desde sus inicios.

Por descontado, no soy la primera persona que se ha dado cuenta de esto.

La inexactitud del Dow como punto de referencia para hablar del mercado de valores (y de la economía subyacente) ha sido objeto de debate desde hace más de cien años. Podemos remontarnos a principios del siglo XX y veremos que, desde entonces hasta hoy, todos los presidentes, secretarios del Tesoro y presidentes de la Reserva Federal de Estados Unidos han tenido que lidiar con esa idea equivocada que considera que el Dow es lo mismo que todo el mercado y que, a su vez, la caída del Dow implica que la economía se está desacelerando. Simple y llanamente, no es cierto. Sin embargo, se ha implantado esta creencia, probablemente por la forma excesivamente simplista en que se informa sobre noticias financieras. Lo normal es que el ciudadano medio apenas escuche en los informativos alguna mención a la subida o caída del Dow, alguna que otra noticia extraña y algún que otro dato sobre cómo evoluciona la economía estadounidense. Al final, todo eso se mezcla en la mente de un observador profano y, después de escuchar repetidamente este tipo de discurso..., *voilà!* Los vínculos quedan establecidos casi automáticamente.

De hecho, ya en 1923, una empresa en particular (Standard Statistics) quiso crear un índice que sirviera como un punto de referencia más preciso que el altamente imperfecto Dow. Solamente hubo un pequeño problema: aquélla era una época anterior a los ordenadores, de modo que era más fácil decirlo que hacerlo.

¿Has escuchado alguna vez eso de que «a la tercera va la vencida»? Bueno, así ocurrió con Standard Statistics. Tras décadas de esfuerzos por crear un indicador de referencia más preciso para reflejar el desempeño de todo el mercado de valores estadounidense y de su economía subyacente, la compañía empezó a lograr resultados. La idea era presentar un producto mucho mejor que el tan arraigado Dow, casi convertido desde hacía años en un término equivalente a todo el mercado de valores.

A principios de la década de los veinte, todos los periódicos del país publicaban el cierre del día anterior del Dow como uno de los datos clave de la portada de su sección de negocios. Conforme se instauró la nueva moda mediática del país, las noticias de radio, pasó a ser habitual que los locutores despachasen el desempeño de la bolsa con frases de este tipo: «En Wall Street, el Dow Jones cerró ayer con un alza de tres puntos gracias a una jornada muy dinámica. Los inversores respondieron positivamente a las cifras de empleo publicadas por el Departamento de Trabajo, que fueron mejores de lo esperado».

También se decían cosas así: «En Wall Street, el Dow Jones cerró ayer con una caída de seis puntos debido a una intensa actividad de ventas, conforme los inversores corrieron en busca de refugio después de que el gobierno anunciase la desaceleración que registró el crecimiento económico en el tercer trimestre del año, señal de que Estados Unidos está al borde de una recesión».

Éstas eran las dinámicas informativas de la época.

Una vez más, el mensaje transmitido era evidente: hablar del Dow es sinónimo de hablar de todo el mercado de valores, y hablar del Dow es importante para hablar de economía, porque ambas cuestiones están inextricablemente vinculadas.

Sin embargo, las deficiencias del Dow eran evidentes para todos los operadores de Wall Street. Había tres deficiencias particularmente notorias:

1. El Dow utilizó una muestra demasiado pequeña de empresas cotizadas para representar con precisión el desempeño del mercado de valores en general. Por ejemplo, la Bolsa de Nueva York sumaba más de setecientas compañías en aquel momento, y esta cifra seguía creciendo rápidamente.

2. El Dow Jones se concentró en empresas fuertemente industrializadas, pero la economía estadounidense se estaba volviendo cada día más diversa. Con el tiempo, para mantener su relevancia, el Dow comenzaría a incluir también empresas no industriales, pero eso no ocurrió hasta mucho más tarde, en la década de los sesenta.
3. Para simplificar los cálculos, el Dow estimaba su valor ponderando el precio de cada acción. Esto da a las acciones de mayor precio un impacto más grande que el de las de menor precio, independientemente de cuántas acciones tenga cada compañía en circulación. En consecuencia, en una jornada cualquiera, las dos acciones de mayor precio eran suficientes para elevar o reducir el resultado promedio.

Por supuesto, la solución a estas deficiencias era obvia: desarrollar un índice que incluyera una mayor cantidad de acciones —recogiendo un grupo más amplio de industrias— y calcular el índice teniendo en cuenta la capitalización de mercado de cada compañía (es decir, el valor de mercado actual total de cada empresa cotizada en relación con el resto de las acciones incluidas en el índice). Haber incorporado todo eso en el cálculo diario hubiese sido mucho más útil.

Hay al menos tres ventajas derivadas de pasar a utilizar la capitalización de mercado sobre la ponderación del precio de las acciones:

1. La primera es que una ponderación que considera la capitalización de mercado hace que el índice se vea más afectado por los movimientos de precios de las empresas más grandes, lo que crea una representación más precisa del mercado de valores en su sentido más amplio y, al mismo tiempo, resulta más fehaciente en relación con el impacto subyacente en la producción económica.
2. La segunda es que la ponderación por capitalización de mercado refleja el valor real de cada empresa, mientras

que la ponderación por precio de las acciones refleja lo alto que es el precio de las acciones, independientemente de cuál sea su capitalización de mercado.

3. La tercera es que la ponderación de la capitalización de mercado reduce el impacto de las divisiones de acciones u otras acciones corporativas que puedan conducir a aumentos en el precio de las acciones de una empresa sin que se produzca un crecimiento proporcional en su capitalización de mercado.

Desafortunadamente, concretar estas tres soluciones (más acciones, más industrias y ponderación de la capitalización de mercado) resultó ser extremadamente desafiante en ausencia del poder de computación de los ordenadores. Por ejemplo, incluso para calcular un índice ponderado por precio que recogiese el desempeño de treinta acciones, como lo era el Dow, hacía falta un pequeño ejército de contables y estadísticos dedicado a calcular los números de cierre de cada jornada.

No obstante, Standard Statistics se mantuvo impávida e hizo un primer intento en 1923. El primer índice de Standard, que se publicaba una vez por semana para lidiar mejor con los desafíos matemáticos, incluía un total de 233 acciones elegidas entre un amplio grupo de industrias. El indicador se comercializaba como una herramienta para identificar tendencias generales del mercado. Pero, por desgracia, la recepción de este producto en Wall Street fue, en el mejor de los casos, tibia. Al final resultó que, componer un índice bursátil semanal no era tan útil para identificar nada y, después de unos pocos años, Standard abandonó la publicación del índice y volvió a plantearse cómo mejorar el servicio ofrecido por el Dow.

Su segundo intento llegó en 1926. Aprendiendo de sus errores pasados, la empresa diseñó un índice diario. Compuesto por noventa acciones de gran capitalización,[13] las cuales fueron elegi-

13. Se entiende como *empresas de gran capitalización* (*large-cap*) a las cotizadas cuya capitalización total de mercado excede los 10.000 millones de dólares. El término alude al valor total de las acciones en circulación de la empre-

das entre una amplia gama de industrias, estaba destinado a ser una versión nueva y mejorada del viejo Dow. Standard incluso le dio a su nuevo producto un nombre atractivo: Índice Compuesto. Era un esfuerzo por hacerlo más comercializable tanto en el seno de Wall Street como entre la ciudadanía estadounidense.

Pero, de nuevo, la cosa no terminó de funcionar. A pesar de ser un indicador mucho mejor que su competidor, el Índice Compuesto no logró ganar tracción de la misma forma que lo había hecho el Dow y, durante los siguientes treinta años, sirvió como un punto de referencia que no influyó prácticamente en nada. Pero, aun así, Standard Statistics se mantuvo impávida. De forma lenta pero segura, siguió agregando más y más acciones al Índice Compuesto, que se siguió publicando durante la Gran Depresión.

Luego llegó la fusión que sacudió los cimientos de la industria de las agencias de calificación. En 1941, Standard Statistics se integró con uno de sus principales competidores, Poor's Publishing, para formar Standard & Poor's Corporation. Con el tiempo, dicha compañía se convertiría en la agencia de calificación más grande del mundo e incluso tomaría el control de su principal rival, el Dow Jones Industrial Average, que incorporaron en 2011, convirtiendo a Standard & Poor's en la empresa líder en la prestación de servicios e índices financieros a escala mundial.

Mientras tanto, a finales de la década de los cuarenta, empezó a forjarse lo que hoy es el actual Complejo de Máquinas Comisionistas de Wall Street. Su predominio había comenzado a afianzarse. Con una prometedora firma de corretaje como Merrill Lynch al frente, la relación simbiótica entre Wall Street y Madison Avenue entró en escena, desencadenando una campaña de marketing que recorrió el país de costa a costa, buscando llegar

---

sa, que se calcula multiplicando el número de acciones por el precio actual de las mismas. Las compañías de gran capitalización se consideran generalmente empresas bien establecidas, con un historial de crecimiento constante y de menor riesgo que las acciones de pequeña o mediana capitalización.

con fuerza al inversor promedio. Cinco años después del lanzamiento de dicha campaña, Merrill Lynch había pasado de ser una compañía relativamente desconocida a convertirse en una de las empresas más grandes de Estados Unidos.

El resto de la industria financiera se dio cuenta rápidamente de lo que estaba pasando. En muy poco tiempo, todas las grandes empresas del sector se habían lanzado a los medios de comunicación para financiar campañas publicitarias multimillonarias en las que se destacaba el compromiso de Wall Street con la ética o la trayectoria incomparable de sus firmas. Por supuesto, todo era una gran mentira, pero ya sabes que la publicidad puede tener un efecto muy poderoso, ¿no es así? Sobre todo cuando reproduce exactamente el mismo mensaje una y otra vez, repitiéndolo como un disco rayado.

¿Y cuál era el fatídico mensaje que se pretendía popularizar entonces?

Irónicamente, el mismo que todavía se sigue enviando hoy...

Trabajando a destajo, 24 horas al día, siete días de la semana, 365 días cada año, el Complejo de Máquinas Comisionistas de Wall Street desencadenó una campaña publicitaria ininterrumpida para convencer a los inversores promedio de un mensaje clave, según el cual los expertos de Wall Street pueden administrar tu dinero mucho mejor que tú. ¡Eso es todo! De eso iba todo el asunto. Así, a través del acceso a investigaciones exclusivas, estrategias de vanguardia, productos financieros exóticos o plataformas de negociación en línea, Wall Street ha logrado trasladar a la sociedad una creencia errónea de que el ciudadano de a pie que desea invertir su dinero acabaría perdido sin la intermediación del sector.

Nada más lejos de la realidad.

¿Crees que estoy exagerando? Bueno, ¿recuerdas el comentario que hizo Warren Buffett sobre los monos ciegos lanzando dardos para elegir sus apuestas en el S&P 500? Pues bien, lo cierto es que no exageraba. Tenía toda la razón.

A pesar de su paso por las universidades de la Ivy League y de sus sofisticadas estrategias de inversión, los mejores y más brillantes operadores de Wall Street lo hacen peor que los monos.

Esos malditos simios han vencido a los de la Ivy League de Wall Street nueve de cada diez veces.

Sorprendente, ¿verdad?

¿Quién habría pensado que unos animales puedan elegir acciones de forma mucho más acertada que los supuestos expertos?

El problema es que uno casi nunca tiene a mano a un montón de monos ciegos cuando más los necesita, por no hablar de lo difícil que es su manejo... Son criaturas increíblemente inteligentes, pero también pueden ser feroces. De hecho, es tan probable que lancen dardos a la diana bursátil como que te acaben arrojando su propia mierda.

Por fortuna, esto no es exactamente lo que Buffett intentaba transmitir. No, no hay que ir al zoológico local, secuestrar a un grupo de monos, vendarles los ojos y enseñarles a lanzar dardos para elegir posiciones en el S&P 500.

De hecho, estoy seguro de que si alguien hubiera apretado un poco más al Oráculo de Omaha, el legendario inversor habría dicho algo como: «Si estás dispuesto a ceñirte a una estrategia muy simple, no tienes por qué conformarte con vencer a Wall Street nueve de cada diez veces; de hecho, puedes aspirar a aplastarlos y derrotarlos todo el tiempo».

¿Y cuál es esta asombrosa estrategia? Para entenderla bien, debemos retroceder un poco en el tiempo, hasta el 6 de marzo de 1957. Fue en este fatídico miércoles cuando Standard & Poor's lanzó el primer índice bursátil del mundo generado por ordenador: el S&P 500. Este nuevo índice, compuesto por quinientas acciones de alta capitalización de una amplia gama de sectores de actividad, se acabó convirtiendo en el mayor truco facilitador de la inversión en todo el mundo, con el efecto de beneficiar al grupo de clientes que menos le preocupaba a Wall Street: los inversores promedio.

Ese enorme beneficio no se produjo de repente. Surgió poco a poco, comenzando por la creación inicial del S&P 500. Ése fue el primer paso. Fueron necesarios treinta y cuatro años, pero la tecnología había alcanzado al fin el sueño de los muy perspicaces trabajadores de Standard Statistics, ahora Standard & Poor's

Corporation. Irónicamente, los impulsores del nuevo índice no tenían ni idea del tiro que estaban a punto de darle al Complejo de Máquinas Comisionistas de Wall Street.

Superado ese primer hito que llevó tanto tiempo alcanzar, se produjo una brecha de veinte años entre el momento en que Standard & Poor's lanzó el nuevo índice y su transformación en el mayor truco de inversión del mundo. Y, de hecho, esa transformación no la diseñó nadie dentro de Standard & Poor's, sino un prometedor financiero de Wall Street que tenía cierto malhumor y despreciaba el *establishment* de su industria. Su nombre era Jack Bogle. Y la empresa que fundó es Vanguard.

La escena podría haber salido directamente de *El Coyote y el Correcaminos*, esa serie de dibujos animados donde un coyote intenta dar caza al protagonista correcaminos con todo tipo de armas. Imagina un misil guiado que termina desviándose de su curso y haciendo que el malo acabe explotando por los aires. Pues bien, en 1976, John Bogle convirtió el S&P 500 en el equivalente financiero de un misil rebelde y lo dirigió hacia el corazón del Complejo de Máquinas Comisionistas de Wall Street. Su intención: ¡hacer volar todo por los aires!

¿Qué motivó a Jack Bogle a hacer esto? Dicho de forma resumida, a Bogle se le habían presentado pruebas inequívocas de algo que había sospechado durante mucho tiempo acerca de Wall Street, pero que no había tenido forma de demostrar: a saber, que sus supuestos expertos hacían una mierda de selección de acciones, por muy elitistas que pareciesen sus procesos.

Así fue como sucedió.

Desde comienzos del siglo XX se había venido publicando una pequeña pero convincente serie de estudios académicos que teorizaban sobre el hecho de que el mercado de valores es demasiado eficiente como para superarlo de manera consistente a título particular. En el centro de esta teoría estaba una noción muy simple: dado que toda la información relevante sobre las empresas que cotizan en bolsa está fácilmente disponible y al alcance de todos, tal información está inherentemente recogida en el precio de las acciones que están en el parqué. Por tanto, los inversores ya estarían incorporando toda la información disponible en sus decisiones de compra, reflejando a su vez esa información en el precio de las acciones de cada compañía.

Esta teoría se puso a prueba por primera vez en la década de los treinta.

A raíz del crac, un economista estadounidense llamado Alfred Cowles se obsesionó con la idea de que los principales analistas de Wall Street no tenían la menor idea de hacia dónde se dirigía el mercado. Si la tuvieran, ¿por qué no habían aconsejado a sus clientes que vendieran antes del colapso bursátil de 1929? Para Cowles, mantener aquella ficción no tenía sentido. ¿Podría ser que, a pesar de todos sus sofisticados informes y de sus métodos de investigación, realmente no supieran lo que estaban haciendo?

Para responder a esta pregunta, encargó un estudio académico que se remontaba a 1871. En dicho documento, tomó como referencia 7.500 recomendaciones de acciones hechas por las principales casas de servicios financieros de Wall Street y comparó tales consejos con el desempeño real de las acciones. Sin ordenadores que pudiesen facilitar su empeño, se trataba de un trabajo muy minucioso.

Sin embargo, después de dos años haciendo cálculos, Cowles obtuvo los resultados y constató que las recomendaciones bursátiles hechas por los principales gurús de la inversión de Wall Street no eran más precisas que las predicciones de cualquier adivino engañabobos. Dicho de otra manera, Wall Street, como industria, estaba completamente llena de mierda y no era merecedora de todos los honorarios que cobraba (y que cobra).

Por supuesto, los antecedentes del Complejo de Máquinas Comisionistas de Wall Street en la década de los treinta concluyeron que la investigación de Cowles era una herejía financiera, por lo que rápidamente la descartaron y la tildaron de ser un trabajo tan parcial como interesado.

Sin embargo, cada vez se iban acumulando más pruebas que parecían apuntar en la misma dirección. A comienzos de la década de los setenta, los ordenadores ya se habían vuelto lo suficientemente potentes como para remontarse a los primeros días de Wall Street con precisión milimétrica y poder medir el desempeño de cada fondo de inversión frente a una mera réplica teórica del S&P 500.

La información necesaria para despejar estas dudas estaba al fin fácilmente disponible. Todo lo necesario para hacer cuentas estaba guardado en algún lugar, en alguna parte, quizá acumulando polvo en un cajón. Poco a poco se fue recopilando una serie que ofrecía el precio de cierre de las acciones, la capitalización de mercado o la rentabilidad por dividendo de cada empresa que hubiese cotizado alguna vez en la Bolsa de Nueva York, remontándose al Acuerdo de Buttonwood. Todo lo que los investigadores tenían que hacer era desempolvarlo todo y hacer números. Además, como Standard Statistics se había volcado en crear un punto de referencia más preciso que el Dow a lo largo de la década de los veinte, los investigadores tuvieron la gran ventaja de poder apoyarse en su índice compuesto por treinta acciones a la hora de construir una versión teórica del S&P 500 para el período previo a su creación.

Partiendo de esa base, los cálculos pendientes eran sencillos de realizar.

Los investigadores simplemente cargaron todos estos datos en una serie de tarjetas perforadas de IBM, las introdujeron en uno de los ordenadores centrales de «Big Blue» y dejaron que la computación hiciera su magia.

Si bien los hallazgos no resultaron sorprendentes, lo cierto es que fueron un desastre para Wall Street.

Por primera vez en la historia había pruebas innegables de tres grandes verdades que algunos economistas habían sospechado a comienzos del siglo XX:

1. Que la naturaleza eficiente del mercado hace imposible predecir hacia dónde se dirige a continuación.
2. Que los fondos de inversión que cobran las comisiones más altas tienen peor desempeño a largo plazo.
3. Que, desde que se lanzó la industria de fondos de inversión en 1924, no ha habido un solo fondo que haya igualado consistentemente el rendimiento del S&P 500 después de descontar sus comisiones.

Así que ahí estaba la fea verdad de Wall Street al descubierto. Sus administradores de dinero, por elitistas que sean, son incapaces de hacer bien su trabajo de manera consistente. Esta misma noción me quedó clara en mi primer día en Wall Street, allá por 1987, aunque la explicación fue más vistosa... Todo ocurrió durante un almuerzo en el restaurante Top of the Sixes, que era un bar de primer nivel de Wall Street donde la élite se reunía para comer e intercambiar historias de batallitas financieras. Por supuesto, también era un sitio donde los corredores y administradores de fondos se drogaban alegremente con cocaína o bebían los cócteles más caros, lo que acarreaba el beneficio adicional de lubricarles las lenguas.

Fue precisamente en ese contexto en el que mi nuevo jefe, Marc Hanna, me explicó el funcionamiento interno de Wall Street. Entre subidones de coca y golpes en el pecho, Marc me dijo: «No me importa si eres Warren Buffett o Jimmy Buffett, nadie sabe si una acción sube, baja, se mueve lateralmente o gira en putos círculos..., y mucho menos los agentes de bolsa».

En aquel momento, su declaración me sorprendió. ¡No me lo podía creer! Mi burbuja había estallado. Todo lo que creía sobre Wall Street quedó en duda desde ese mismo momento. Me habían invitado a pensar que Wall Street era aquel lugar en el que las mejores mentes y los más brillantes cerebros del país creaban magia financiera para sus clientes al mismo tiempo que impulsaban el crecimiento de la economía estadounidense. ¿Quizá había entendido mal lo que Marc me estaba intentando decir?

Le dije: «Bueno, ¡alguien debe saber qué acciones están subiendo! ¿Qué pasa con los analistas o los administradores de dinero de las empresas? Estoy seguro de que ésos sí saben algo, ¿verdad?».

«¡Qué va!», murmuró. «Esos idiotas saben incluso menos que nosotros. Es todo una completa estafa. Un *fake* total, un *fugazi*.»

Traduzco a continuación la declaración de Marc...

Toda la industria de la gestión del dinero de las personas se basa en una mentira.

Pero he aquí la paradoja: lo cierto es que necesitamos a Wall Street.

Verás, a pesar de todas sus travesuras, Wall Street cumple un papel fundamental en el buen funcionamiento de la economía estadounidense y del sistema bancario mundial. Wall Street hace que las empresas coticen en bolsa. Financia su crecimiento. Aporta liquidez al mercado. Analiza a las empresas para ver cuáles merecen más capital con el que crecer y cuáles no deben ostentar esta posición. Además, Wall Street facilita el comercio a nivel internacional, apuntala los mercados de divisas y trabaja mano a mano con la Reserva Federal y el Departamento del Tesoro para mantener el mercado de deuda en movimiento y contribuir a que la economía siga avanzando. Todas estas cosas, y muchas otras más, son propósitos vitales para los que Wall Street sirve a diario. Sin ellos, la economía se paralizaría por completo y terminaríamos nuevamente en medio de una Gran Depresión.

Eso es así.

Que sigan cumpliendo con tales funciones. Que se queden con todas esas ganancias. Lo merecen.

Pero hay una segunda parte, que es el papel inútil de Wall Street, el cual se revela a través de sus recomendaciones bursátiles de mierda o de la «gran máquina de burbujas estadounidense». Y es que Wall Street también se involucra en ciclos de especulación desenfrenada, promoviendo la compraventa de acciones a muy corto plazo y creando armas de destrucción financiera masiva que sueltan por ahí para llenarse los bolsillos y dejar secas a las familias que les confían sus ahorros.

En cierto nivel, esto guarda una inquietante similitud con la manera en que la mafia italiana solía controlar la economía estadounidense, elevando silenciosamente el precio de todos los bienes y servicios que circulaban de una a otra parte del país. Comenzando por los muelles de carga y los aeropuertos, y cubriendo también cada milla de las carreteras y caminos del país, su huella se extendía a cada bocado de comida que entraba en tu boca y luego salía por tu culo, puesto que todo el mercado estaba controlado por la mafia a través del transporte. A cada paso del camino se extraían implacablemente los impuestos, las tasas y las concesiones ocultas que exigían estas familias.

Al final, el país seguía funcionando y la gente continuaba ocupándose de sus asuntos, pero el efecto de la operativa mafiosa era que la vida resultaba un poco más costosa y un poco menos placentera para todos, salvo para los miembros de las llamadas Cinco Familias. Y, ¿sabes qué? Así es precisamente como opera hoy lo que yo llamo el Complejo de Máquinas Comisionistas de Wall Street. ¡La única diferencia es que Wall Street es mucho más eficiente de lo que alguna vez fue la mafia! De hecho, comparado con el valor absoluto extraído por el Complejo de Máquinas Comisionistas de Wall Street, las infames Cinco Familias de Nueva York solamente pueden ser comparadas con un abusón de primaria que le quita el dinero del almuerzo a un empollón.

Peor aún: a diferencia de la mafia, el Complejo de Máquinas Comisionistas de Wall Street no se puede detener. Simple y llanamente, ya es demasiado tarde. La perniciosa relación entre Wall Street y Washington D. C. se ha arraigado tan profundamente en nuestro país que la corrupción del sector financiero está aquí para quedarse. Entre las tasas estrafalarias que cobra, su «gran máquina de burbujas estadounidense» y los grandes «rescates» que siempre se le acaban concediendo, Wall Street siempre gana y el público siempre pierde, de modo que, para todos los demás, la vida termina siendo un poco más costosa y un poco menos placentera.

Ahora bien, para que quede claro, no estoy diciendo que todos los que trabajan en Wall Street estén podridos hasta la médula. Eso simplemente no sería cierto. Más bien, lo que digo es que es el sistema el que está mal —y ese sistema es más grande que la fuerza de cualquier individuo—. De hecho, tengo muchos buenos amigos que trabajan en Wall Street y son personas buenas y honestas en las que confío de forma implícita, pero eso no significa que les vaya a dejar administrar mi dinero. Puedo hacerlo yo mismo y tú también podrás hacerlo cuando termines de leer este libro.

De hecho, simplemente aprovechando el poder del mayor

truco de inversión del mundo, puedes lograr dos cosas sorprendentes sin apenas esfuerzo:

1. Puedes evitar que Wall Street te meta la mano en el bolsillo y te robe tu dinero.
2. Puedes actuar como un maestro de *jiu-jitsu* brasileño y usar su propia corrupción contra ellos, venciéndolos en su propio juego. (Te explicaré cómo enseguida.)

La clave del éxito es pasar por alto el lado oscuro de Wall Street.

Déjales que se queden con todo.

Que comercien y manipulen títulos para pagarse sus mansiones en los Hamptons y regresar a Wall Street a seguir cavando sus propias tumbas financieras.

Pero no entres en ese juego.

¿Recuerdas la película *Juegos de guerra*, con Matthew Broderick? Es otro clásico de Hollywood en el que un ordenador inteligente decide lanzar ojivas nucleares aunque, en este caso particular, lo hace porque está tratando de ganar un juego de guerra simulado. Al final, el personaje de Matthew Broderick convence al ordenador de que aborte el lanzamiento a base de hacer que el equipo empiece a jugar a las tres en raya contra sí mismo, una y otra vez, a una velocidad tremenda. Al final, el ordenador se da cuenta de la absoluta inutilidad de todo esto, interrumpe su ataque y, con una extraña voz mecánica que Siri habría sabido mejorar, termina concluyendo: «Es un juego extraño. La única forma de ganar es no jugar».

Pues, bien, ¿sabes qué? El ordenador bien podría haber estado hablando de inversiones, porque la lección es la misma. No le dejes tu dinero a ningún miembro del Complejo de Máquinas Comisionistas de Wall Street. Como bien descubrió el ordenador en *Juegos de guerra*, sólo hay una forma de ganar: no jugar.

Además, hay otro punto importante que debes considerar. Veámoslo...

Incluso después de dejar de participar en el egoísta juego de Wall Street, no te vas a quedar fuera del valor que la industria genera para la economía. Por ejemplo, si una de las empresas que cotiza en bolsa termina teniendo un gran éxito y se convierte en parte integral de la economía estadounidense, ¿adivina dónde terminará? ¡En el S&P 500! Y, una vez que esté allí, ayudará a contribuir a la subida del índice, puesto que paga dividendos y hace ganar dinero a los inversores. Es tan simple como eso. Éste es el *jiu-jitsu* brasileño al que me refería antes, y es el pequeño y sucio secreto de Wall Street.

Personas como Warren Buffett han estado advirtiendo sobre todo esto desde hace más de veinte años, mientras que el Complejo de Máquinas Comisionistas de Wall Street ha tratado de acallar estas voces para que tú sigas en la mesa jugando a su juego como un tonto. Por fortuna, el Oráculo de Omaha tenía un as bajo la manga: estaba dispuesto a jugarse su dinero para demostrar que verdaderamente estaba convencido de lo que estaba defendiendo.

8

El Oráculo de Omaha vs. Wall Street

«Estoy dispuesto a apostarle a cualquiera un millón de dólares a que, en un período de diez años, un fondo indexado del S&P 500 supera a cualquier *hedge fund* o a cualquier selección de fondos de cobertura que cualquiera de ustedes me pueda proponer. ¿Alguien se anima a aceptar mi apuesta?»

El silencio se apoderó de la sala. Y eso que en la sala había unas veinte mil personas. Hubiese sido posible escuchar el ruido de un alfiler cayendo al suelo.

«Vamos. ¿Nadie se atreve?», insistió nuevamente el Oráculo. De nuevo, silencio. Y entonces, de repente, aquella gigantesca convención se volvió loca. Todo el público empezó a gritar, a silbar, a vitorear, a cantar... Todos a pleno pulmón, en reverencia a su amado líder espiritual, el famoso Oráculo de Omaha. Fue un momento de esos que marcan época.

Aquello tuvo lugar el 6 de mayo de 2006, en el marco de la conferencia anual que reúne a los accionistas de Berkshire Hathaway en (sí, lo has adivinado) Omaha (Nebraska). Fue allí donde Warren Buffett puso sobre la mesa cientos de miles de dólares, desafiando de forma directa a los administradores de *hedge funds* (o fondos de cobertura), los vehículos que se sientan en la cúspide del Complejo de Máquinas Comisionistas de Wall Street.

En pocas palabras, el Oráculo ya había tenido suficiente. En su momento, el cuarto hombre más rico del mundo había dicho: «Preferiría darle mi dinero a un grupo de monos que se dedican a lanzar dardos para elegir qué títulos del S&P 500 van a comprar que entregarle mis ahorros a un bróker de Wall Street o a un gestor de un *hedge fund*». Imagino que estaba harto de ver cómo muchos idiotas acababan pagando de más. Y por eso lanzó la apuesta, como diciendo: «Estoy dispuesto a jugarme mi dinero para demostrar que creo en lo que digo. ¡O aceptáis mi apuesta o mejor os calláis y dejáis de cobrar comisiones tan escandalosas mientras vais pavoneándoos por la ciudad como si nadie la tuviese más larga que vosotros! Cuando, en el fondo, lo que tenéis entre las piernas no es más que humo y purpurina brillante».

El Oráculo no dijo todo eso, claro está, porque es un tipo muy amable, demasiado. Además, su sobrenombre es «Oráculo de Omaha», no «Lobo de Omaha». Pero eso no cambia el hecho de que probablemente estaba pensando exactamente eso o, cuando menos, algo muy parecido.

Verás, lo que Buffett sabía mejor que nadie era que las comisiones altas, las cuantiosas primas por resultados y los elevadísimos costes de transacción derivados de la actividad casi constante que desarrollan los *hedge funds* para justificar su existencia tienen un impacto neto negativo que, de hecho, se erige en un gran lastre que va contra la gestión de fondos y deriva en un trato injusto hacia los inversores. El Oráculo abogó por un enfoque más simple, uno que sabía que aplastaría a los fondos de cobertura y los dejaría en evidencia de manera flagrante.

Si bien su apuesta era simple, lo que estaba en juego era algo tan serio que aquello fue como un ataque al corazón para el segmento más poderoso de Wall Street.

Buffett apostó que los diez años siguientes, un fondo simple y de bajo coste que tan sólo se limitase a replicar y seguir el desempeño del S&P 500 sería capaz de aplastar los resultados de todas las sofisticadas y exóticas estrategias que despliegan los fondos de cobertura.

Eso fue todo. Directo, simple y al grano.

Ahora bien, para que quede claro, Warren Buffett no es un

tipo que, por naturaleza, se dedique a hacer apuestas. Al Oráculo no nos lo vamos a encontrar vaciando sus bolsillos y tirando un millón de dólares para jugarse las cosas al negro o al rojo. No hablamos del tipo de persona que, sabiendo que las cartas están marcadas, sigue adelante con su despilfarro. Después de todo, si ésa fuese su forma de ser, no sería muy fácil explicar por qué ha sido uno de los hombres más ricos del mundo durante tantos años, ¿no es cierto? Al final, un inversor como él solamente puede mantener esa distinción procediendo de una de las dos maneras siguientes:

1. Absteniéndose de hacer apuestas.
2. Apostando solamente a cosas seguras.

En el caso de la apuesta de Buffett, podemos decir que se trataba de un ejemplo de lo segundo. Tenía muy buenas razones para ello.

Su apuesta estaba respaldada por más de cien años de bagaje en el campo de las matemáticas y, además, en el plano personal, Buffett contaba con cincuenta de experiencia como gestor de inversiones. Por tanto, no solamente lo había visto y oído todo, sino que también lo había hecho y experimentado todo. Desde que se hizo cargo de Berkshire Hathaway en 1962, había lidiado con mercados bajistas y alcistas, amén de todo lo demás: desde los dinámicos años sesenta hasta los estanflacionarios años setenta, los burbujeantes años ochenta, que terminaron en colapso, y hasta la burbuja puntocom de los años noventa y la burbuja inmobiliaria que devino en crac en 2007... Y en aquel momento, en 2006, era el ladrillo el que daba señales de estar a punto de estallar y convertirse en una gigantesca catástrofe que llevaría al mundo entero al abismo financiero.

Buffett era consciente de la profunda preocupación que habita en la mente de todo administrador de *hedge funds* y fondos de inversión, corredor de bolsa, asesor financiero o cualquier otro «gurú» de la industria de los servicios financieros. A todos les preocupa el hecho de que, en realidad, es prácticamente imposible batir al mercado de valores de manera consistente. No importa quién seas, de dónde seas ni qué concepto de inversión estás utilizando. Una y otra vez, se ha demostrado matemáticamente que es prácticamente imposible ganarle al mercado durante un período de tiempo sostenido, incluso sin incluir las escandalosas comisiones que cobran los llamados expertos (si las incluyo, entonces debo eliminar la palabra «prácticamente» y decir con absoluta certeza que es imposible batir al mercado de manera consistente).

Entonces, ¿por qué están todos tan obsesionados con intentar ganarle al mercado?

La respuesta es simple: si un «experto» financiero no puede ganarle al mercado de manera consistente, ¿por qué diablos le dejaríamos administrar nuestro dinero y por qué pagaríamos todas sus exorbitantes comisiones? Sin duda, ¡no lo haríamos!

Pues bien, ésta es precisamente la razón por la que Warren Buffett había puesto su mirada directamente en la industria de los *hedge funds* y no en las innumerables categorías de «expertos» financieros que podríamos encontrar. En la jerarquía de Wall Street, los fondos de cobertura, o *hedge funds*, son considerados la joya de la corona del ámbito de la inversión. Son el lugar donde se junta a los mejores operadores, a los profesionales que mejor eligen acciones en todo el mundo. Y a todos ellos se les pagan cantidades obscenas de dinero para administrar los enormes ahorros de las personas más ricas del mundo.

Es un mundo secreto, un mundo privado, un mundo marcado por derivados exóticos, por estrategias de vanguardia y por avanzados algoritmos diseñados por graduados del MIT.

En resumen, ahí es donde se puede encontrar a los verdaderos expertos de talla mundial, a la llamada *crème de la crème* de la industria de los servicios financieros. Por tanto, al cargar contra los fondos de cobertura, Buffett estaba cargando contra todos.

Siendo justos, la reunión anual de Berkshire Hathaway en Omaha (Nebraska) es más una experiencia religiosa que cualquier otra cosa. Al cónclave viaja gente de todo el mundo para rendir homenaje al Oráculo y escuchar sus pronósticos. Y, año tras año, lo cierto es que no decepciona.

Mientras bebe a sorbos una media docena de esas latas de Coca-Cola Cherry que toma a diario, el Oráculo responde las preguntas de sus accionistas y se pronuncia sobre una amplia gama de temas. Luego se va por la tangente, y es en esos momentos cuando, por lo general, uno acaba extrayendo las mejores lecciones de su intervención.

Algunas de estas enseñanzas son ciertamente impagables, un delicioso cóctel de sabiduría mezclada con sarcasmo, humor y anécdotas. Y, en el centro de todo este conocimiento, uno puede encontrar su evidente desprecio hacia lo que yo llamo el Complejo de Máquinas Comisionistas de Wall Street, al que frecuentemente ataca, para deleite de sus accionistas.

A lo largo de los años, Buffett ha predicho la caída de la industria periodística (desde entonces, ha ido perdiendo fuelle de forma continuada), el estallido de la burbuja inmobiliaria (que ocurrió apenas dieciséis meses después de su advertencia en 2006 y llevó al mundo al borde del precipicio) e innumerables cosas más. Ahora, su mirada estaba puesta en la industria de los *hedge funds*.

Al más característico estilo Buffett, lanzó una diatriba de un minuto sobre sus escandalosas comisiones y la manera en que estos vehículos hacían casi imposible que los inversores lograran una compensación justa. A lo que Buffett se refería específicamente era a algo llamado «dos y veinte», que es el esquema de remuneración característico en la gran mayoría de los *hedge funds*. En ese «dos y veinte», el «dos» representa la comisión de gestión del 2 por ciento, que el gestor del fondo cobra al comienzo de cada año, mientras que el «veinte» representa la prima, bonificación o bonus por resultados o desempeño, que alcanza el 20 por ciento y que el gestor del fondo también percibe.

Dicho con otras palabras, los directivos de los *hedge funds* ganan su dinero de dos formas:

1. Cobran una tarifa fija equivalente al 2 por ciento de los activos totales que el fondo tiene bajo gestión, independientemente de si el fondo gana o pierde dinero.

2. Se llevan el 20 por ciento de las ganancias que logra el fondo, pero no sufren pérdidas si el fondo termina en negativo al final del ejercicio. En ese caso, los inversores soportan el cien por cien de la pérdida y, a renglón seguido, el fondo reinicia su operativa y arranca el nuevo año.[14]

Te pongo un ejemplo rápido.

Digamos que, en el año fiscal 2021, un *hedge fund* administra 2.000 millones de dólares y logra una rentabilidad del 25 por ciento. En ese caso, el administrador del fondo cobra su comisión de gestión (el 2 por ciento de los 2.000 millones de dólares que tiene administrados, lo que se traduce en un pago de 40 millones de dólares) y también se lleva el 20 por ciento de los 500 millones de dólares de beneficio que el fondo genera a través de sus operaciones (lo que sale a unos 100 millones de dólares). Esto hace que su sueldo alcance los 140 millones. Bien merecido, podríamos decir, puesto que la rentabilidad ha sido elevada y el fondo retiene una saludable ganancia neta de 360 millones de dólares.

Parece que todos ganan con un modelo así, ¿no es cierto?

Cuidado, porque, como suele decirse, las apariencias pueden ser engañosas.

De hecho, el único que gana en un escenario así es el codicioso gestor del *hedge fund*, porque su nómina engorda de forma considerable, con un pago de nueve dígitos, mientras que sus inversores se quedan con la propina.

Déjame explicarte por qué.

De entrada, el retorno o la rentabilidad bruta de la inversión del fondo (su ROI) fue del 25 por ciento. Una vez que se deducen las comisiones y los gastos del fondo, el resultado cae a un 18 por ciento. Y, aunque esta cifra puede parecer muy respetable a primera vista, lo cierto es que ese mismo año (2021), el S&P 500 subió un 24,41 por ciento, es decir, ¡más de 6,4 puntos por encima del fondo de cobertura! Y, por cierto, ¡eso ni siquiera incluye la

14. Aunque el modelo «dos y veinte» es el más común entre los *hedge funds*, hay algunos que aplican otros esquemas retributivos.

reinversión de dividendos, que elevó la rentabilidad del S&P 500 en 2021 hasta el 28,41 por ciento anual! Eso es más de un 10 por ciento de diferencia en relación con el resultado que alcanzó el «genio» que administra el *hedge fund*. Supongo que alguien así sí es un genio, pero no precisamente de la inversión, sino del arte de sacarle el dinero a la gente. El tipo gana 140 millones de dólares a cambio de una rentabilidad (ROI) que se sitúa un 10 por ciento por debajo de lo que cualquier inversor podría haber ganado comprando simplemente un fondo corriente que se limite a replicar el S&P 500.

Sin embargo, en aras de la claridad, profundicemos un poco más en todo esto.

Teniendo en cuenta todas las comisiones, todas las bonificaciones por desempeño y todos los gastos adicionales que también soportan los inversores (aquí entran capítulos como el alquiler, los equipos informáticos, la electricidad, los clips de papel, los salarios de los *traders*, los analistas, las secretarias y los asistentes o cualquier otro concepto imaginable que sea posible trasladar a los accionistas del fondo), podemos hacer algunas conjeturas sobre lo elevado que tendría que haber sido el retorno del fondo para conseguir siquiera igualar los resultados del S&P 500.

¿La respuesta? Un 35,2 por ciento.

Cualquier revalorización inferior a ese porcentaje haría que los 140 millones de dólares dedicados a pagar comisiones y a cubrir gastos fuesen insuficientes para que mereciese la pena invertir en el *hedge fund* y no en un mero índice ligado al S&P 500. Y, peor aún, si ese *hedge fund* hubiera perdido dinero en cualquier año anterior antes de llegar a cerrar un año en positivo, nuestro cálculo debería tomar primero en consideración la necesidad de compensar las pérdidas, que recayeron por completo sobre los inversores.

Por ejemplo, digamos que este *hedge fund* de 2.000 millones de dólares tuvo un mal año y se dejó el 8 por ciento. En ese caso, el administrador seguiría recibiendo su comisión de gestión del 2 por ciento (40 millones de dólares) y los inversores se verían afectados por la pérdida total del 8 por ciento (160 millones de dólares menos). Después, a partir del primer día de negociación del nuevo ejercicio, el fondo reinicia su operativa y el cálculo comienza de nuevo, desde cero.

Ahora bien, por supuesto, si pudiera encontrar un administrador de fondos de cobertura que pudiera superar consistentemente al S&P 500 por un margen tan amplio que incluso después de todas esas comisiones, gastos y bonificaciones unilaterales, aún siguiese siendo un buen vehículo para ganar dinero, entonces ese modelo de «dos y veinte» quedaría validado, ¿no es cierto?

Sí, por supuesto que sí.

Pero la única pregunta que debemos hacernos es... ¿dónde se encuentra un fondo así?

Y la respuesta es sencilla: solamente en Fantasilandia o en el País de las Maravillas...

Esto era lo que Buffett pretendía demostrar con la apuesta de un millón de dólares. Quería poner de manifiesto que la industria de *hedge funds* se puede resumir con una simple palabra: es... innecesaria. Sí, las superestrellas mejor pagadas de Wall Street, con sus diplomas de universidades de la Ivy League y sus miles de millones de dólares repartidos entre unas y otras formas de remuneración son prescindibles. De hecho, son peores que algo innecesario, porque son algo negativo en términos netos, ya que su papel es el de coger mucho más de lo que dan. Por lo tanto, como todo aquello que quita más de lo que da, lo mejor es evitar algo así siempre que sea humanamente posible.

Algunos de los lectores probablemente estarán pensando algo así: «¡Venga, Jordan, estás exagerando! Tiene que haber al menos algunos gestores de fondos de cobertura que sean capaces de batir al mercado de manera consistente. He oído miles de historias sobre estos magos de las finanzas que logran enormes beneficios para los accionistas de sus *hedge funds*».

Si estás pensando algo así, no te culpo. *A priori*, tiene perfecto sentido que sí haya algunos gestores estrella que se salen de la norma..., pero, desafortunadamente, los hechos son los que son. Veamos:

1. Hay un pequeño número de administradores de *hedge funds* que, indudablemente, tienen un talento único y han

podido lograr de forma consistente el tipo de rentabilidades extraordinarias que justifican sus honorarios. Son las estrellas del rock del mundo financiero, y sus nombres son bien conocidos por todos.

2. Desafortunadamente, sus fondos han estado cerrados a la entrada de nuevos partícipes durante mucho tiempo y no se van a reabrir en el futuro próximo. De hecho, una vez alcanzan ese estatus de estrella de rock, la mayoría de estos administradores no se limitan a cerrar sus fondos a la entrada de nuevos inversores, sino que a menudo devuelven su participación a los que ya estaban dentro y, a partir de entonces, siguen invirtiendo solamente para sí mismos y para un pequeño puñado de elegidos que aportan un patrimonio neto hiperalto.
3. Cuando surge una nueva estrella del rock en la industria, sus fondos se cierran rápidamente para que no entren nuevos inversores y, con frecuencia, solamente se vuelven a abrir si su desempeño baja y ya no se les considera estrellas del rock en Wall Street.
4. El resto de los administradores de *hedge funds* no pueden superar el modelo de «monos lanzando dardos». Sin embargo, cobran unas comisiones tan disparatadas como las estrellas del rock del sector financiero.
5. Entonces, ¿por qué querrías darle tus ahorros a un administrador de fondos de cobertura que te cobrará unos abultados honorarios a cambio de un resultado que ni siquiera es mejor que el de un mono ciego que se dedica a lanzar dardos y solamente te pide a cambio un plátano?

Dicho con pocas palabras, así es como funciona el sector de los *hedge funds*. Los resultados estelares de unos pocos administradores de fondos inmensamente talentosos a los que nadie tiene acceso emiten un aura dorada bajo la cual el resto de la industria monetiza ese resplandor, a pesar de que solamente son unos bufones torpes.

Sin embargo, dicho esto, el problema con la industria de los *hedge funds* no es tanto que sus administradores carezcan de talento o experiencia o sean simplemente unos simples idiotas. Nada de eso. En realidad, el problema está en las enormes comisiones que cobran, hasta el punto de que tales pagos terminan canibalizando sus propias ganancias.

Por eso, aquel fatídico día de mayo de 2006, Buffett decidió dar un paso más. En vez de quedarse en las habituales críticas que suelen dirigirse contra los fondos de cobertura, empezó a atacar a los propios administradores de dichos fondos. «Escucha», dijo, «si tu mujer va a tener un bebé, será mejor que llames a un obstetra y que no intente dar a luz por sí sola. Si tus tuberías tienen algún problema y el agua se está filtrando por algún agujero, debes llamar al fontanero. La mayoría de las profesiones añaden valor más allá de lo que una persona promedio puede hacer por sí sola. Pero, en su conjunto, los profesionales de los servicios financieros no están haciendo eso mismo, a pesar de que perciben 140.000 millones de dólares cada año en forma de remuneración».

Ésa era la verdad, tan clara como el día y expuesta ante las veinte mil almas que se reunían en Omaha (Nebraska). El argumento de Buffett llega al meollo de la cuestión, porque para muchos inversores no es fácil entender que el impacto de Wall Street es, en efecto, netamente negativo. A todos nos han enseñado desde que éramos pequeños a saber buscar a expertos que nos puedan ayudar a resolver nuestros problemas o a eliminar nuestro dolor. Cuando estás enfermo, tus padres te llevaban al médico. El doctor no se vestía de cualquier manera ni actuaba como quería. Por eso, cuando entrabas a la consulta, tus propios padres mostraban un gran respeto por este profesional. Sabían que esa persona había dedicado muchos años de formación y práctica a saber cómo hacer que las personas enfermas se sientan mejor. Como son expertos, entendemos que debemos escucharlos y hacer caso cuando nos dan consejos.

Pero ése fue apenas el comienzo de nuestro «entrenamiento». A medida que crecimos, el desfile de expertos fue a más. Si teníamos dificultades en la escuela, nuestros padres podían contratar a un profesor particular. Si querían que mejorásemos en el deporte, contrataban a un entrenador. Y así, cuando finalmente llegaste a la edad adulta, seguiste haciendo lo que ya veías que hacían tus padres. A fecha de hoy, sigues buscando expertos para asegurarte de que obtienes los mejores resultados y sacas lo mejor de todos tus esfuerzos.

Todo eso tiene sentido, ¿verdad?

Sin embargo, buscar a un profesional para administrar tu dinero es la única excepción (o, al menos, la única excepción digna de mención) que rompe esta regla, una regla que, por lo demás, es indudablemente segura y que siempre te ha resultado muy útil. Te explicaré precisamente por qué lo es en secciones posteriores de este capítulo, pero; por ahora, lo único que quiero que recuerdes es el hecho de que el Complejo de Máquinas Comisionistas de Wall Street es muy consciente de este hecho. Saben que has sido programado y condicionado para buscar expertos que te ayuden a resolver tus problemas y a lograr los mejores resultados posibles. Pero ellos usarán todo eso en tu contra, con eficiencia despiadada, para quedarse tu dinero siempre que sea posible.

El Oráculo terminó su diatriba diciendo lo siguiente:

> Todos los administradores de *hedge funds* creen que son la única excepción, que solamente ellos sabrán superar al mercado incluso después de descontar las elevadas comisiones que cobran. Y algunos ciertamente lo hacen por un tiempo, pero, a lo largo de los años y en su conjunto, la matemática no miente, y sus cifras muestran que las cosas no son así.

Dicho con otras palabras, no importa cuán talentoso pueda ser un gestor de fondos de cobertura porque, al final del día, después de haber descontado todos sus honorarios, sus gastos y las primas por resultados, la pura realidad es que, simple y llanamente, ese gestor no puede igualar el comportamiento del S&P 500 a lo largo de un período de tiempo sostenido.

Entonces, él lanzó la apuesta.

En ese momento, Buffett pensaba que, una vez que la noticia de la apuesta llegara al resto de Wall Street, los administradores de *hedge funds* harían cola para tener la oportunidad de demostrar finalmente que el presidente de Berkshire Hathaway estaba equivocado. Después de todo, ya entonces había rumores de que sus mejores días habían quedado atrás. No pocos críticos decían que Buffett no era más que un anacronismo de una época pasada, una en la que la paciencia era una virtud y la inversión en valor lo superaba todo. Ahora, en los albores del siglo XXI, el consenso era que las mejores y más brillantes mentes de Wall Street, con sus ordenadores ultrarrápidos y su capacidad de apoyarse en la inteligencia artificial, sabrían cómo aplastar al Oráculo, que ya no era más que una uva demasiado madura. Además, imaginemos lo que una victoria sobre Buffett podría haber significado para la carrera de cualquier joven *cowboy* dedicado a la gestión de *hedge funds*. ¡Podrían pasar de la oscuridad total a experimentar los placeres de la fama y la riqueza! Lo único que tenían que hacer era cumplir exactamente con lo que ellos mismos habían venido prometiendo a los inversores. Llevaban treinta años, desde el comienzo de la operativa de los fondos de cobertura, anunciando que podían superar al S&P 500 de manera consistente, una vez descontadas sus comisiones y gastos.

Sin embargo, pasó un año y nadie contestó a la apuesta de Buffett. El silencio solamente lo rompía el ruido de los grillos. Y, por más de dieciséis meses, no hubo ni un alma que se pronunciase para aceptar el reto. En palabras del propio Buffet, aquello era «el sonido del silencio».

Echando la vista atrás, tiene sentido que así fuese.

Después de todo, los administradores de *hedge funds* pueden ser muchas cosas, pero ciertamente no son ingenuos e, indudablemente, no quieren perder una apuesta tan ampliamente divulgada y dejarse un millón de dólares en un juego que acabará en su propia humillación. En el fondo, todos sabían la verdad: es prácticamente imposible que los llamados expertos logren batir al mercado de manera consistente, especialmente si se tienen en cuenta sus escandalosos honorarios. De hecho, en la cúspide de Wall Street, esta verdad es sobradamente conocida.

Por eso se ríen de todos nosotros a nuestras espaldas. Y, para que quede claro, la razón por la que se ríen no es porque la gente esté cayendo en un cuento de hadas financiero, sino por algo aún peor, a saber: el hecho de que ese cuento de hadas ha quedado desmontado a lo largo de los últimos veinte años y, aun así, la mayoría de los inversores todavía se lo creen a fecha de hoy.

Así es. Durante los últimos veinte años se ha difundido ampliamente en internet que los expertos de Wall Street no logran vencer al mercado. Sin embargo, a pesar de este hecho innegable, la gente sigue confiándoles su dinero. Sin duda, esto puede parecernos hasta un poco gracioso.

Es como un adulto que sigue esperando a que Papá Noel baje por la chimenea la noche de Navidad.

Ya no haces eso, ¿verdad?

¿Por qué? Porque, cuando tenías unos seis o siete años, tus padres te sentaron y te dijeron: «Lo siento, cariño, pero Santa Claus no existe. Todos estos años, el Papá Noel que venía a casa ha sido tu tío Johnnie, que venía borracho y vestido con un disfraz de Papá Noel que compraba en Party City».

Al principio te quedaste devastado. A lo largo de los años siguientes, probablemente seguiste poniendo leche y galletas junto a la chimenea de abajo, por el bien de la tradición. Pero pasado un tiempo, creciste y aceptaste que los cuentos de hadas no son reales. No hay Ratoncito Pérez, ni Conejo de Pascua, ni tampoco existe el puto Papá Noel. Todo fue una gran mentira, una estafa enorme. Si había juguetes debajo del árbol, dinero debajo de la almohada o huevos de chocolate escondidos en casa era porque un adulto los había puesto allí, usando el dinero que ganó con su propio arduo trabajo.

Así es la vida. Nada es gratis —y ninguno de nosotros escapa a esa verdad.

Sin embargo, por alguna razón inexplicable, lo cierto es que, cuando se trata de invertir, hay muchas personas que se niegan a crecer. Se aferran a esa noción infantil de que todavía podría existir un Papá Noel en Wall Street. Parecería que, para ellos, solamente se trata de tener un poco más de fe. Y el Complejo de Máquinas Comisionistas de Wall Street es muy consciente de ello, porque esa esperanza y ese anhelo persistente está en la base del cráneo de muchos pequeños inversores. Entonces, Wall Street coge ese deseo y lo utiliza contra esos mismos que lo cultivan, y lo hace con efectos devastadores.

Sin embargo, ahora, el Complejo de Máquinas Comisionistas de Wall Street tiene un grave problema.

La apuesta de un millón de dólares propuesta por el Oráculo fue algo así como hacer brillar un faro gigante e iluminar sus mentiras para que todo el mundo las vea. Su casino corrupto quedó expuesto y la mirada acusadora se dirigió precisamente contra las más altas esferas.

Al fin, hubo un alma valiente que aceptó el desafío.

Su nombre: Ted Seides.

Su *hedge fund*: Protégé Partners.

Su experiencia comprando y vendido acciones: ninguna. Así es. Como lo lees: ninguna.

La principal habilidad de Ted Seides no era la de un *trader*, un inversor o un administrador de dinero experto. Sin embargo, lo que sí era Ted era un magnífico vendedor, puesto que había logrado captar un montón de dinero para Protégé Partners.

Pero, incluso si hablamos de un gran vendedor, lo que hay que admitir es que es bastante extraño que alguien sin bagaje real como inversor acabe en una posición así.

A este tipo le pagan decenas, si no cientos, de millones de dólares cada año por administrar el dinero de los ricos, pero, aparentemente, no posee habilidades para administrar el dinero por sí mismo, de modo que ¿tiene que entregárselo a alguien más para cumplir el propósito de manejar los ahorros de sus clientes?

¡Es de los mayores escándalos que me he encontrado en esta industria!

Así es como lo hace.

Su firma de inversión, Protégé Partners, opera como un «fondo de fondos».

Eso significa que obtienen el capital de sus inversores bajo la premisa de que su experiencia no radica en administrar el capital ellos mismos, sino en elegir *hedge funds* de alto rendimiento para que administren ese dinero por ellos. Y, si bien esta premisa podría parecer tener sentido a primera vista, lo cierto es que históricamente se ha demostrado que es una cuadratura del círculo imposible de cumplir. De hecho, resulta que una de las peores maneras de elegir en qué *hedge fund* debemos invertir es mirar una larga lista de fondos de cobertura y elegir el que haya tenido los mejores resultados en los últimos años.

Al fin y al cabo, es casi seguro que cualquier *hedge fund* que haya sido capaz de encadenar algunos años fantásticos tiene algunos años complicados esperando a la vuelta de la esquina. Hay muchas razones diferentes que explican esto, pero las más importantes son las siguientes:

1. Los administradores de fondos de inversión tienden a ir y venir, por lo que no hay garantía de que el desempeño pasado de un fondo haya sido ejecutado por el actual equipo gestor.
2. La naturaleza cíclica de las distintas clases de activos entra en conflicto directo con la tendencia de un fondo de inversión promedio, que suele invertir en las mismas clases de activos año tras año.
3. La hipótesis del mercado eficiente hace extraordinariamente difícil que cualquier administrador de fondos pueda ganarle consistentemente al mercado.
4. Además de la matemática pura, la propia SEC obliga a las empresas del sector a acompañar sus informaciones financieras con la advertencia de que las ganancias pasadas no garantizan los mismos resultados en el futuro. En el fondo, esta advertencia debería leerse así: «¡El excelente desempeño conseguido en los últimos años prácticamente sirve como garantía de que te espera una verdadera paliza en los próximos años!».

En términos prácticos, lo que esto significa es que, una vez que un inversor haya dado su dinero a Ted Seides para que lo invierta, Ted simplemente se dará la vuelta y lo repartirá entre otros *hedge funds*. Luego, se sentará en su silla, pondrá los pies encima de la mesa y cobrará sus honorarios, no sin que los *hedge funds* que realmente administran el dinero cobren primero sus propios honorarios.

Así que, al final, los inversores se ven golpeados por partida doble.

Por supuesto, un «fondo de fondos» utilizará un lenguaje ingeniosamente redactado en sus folletos de marketing para tratar de convencerte de lo contrario (es decir, darte a entender que no estás pagando por partida doble), pero, no importa lo que digan, lo que están haciendo es exactamente eso. Al final, si hay una boca más que alimentar, no hay forma de evitar esa circunstancia.[15]

Por supuesto, si le preguntaras a Ted Seides sobre todo esto, él te contará las increíbles ventajas derivadas de poder invertir en múltiples *hedge funds* al mismo tiempo. Probablemente, Seides arrancaría hablando del valor inherente de aprovechar toda la confianza colectiva de las mejores mentes de Wall Street. Luego seguiría jactándose de que su «fondo de fondos» puede abandonar a cualquier administrador de fondos que se duerma en los laureles y reemplazar esa apuesta por otra más caliente (de nuevo, suena bien, pero la historia ha demostrado que esto sería lo peor que se puede hacer).

Todos esos argumentos dejan a un lado el problema más grande de los «fondos de fondos»: el hecho de que ninguno de esos fondos supera sistemáticamente al S&P 500. Si esto es así, ¿por qué un grupo de fondos de rentabilidad reducida podría tener un resultado superior al del mercado simplemente a base de combinarlos? Esto es como un médico que le dice a un paciente que sufre obesidad mórbida porque come casi exclusivamente en McDonald's que la solución a sus problemas pasa por cambiarse a Burger King. Por supuesto, el problema sigue siendo que el paciente estaría cambiando comida basura por comida basura.

De hecho, Wall Street utilizó esta misma lógica retorcida cuando hizo estallar el mercado inmobiliario en 2008. Lo que hicieron fue coger decenas de miles de hipotecas tóxicas que es-

15. El «fondo de fondos» típico da como resultado una comisión de gestión adicional del 0,5 por ciento y una bonificación por rendimiento de otro 5 por ciento más sobre lo que cobra el *hedge fund* que gestiona activamente ese capital.

taban condenadas al fracaso y plantear que, a base de mezclar todas juntas en una suerte de sopa gigante, el producto de repente era más seguro y tenía mayores garantías de rentabilidad. Esa idea, absurda desde la raíz, estaba destinada al desastre. Así es exactamente como terminó todo, desencadenando un desastre financiero que requirió la aprobación de un «rescate» financiado por los contribuyentes y valorado en un billón de dólares.

Entonces, resumiendo, ése es el resultado de la estrategia de Ted Seides: sumar las comisiones de unos *hedge funds* a las comisiones de otros *hedge funds* para crear una sopa gigante de comisiones en el «fondo de fondos». Sin embargo, en este caso particular, Seides iba más allá y, en vez de elegir cinco fondos de cobertura, eligió cinco «fondos de fondos» que, en la práctica, incluían a cien vehículos de este tipo. Ese centenar de *hedge funds* sería el mix contra el que se debería desarrollar la apuesta del Oráculo.

Sin duda, la de Seides fue una estrategia interesante, por decirlo suavemente.

En teoría, lo que esperaba era que la gran mayoría de estos fondos superasen al S&P 500 durante un período de diez años, aplastándolo de forma que, incluso descontando las comisiones, el ROI seguiría siendo muy elevado. En ese caso, Seides podría ganar la apuesta contra el Oráculo y demostrarle al mundo quién manda...

En un primer momento, se le preguntó cuáles creía que eran sus probabilidades de ganar la apuesta. Seides respondió con el típico exceso de confianza, mostrando la total falta de conciencia propia de alguien que espera que le sigan pagando cantidades obscenas de dinero a cambio de no aportar ningún valor. Así, dijo que creía tener una probabilidad de victoria de «al menos un 85 por ciento». A continuación, enumeró un montón de galimatías económicos y matemáticos para respaldar su predicción sobre el rumbo que seguiría el mercado de valores a lo largo de los siguientes años.

Así, Seides estaba seguro (al 85 por ciento) de que el mercado bajaría a lo largo de los próximos años o, cuando menos, no subiría tan rápidamente como lo había hecho en los ejercicios anteriores. En opinión de Seides, esto le daba una ventaja significativa para ganar la apuesta. A diferencia de un fondo indexado pasivo, que simplemente replica el desempeño del S&P 500 y no tiene capacidad de ajustarse a un mercado a la baja, sus cien *hedge funds* estaban siendo administrados de forma activa, lo que significaba que podían «cubrirse» ante la perspectiva de una desaceleración a base de rotar su cartera y apostar por clases de activos que tendiesen a exhibir un mejor desempeño en un hipotético mercado a la baja.

Sólo había un pequeño problema con el proceso de pensamiento de Ted Seides: no tenía sentido.

De hecho, incluso si descontamos el impacto en los resultados de la doble comisión asociada a un «fondo de fondos», la lógica del apostador era errónea por tres sencillas razones:

1. Todos los estudios académicos de los últimos setenta años han concluido que es imposible predecir hacia dónde se dirige el mercado de valores con mayor certeza de la que nos reporta el lanzar una moneda al aire.
2. Estudios académicos igualmente sólidos también han demostrado que, a largo plazo, los fondos administrados activamente no superan a los fondos pasivos que replican el S&P 500. De hecho, lo que ocurre es exactamente lo contrario: los fondos con las comisiones más altas suelen tener las rentabilidades más bajas.
3. Incluso si resultase que Ted Seides fuera la reencarnación de Nostradamus y pudiera, de hecho, predecir qué dirección seguirá el mercado en los próximos años, no hubiera importado, porque la apuesta se realizó a lo largo de un período cerrado de una década.

He ahí las razones por las que Seides nunca tuvo opción de ganar.

Ya fuera por avaricia, arrogancia o por el simple y viejo problema del autoengaño, Seides no comprendía por completo ninguna de estas realidades. Parecía creer genuinamente que tenía un 85 por ciento de posibilidades de ganar la apuesta. Incluso eligió una organización benéfica a la que prometió donar el millón de dólares que daba por seguro que iba a ganar: Friends of Absolute Return for Kids. Si Seides ganaba la apuesta, el millón de dólares de Buffett iría directamente a las arcas de esa organización.

En cambio, el Oráculo eligió como beneficiaria de su eventual victoria a Girls Inc., de Omaha, una organización benéfica local que ayuda a las niñas de la zona a alcanzar su máximo potencial. Una organización benéfica digna, sin duda. El eslogan de portada de su sitio web afirma que «¡las chicas son lo mejor que se ha inventado desde el pan rebanado!». Es algo con lo que estoy totalmente de acuerdo y, de forma divertida, transmite el tipo de actitud que a la sociedad, en su conjunto, le vendría muy bien adoptar. Así, si el Oráculo ganaba la apuesta, el millón de dólares iría directamente a esta entidad.

¿Qué probabilidades creía tener Buffett de ganar la apuesta? Sus pensamientos iniciales todavía se pueden rastrear en el sitio web <longbets.com>, que fue el vehículo elegido para administrar la apuesta. El Oráculo escribió lo siguiente:

> Durante un período de diez años, que comienza el 1 de enero de 2008 y finalizará el 31 de diciembre de 2017, el S&P 500 superará a una cartera compuesta por un «fondo de fondos» invertida en *hedge funds*. La rentabilidad se medirá sobre una base neta de comisiones, costes y gastos.
>
> Mucha gente muy inteligente se ha propuesto obtener mejores resultados que la media en sus operaciones en el mercado de valores. Podemos llamarlos «inversores activos». Sus opuestos, los «inversores pasivos», obtienen por definición mejores resultados cuando se compara el promedio de ambas vertientes. En conjunto, las posiciones de los segundos se aproximan más o menos a las de un fondo indexado. Por lo tanto, el equilibrio alcanzado por los inversores activos también suele estar en torno al promedio. Sin embargo, este tipo de inversores incurrirán en costes mucho mayores. Por tanto, en conjunto, sus resultados agregados después de descontar estos costes serán peores que los que obtendrán los inversores pasivos.

El Oráculo continuó así:

> Los costes se disparan cuando a la ecuación del inversor activo se le suman grandes comisiones anuales, grandes comisiones por resultados y elevados costes devengados por la negociación activa. Los «fondos de fondos» invertidos en *hedge funds* acentúan este problema de costes, porque sus comisiones se superponen a las ya de por sí elevadas comisiones que cobran los *hedge funds* en los que están invertidos estos «fondos de los fondos».
>
> Hay muchas personas inteligentes en la gestión de *hedge funds*, pero, en gran medida, sus esfuerzos se neutralizan a sí mismos y su coeficiente intelectual no es suficiente para superar los costes que luego se trasladan a sus clientes. A los inversores, en promedio y a lo largo del tiempo, les irá mejor invirtiendo en un fondo indexado de bajo coste que depositando sus ahorros en un puñado de «fondos de fondos».

Sin embargo, más allá del nivel inicial de confianza que exhibía Buffett o de la organización benéfica que eligió para recibir las hipotéticas ganancias de la apuesta, lo más interesante de todo fue el nombre del fondo indexado que el Oráculo eligió para jugarse su dinero.

Había cuatro cualidades que Buffett consideraba esenciales:

1. *El fondo debe seguir con precisión el S&P 500.* Si bien esto puede parecer obvio, hay algunos fondos mal construidos que no hacen un buen trabajo a la hora de replicar fielmente el desempeño del índice. El resultado es una variación entre lo que hace el índice y lo que hace el fondo. Estos fondos «inexactos» deben evitarse por completo. Más adelante en el libro te proporcionaré una lista de los fondos más «precisos».
2. *El fondo no debe tener «cargas» de ningún tipo.* La palabra *carga* es la forma subrepticia que tiene un fondo de decir que pagará una comisión por ventas a aquellos corredores que convenzan a sus clientes de invertir en el ve-

hículo. Ya sea una «carga inicial», que se cobra cuando el cliente invierte por primera vez, o una «carga final», que se cobra al final cuando el cliente sale del fondo, el hecho es que ese dinero sale del fondo y, por tanto, del bolsillo del cliente, reduciendo significativamente la rentabilidad de la inversión.

3. *El fondo debe tener unas comisiones de gestión muy bajas.* Dado que un fondo indexado no se gestiona activamente, no hay razón para pagar una comisión de gestión elevada como la que extraen los «expertos» administradores de fondos que supuestamente saben cómo ganarle al mercado. Por descontado, el fondo tiene derecho a cobrar una comisión de gestión, pero si fuese superior al 0,5 por ciento, entonces podríamos decir sin lugar a dudas que el fondo está cobrando demasiado y que debemos elegir un vehículo diferente que cobre una comisión de gestión más baja.
4. *El fondo deberá permitir la reinversión automática de dividendos.* Los fondos indexados pueden ser de dos variedades: fondos de inversión y fondos ETF. El segundo grupo es el acrónimo de «*exchange-trade funds*», es decir, fondos cotizados en bolsa. Te hablaré de los pros y los contras de cada uno un poco más adelante en el libro, pero, por ahora, recuerda que los ETF no te permiten reinvertir dividendos automáticamente, mientras que los fondos de inversión sí lo hacen. En este contexto, los fondos de inversión son la opción superior, aunque hay ciertas circunstancias que podrían hacer que un ETF pueda ser más adecuado para ti (abordaré tales supuestos en páginas posteriores).

En aquel momento, todos los grandes proveedores de fondos de inversión ofrecían un fondo indexado de bajo coste que cumplía con los cuatro criterios que se había fijado Buffett. Todos habrían soñado con tener la oportunidad de ser el púgil elegido como contendiente por el Oráculo. Sin embargo, al final, ese honor recayó en Vanguard Group, una compañía pionera en esta rama de la industria financiera que fue constituida por el gran Jack Bogle en 1976.

Más específicamente, Buffett eligió el fondo indexado Vanguard 500 Index Fund Admiral Shares.

Y, ciertamente, su elección no sorprendió a nadie.

9

Poniendo a prueba el mejor truco de inversión del mundo

Normalmente, cuando, páginas atrás, decía cosas como que «J. P. Morgan fue como el asteroide gigante que se estrelló contra la Tierra y mató a los dinosaurios, allanando el camino para los seres humanos de nuestro tiempo» o que «las más de veinte mil personas que estaban escuchando a Warren Buffett empezaron a gritar, a silbar, a vitorear, a cantar...», estaba tirando un poco de licencia poética para dejar claro lo que quiero decir y mantener un tono entretenido.

Sin embargo, cuando digo que «Jack Bogle ha hecho más por el inversor medio que todos los demás operadores de Wall Street juntos», lo cierto es que hablo muy en serio.

De hecho, cuando Bogle falleció, en 2019, Warren Buffett dijo una famosa frase: «Si alguna vez se erige una estatua para honrar a la persona que más haya hecho por los inversores estadounidenses, la elección indiscutible debería ser Jack Bogle». En aquel momento, Bogle había ahorrado a los inversores más de 140.000 millones de dólares en comisiones excesivas de fondos de inversión y, al mismo tiempo, había cosechado una rentabilidad anual muy superior al promedio a través de su filosofía de inversión pasiva.

Verás, cuando Bogle lanzó Vanguard en 1974, se basó en una premisa simple que, en última instancia, puso de rodillas a toda la industria de fondos de inversión. Creía que un fondo indexado de bajo coste y administrado pasivamente superaría consistentemente a un fondo administrado activamente. Para lograrlo, el fondo pasivo solamente debía replicar el desempeño del S&P 500, sin tratar siquiera de superarlo de forma activa. Bogle creía esto por las razones siguientes:

1. Un fondo así tendría comisiones de gestión drásticamente menores.
2. Además, eliminaría la necesidad de pagarle a un administrador la prima o bonificación por resultados/desempeño.
3. Por añadidura, tendría una eficiencia fiscal mucho mayor debido a la ausencia de operaciones de compraventa ejecutadas a corto plazo.
4. Eliminaría los errores comerciales no forzados propios de un administrador de fondos que está tratando de superar al mercado para justificar su existencia.

El razonamiento de Bogle no surgió de la nada. Fue, de hecho, la respuesta que dio a la llamada que había recibido de uno de los economistas más importantes del mundo. Se trataba de Paul Samuelson, que acababa de completar un estudio sobre la industria de los fondos de inversión que abarcaba un período de diez años. Aquel estudio, que finalmente le valió a Samuelson el Premio Nobel de Economía, reveló una circunstancia que Bogle había sospechado durante mucho tiempo, pero que no había podido demostrar más allá de toda duda: a saber, que invertir en fondos de inversión era un juego de tontos.

Ahora, gracias a Samuelson, no había dudas de que así era.

En resumen, el estudio de Samuelson había descubierto evidencia incontrovertible de que, entre los honorarios anuales devengados por la administración del fondo, los costes de transacción y las primas o bonificaciones por desempeño requeridas para remunerar al equipo directivo, los inversores salían peor parados que si simplemente se limitaban a comprar y mantener un fondo indexado pasivo que replicase el desempeño del S&P 500.

El único problema era que todavía no existía tal fondo.

Si los inversores querían «comprar» la evolución del S&P 500 tenían que entrar al mercado y comprar acciones de cada una de las quinientas empresas del índice, una por una, y pagar después una comisión separada por cada una de esas operaciones. Esto último hacía que la estrategia fuera un fracaso financiero. Además, estaba el problema adicional del dinero necesario para comprar todas esas acciones. Por ejemplo, para comprar solamente una acción de cada una de las quinientas empresas del índice hacen falta decenas de miles de dólares de capital de inversión inicial. Esto no sólo estaba muy por encima de los medios del inversor promedio, sino que ni siquiera daba pie a una cartera que reflejara totalmente el desempeño del S&P 500, ya que las acciones de mayor precio del índice estarían sobrerrepresentadas y las de menor precio sufrirían una infrarrepresentación en la cartera resultante.

Para reflejar con precisión el desempeño del índice hacía falta mucho dinero, además de un ordenador operativo con el que mantener la cartera en pleno equilibrio. Dicho con otras palabras, era algo casi imposible de hacer en ausencia de enormes recursos financieros y tecnológicos.

Aun así, Samuelson seguía volcado en intentar encontrar una solución. Poco después de su conversación con Bogle, comenzó a criticar públicamente a la industria de los fondos de inversión, lanzándose contra los responsables de una gestión activa que, a lo largo de los últimos cincuenta años, habían alcanzado unos resultados muy deficientes.

Samuelson resumió los resultados de su estudio con cinco puntos clave que sintetizaban lo que se deducía de la década analizada en su trabajo:

1. Cualquier jurado que revise la evidencia (y hay una gran cantidad de evidencia relevante disponible) debe concluir, cuando menos, que los mejores administradores de dinero del mundo no ofrecen los beneficios de un desempeño superior en la cartera que gestionan.
2. Si acaso hay un pequeño subgrupo de administradores de fondos que sí poseen un cierto «talento» que les permite

superar repetidamente el resultado promedio del mercado, lo cierto es que tales gestores están sorprendentemente bien ocultos.

3. Una de las razones del desempeño relativamente pobre de los administradores de fondos activos es que toda su actividad de compraventa produce costes de transacción y genera pesos muertos que erosionan el rendimiento anual de las inversiones del fondo, reduciendo asimismo su eficiencia fiscal.
4. Si bien me gustaría creer lo contrario, el respeto por la evidencia me obliga a inclinarme hacia la hipótesis de que la mayoría de los que toman decisiones de cartera deberían cerrar su negocio.

Si bien estos primeros cuatro puntos equivalieron a una reprimenda mordaz para toda la industria de los fondos de inversión, Samuelson añadió un quinto punto que acabó inspirando a Bogle:

5. Cuando menos, alguna fundación grande debería crear una cartera interna que siga el Índice S&P 500, aunque sólo sea con el propósito de establecer un modelo ingenuo contra el cual sus pistoleros internos puedan medir sus proezas.

Eso era todo lo que Bogle necesitaba oír.

Poco después lanzó Vanguard.

Le hicieron falta dos años completos para perfeccionar la mecánica del fondo y lograr que la SEC aprobara su novedosa estructura, pero, cuando finalmente lo logró, Samuelson leyó el folleto de este innovador producto y se topó con un fondo indexado que replicaba el S&P 500 con un coste ultrabajo, sin cargas de ventas escondidas en el anverso o el reverso y sin la exacción de bonificaciones o primas por desempeño. Tras constatarlo, escribió un artículo de opinión ampliamente difundido en el que celebró que «mis súplicas han sido atendidas mucho antes de lo que esperaba».

Así fue, de hecho.

Pero, por desgracia para Bogle, el resto de Wall Street se mostró mucho menos entusiasta.

De hecho, ¡querían linchar a aquel bastardo! Después de todo, su nuevo fondo indexado, con sus comisiones de gestión increíblemente bajas y su notoria ausencia de cualquier tipo de comisión de ventas, representaba una amenaza existencial para toda la industria de fondos de inversión. Básicamente, Bogle había hecho que el S&P 500 se convirtiese en un arma muy peligrosa para Wall Street, al dar pie a un instrumento de inversión que podía comprarse y venderse con una sola operación.

Si este nuevo tipo de fondo ganaba terreno, las ramificaciones para la industria de los fondos de inversión serían absolutamente asombrosas. El sector se vería obligado a reducir drásticamente sus comisiones para seguir compitiendo y, en cualquier caso, si se cumplían las bravuconas advertencias de Bogle, tal producto desencadenaría el éxodo masivo de inversores en busca de aquel nuevo vehículo que lograba mejores resultados.

Las preocupaciones de Wall Street estaban bien fundadas.

Desde el primer momento en que Bogle lanzó su nuevo fondo indexado, Vanguard emprendió una campaña devastadora de costa a costa, predicando sus tres mantras de inversión principales. Desde cada colina, cada montaña y cada tejado, gritó lo siguiente:

1. Nuestras comisiones de gestión son ultrabajas.
2. Nuestros inversores no soportan cargas de ventas escondidas en el anverso o el reverso de nuestros folletos.
3. Nuestro modelo permite prescindir de las bonificaciones por desempeño que desembolsan los fondos de gestión activa.

Con la pasión de un evangelizador, Bogle pasó por cada firma de corretaje, cada gestora, cada oficina de planificación financiera y cada proveedor de seguros que quisiera escucharlo.

Desafortunadamente para Bogle, muy pocos operadores le hicieron caso.

El Complejo de Máquinas Comisionistas de Wall Street ya había entrado en acción. Usando las mismas tácticas que las compañías tabacaleras más grandes de Estados Unidos, llevaban décadas perfeccionado las campañas con las que se aseguraban de poder desacreditar a cualquier individuo que se atreviera a afirmar lo obvio. En el caso del tabaco, la ira caía sobre aquel que afirmase que fumar es peligroso para la salud y que, casi seguro, te lleva a la tumba prematuramente. Y, en este caso, el Complejo de Máquinas Comisionistas de Wall Street articuló un gran esfuerzo de destrucción dirigido contra el maldito Jack Bogle y su estúpido fondo indexado.

Se colocaron anuncios en periódicos y revistas, en vallas publicitarias y en canales de televisión. La campaña llegó a todo el país. Algunos de los anuncios eran realmente impactantes, especialmente aquellos que estaban dirigidos a las personas que vendían fondos de inversión.

Dreyfus, por ejemplo, que era uno de los proveedores de fondos más respetados de Wall Street, publicó una serie de anuncios a página completa en *The Wall Street Journal* con el siguiente eslogan impreso en grandes letras mayúsculas:

¿SIN CARGAS? ¡DE NINGUNA MANERA!

El anuncio era sorprendentemente descarado.

Casi decía: «¡Decidles a los de Vanguard que, si no están dispuestos a pagarte las mismas locas comisiones de venta que nosotros estamos dispuestos a pagarte, entonces deben irse a la mierda y morir!».

Pero aquello fue sólo el comienzo.

Por cada dólar que gastaron en dirigirse a los guardianes de los inversores, gastaron 1.000 dólares en dirigirse a los propios inversores. Querían eliminar cualquier posibilidad de que los beneficios obvios de un fondo indexado de bajo coste pudieran filtrarse de alguna manera en la conciencia pública, desencadenando un movimiento de base capaz de derribar los pilares de su industria.

El objetivo de estos anuncios era diabólicamente simple: perpetuar el mito de que un fondo de inversión administrado activamente es una inversión mucho mejor que un fondo indexado pasivo que simplemente replica al S&P 500 sin intentar superarlo.

Superficialmente, el núcleo de su argumento parecía tener sentido.

Después de todo, ¿por qué querría alguien invertir en un fondo cuyo mejor escenario es el de alcanzar un rendimiento medio? Al fin y al cabo, ¿quién se conforma con el promedio? ¿Qué clase de ambición es ésa? A renglón seguido, Wall Street explicaba que, precisamente por esta razón, sus empresas contrataban a los mejores administradores de fondos del mundo. Porque, a diferencia de Bogle, ¡ellos se negaban a conformarse con ser simplemente como el promedio!

¡El promedio, después de todo, es una mierda!

Y si bien sí estoy de acuerdo con la última parte de esa tesis (el promedio, de hecho, apesta), el resto de lo que decían era una completa y absoluta tontería. Toda la evidencia empírica apuntaba exactamente a lo contrario, especialmente el estudio de Samuelson, que de hecho ofrecía una solución.

A diferencia del estudio de Cowles, que comparó las recomendaciones de acciones individuales con el desempeño histórico de sus precios, el trabajo de Samuelson recogió los resultados de cada fondo de inversión desde el arranque de la industria en la década de los veinte y comparó este desempeño con la evolución histórica del S&P 500, que Bogle había convertido ahora en un instrumento en el que se podía invertir. Así que, una vez más, mientras que el estudio de Cowles simplemente denunciaba un problema, el de Samuelson se combinó con la invención de Bogle y ofreció una solución llave en mano.

Pero, aun así, el Complejo de Máquinas Comisionistas de Wall Street era un enemigo poderoso e hizo todo lo posible con su incesante campaña publicitaria. Aprovechando su relación con sus homólogos de Madison Avenue, igualmente desalmados, Wall Street inventó un sinfín de razones por las que, supuestamente, el invento de Bogle no valía la pena. El hecho de que todas las razones expuestas fueran falsas era algo meramente incidental. Había demasiado en juego como para no reaccionar.

Al principio, la campaña de desprestigio funcionó de manera brillante.

El gráfico 9.1 ilustra lo eficaz que fue el Complejo de Máquinas Comisionistas de Wall Street a la hora de contener el desempeño del fondo de Vanguard durante sus primeros diez años de actividad.

Gráfico 9.1. Vanguard Index Trust 500 (VFINX) (1976-1987)

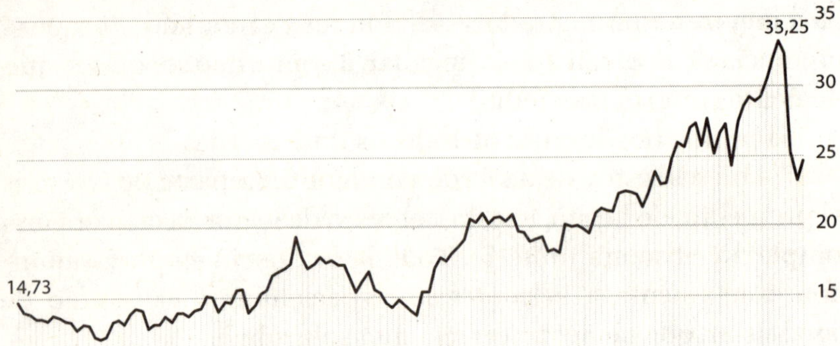

El Complejo de Máquinas Comisionistas de Wall Street había hecho bien su trabajo. De hecho, no hacía falta mucho esfuerzo para enfadar a Bogle, que detestaba con todas sus fuerzas las comisiones de sus competidores. Al final, si bien la propuesta de valor de Vanguard podría haber sido increíblemente excelente desde la perspectiva del inversor, lo cierto es que aún no era muy atractiva desde la perspectiva de los «guardianes» de los inversores, intermediarios que formaban parte de un sistema construido durante cincuenta años y que había venido exprimiendo silenciosamente a sus clientes para obtener jugosos beneficios en forma de miles de millones de dólares cobrados cada año a través de un exceso de comisiones que ni siquiera se justificaba con un rendimiento a todas luces deficiente.[16]

16. Esa tela de araña se vio completamente desarticulada con la llegada de internet, pero hicieron falta veinticinco años más para que los estadounidenses

También es cierto que el propio Bogle lo ponía difícil.

Por decirlo suavemente, no era muy eficaz a la hora de explicar la propuesta de valor de Vanguard, puesto que no lograba vender su producto a los intermediarios financieros apelando a sus intereses, a su propia perspectiva codiciosa. Dicho con otras palabras, si Bogle no estaba dispuesto a pagarles ninguna comisión de venta y el resto de la industria les abonaba un 8,5 por ciento, ¿qué sacaban estos intermediarios si se ponían a favorecer la operativa de Vanguard?

Nada, ¿cierto? Y los intermediarios tienen que comer, ¿no?

En cambio, para Bogle, su forma favorita de explicar su proyecto a los intermediarios no era otra que fingir que era Michael Corleone en *El padrino: parte II*.

¿Recuerdas la escena en la que el senador Geary de Nevada le pide a Michael que le pague un soborno para obtener una licencia de casino en Las Vegas? El hijo de Don Vito le dedica un largo y gélido silencio y, finalmente, responde: «Mi oferta para usted es ésta: nada. Ni siquiera el pago de la licencia de juego, que le agradecería que usted pagara personalmente por mí». Pues bien, más o menos así es como respondía Bogle ante la objeción de aquellos corredores de bolsa que no entendían cómo iban a seguir ganando dinero si Vanguard no les pagaba una comisión.

Por descontado, Bogle tenía clara la respuesta y, en su cabeza, pensaba algo así: «Su deber fiduciario para con sus clientes está por encima de su deseo egoísta de recomendar fondos de inversión con comisiones elevadas y una rentabilidad deficiente. Por tanto, ¿cuál es el puto problema?».

Por poco atractivo que fuera este mensaje para la gente de Wall Street, había algo más en Vanguard que sorprendió aún más a la industria, a saber: la estructura de la compañía de Bogle.

Por razones que aún hoy desconciertan a Wall Street, Bogle creó una estructura sorprendentemente altruista, mediante la

---

tuviesen ancho de banda suficiente para operar online por cuenta propia. De modo que, en el proceso de lanzamiento de Vanguard, la idea de tratar directamente con los clientes a través de un portal en línea no era más que ciencia ficción.

cual las personas que invertían en el fondo indexado de Vanguard se convertían en propietarias de Vanguard. En otras palabras, el propio Bogle no poseía la mayoría de Vanguard, sino que eran sus accionistas quienes tenían el control.

A fecha de hoy, así es como sigue estructurado Vanguard: los partícipes de sus fondos son los propietarios del vehículo. Esta estructura le costó personalmente a Bogle más de 50.000 millones de dólares, pero no hubo ninguna vez a lo largo de su vida en que expresase ningún arrepentimiento por esta cuestión.

De hecho, justo antes de fallecer, un periodista le preguntó si no se arrepentía de la forma en que estructuró Vanguard, puesto que habría ganado mucho más dinero si hubiera conservado la propiedad del vehículo.

Bogle respondió rápidamente, con su estilo inimitable: «Hoy en día tengo una fortuna de ochenta millones de dólares, que es mucho más de lo que podría gastar en diez vidas. Por tanto, ¿a quién le importa eso?».

La misión de Jack Bogle era nivelar el campo de juego en beneficio del inversor medio, de modo que siguió comprometido con su misión hasta el día de su muerte.

Pero, aun así, eso no cambia el hecho de que Bogle luchó por mantener Vanguard a flote durante todo el mercado alcista de la década de los ochenta.

Y después llegó el Lunes Negro.

De repente, en un solo día, la ilusión de prosperidad que había estado protegiendo a la industria de los fondos de inversión de un escrutinio más profundo por parte de los inversores quedó completamente destrozada. Sin un mercado alcista masivo capaz de camuflar el impacto de sus escandalosas comisiones, los inversores se dieron cuenta de que necesitaban recalibrar y repensar sus opciones.

Cuando lo hicieron, encontraron que había una opción en particular que tenía mucho más sentido que todas las demás: el fondo indexado S&P 500 de coste ultrabajo que les ofrecía Vanguard.

Las pruebas habían estado ahí todo el tiempo, pero, tras la crisis, fue como si se hubiera encendido una bombilla en la mente de todos los inversores, tanto minoristas como institucionales. Cuando el valor del S&P 500 comenzó a dispararse a lo largo de la década de los noventa, se puso aún más de relieve la eficacia del enfoque de Vanguard. Y así, lo que había comenzado como un éxodo rápido pero ordenado de los fondos gestionados activamente hacia los fondos indexados de Vanguard devino, literalmente, en una estampida de inversores.

De hecho, echemos otro vistazo rápido al gráfico 9.1 (páginas atrás), en el que destaco el crecimiento anémico de Vanguard entre 1976 y 1987. Esta vez, en el gráfico 9.2 he ampliado la visión para que abarque hasta el presente, hasta el año 2023.

Gráfico 9.2. Vanguard Index Trust 500 (VFINX) (1976-2023)

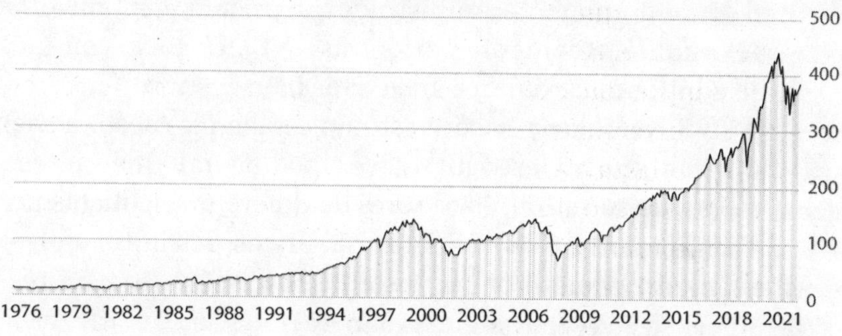

Cuando Buffett anunció su apuesta de un millón de dólares en 2008, el ascenso de Vanguard ya había provocado que la industria de los fondos mutuos sufriera un terremoto. El seísmo había venido marcado por cuatro desarrollos clave:

1. Las comisiones se habían reducido más de un 50 por ciento (y continúan bajando hasta la fecha de hoy). De hecho, han caído más de un 80 por ciento desde las extravagantes cotas que se alcanzaron en el apogeo de la industria, a mediados de la década de los setenta. Sin embargo, para que quede claro, eso no significa que hoy sí tenga sentido invertir en fondos administrados activamente. Al fin y al

cabo, a pesar de las comisiones más bajas que hoy ofrecen a los inversores, lo cierto es que, cuando se compara su desempeño a largo plazo con el de un fondo indexado al S&P 500 que se administra pasivamente, el balance sigue siendo tan malo como antaño.

2. En un caso clásico de «si no puedes con ellos, únete a ellos», las firmas de corretaje y los proveedores de fondos mutuos más grandes de la industria se vieron obligados a subirse al tren de Bogle y ofrecer su propia versión de bajo coste del S&P 500 como fondo indexado.
3. El nacimiento del internet moderno permitió que la noticia de la loca propuesta de valor de Vanguard se extendiera como la pólvora entre los inversores de base. Sin intermediarios que bloquearan el tránsito de unos vehículos a otros, Vanguard creció rápidamente hasta convertirse en el segundo mayor administrador de recursos financieros del mundo, solamente por detrás de BlackRock, con más de 8 billones de dólares en activos bajo gestión.
4. Wall Street, que por supuesto no estaba dispuesto a caer sin plantar cara, creó un nuevo tipo de fondo más agresivo, donde sus administradores de dinero más elitistas podían operar con sus clientes más ricos desde un rincón altamente secreto del ecosistema financiero. Era un resquicio en el que, de alguna manera, todavía se cultivaba la creencia mágica en la supuesta capacidad de los gestores estrella de superar consistentemente el S&P 500, una noción que chocaba contra toda la evidencia disponible, que apuntaba en la dirección opuesta.

No es sorprendente que, cuando se les pidió que explicaran cómo iban a ser capaces de lograr una hazaña tan notable, estos gestores de fondos de élite se negaron a proporcionar ningún detalle, más allá de aludir a un complejo conjunto de estrategias a las que colectivamente se referían como «cobertura» (*hedging*) para protegerse. Con ello querían resaltar su supuesta capacidad para protegerse ante el riesgo en cualquier contexto de mercado.

Wall Street denominó a esta nueva categoría *hedge fund*, o fondo de cobertura, y rápidamente comenzó a construir toda una industria en torno a ella. Crearon héroes y villanos, a grandes personajes que capturaron la imaginación del gran público, convirtiéndose en verdaderas estrellas del rock financieras.

La industria de los fondos de cobertura era el proverbial fénix que surgía de las cenizas de la maltrecha industria de los fondos de inversión, que había sido diezmada a manos de Jack Bogle con su novedoso invento. Incluso Paul Samuelson, que por lo general era alguien muy serio, no pudo evitar resistirse a echar un poco de sal en las heridas de la industria de los fondos de inversión. En 2005, ante un público lleno de administradores de fondos de inversión y comercializadores de la industria, dijo: «Califico este invento de Bogle a la altura de otros como la invención de la rueda, el alfabeto, la imprenta de Gutenberg, el vino o el queso».

¿La respuesta de los allí presentes?

La mayoría guardaron silencio, aunque también se escucharon algunos gruñidos incómodos que salían de muy adentro. Aquélla era una multitud representativa de una industria todavía conmocionada que, por el éxito de Jack Bogle, vio cómo sus fastuosos honorarios se empezaban a evaporar ante sus propios ojos. Al final, la propuesta de valor de Vanguard era simple y llanamente demasiado fuerte como para negarla. De hecho, tal y como habían temido muchos en Wall Street, el éxodo masivo de inversores no tardó en producirse.

Solamente la industria de los *hedge funds* había salido ilesa, pero también eso estaba a punto de cambiar. Habían despertado la ira del Oráculo de Omaha, que se había enfurecido tanto como para atacar al sector con una apuesta de un millón de dólares.

Había mucho en juego.

Los fondos de cobertura eran algo así como la batalla de Custer para los peces gordos de Wall Street que habían logrado esquivar al ejército populista invasor de Vanguard, que le había cortado las piernas a toda la industria de los fondos de inversión. Pero los *hedge funds* no podían huir del Oráculo de Omaha, quien, a pesar de su naturaleza humilde, no dejaba de ser el pez más gordo de todos.

Había lanzado el guante de forma pública, y Ted Seides había mordido el anzuelo con entusiasmo. Ahora, tocaba esperar años, y la verdad sería revelada.

La apuesta comenzó el 1 de enero de 2008.

En juego estaba el hecho de que el vencedor saldría con mucho más que el mero derecho a fanfarronear.

10

La Trifecta Dorada

A estas alturas, estoy seguro de que ya tienes claro quién ganó la apuesta. ¡El Oráculo, por supuesto! Fue un éxito rotundo. De hecho, fue una paliza tan severa para Ted Seides que casi podría decirse que acabó con él... Al fin y al cabo, Buffett no sólo ganó la apuesta, sino que, además, el proceso incluyó dos acontecimientos inesperados que respaldaron con aún más fuerza su argumento sobre las exorbitantes comisiones de Wall Street y el decepcionante desempeño de la industria de los *hedge funds*.

El primero de estos acontecimientos fue el hecho de que Ted Seides no tardó diez años en rendirse y admitir la derrota. Y es que, al final del séptimo año, su desempeño se había quedado tan rezagado que ya le resultaba matemáticamente imposible ganar la apuesta. Así que, en lugar de enfrentar tres años más de humillación financiera, prefirió retirarse elegantemente a finales de 2017. Lamentablemente para Ted, no pudo hacerlo porque la apuesta tenía que durar diez años completos para que el ganador obtuviera las ganancias previstas.

En segundo lugar, al final del décimo año, la brecha en los resultados de uno y otro vehículo se había ampliado tanto que, incluso si la apuesta se hubiera basado solamente en la rentabilidad y no se hubiesen cobrado comisiones, los *hedge funds* habrían seguido saliendo muy mal parados. De hecho, el S&P 500 los habría aplastado por un increíble 30 por ciento.

Las implicaciones derivadas de esta apuesta fueron asombrosas.

Si recuerdas, el propósito original de Buffett al plantear este reto no era más que destacar las escandalosas comisiones que cobran los administradores de los *hedge funds* y denunciar que eso mismo ya hacía prácticamente imposible que tales vehículos lograsen batir al mercado de manera consistente. Pero el ejercicio reveló que, de hecho, los gestores de fondos de cobertura no pueden siquiera superar al mercado en ausencia de comisiones. ¿Entiendes la diferencia? Es un punto enormemente importante.

Los resultados fueron meridianamente claros. Sin embargo, vale la pena repasarlos con algo de detalle. Comenzaremos por el primer año... A lo largo de éste, Ted Seides y los cien *hedge funds* incluidos en su «fondo de fondos» salieron vencedores. Puede sorprenderte, pero cuando consideras la apuesta desde una perspectiva histórica, la victoria temprana de Ted Seides tiene sentido. Al fin y al cabo, la apuesta echó a andar el 1 de enero de 2008, apenas tres meses después de que Lehman Brothers se declarara en quiebra, desencadenando el inicio de la crisis financiera global.

Las bolsas de todo el mundo estaban cayendo en picado conforme el mercado inmobiliario estadounidense se pinchaba como un globo. Ningún país se salvó de la quema, incluido Estados Unidos, donde se había originado todo el desastre y desde donde se había exportado esta calamidad financiera que también golpeó al resto del mundo.

De hecho, esto es precisamente a lo que me refería en el capítulo 3 cuando dije que, a lo largo de los últimos cuarenta años, los genios de Wall Street «han llevado a Islandia a la bancarrota, han reventado a Noruega, han diezmado a Grecia y han saqueado a Polonia», entre otros hitos. Por supuesto, Wall Street no hizo todo eso a punta de pistola, sino convenciendo a estos países de que era recomendable comprar miles de millones de dólares en hipotecas tóxicas que estaban tan apalancadas que solamente cabe hablar de semejantes productos como de auténticas armas de destrucción financiera masiva que explotaron exactamente al mismo tiempo: a lo largo del tercer trimestre de 2007.

¿El resultado? El año 2008 fue terrible para la bolsa, lo que brindó a los fondos de cobertura de Ted Seides la oportunidad de sacar ventaja durante el primer año de la apuesta. Mientras el S&P 500 se dejó el 38,5 por ciento de su valor, los *hedge funds* utilizaron su punto más fuerte (la cobertura) y lograron mitigar sus pérdidas de forma significativa.

Durante dicho ejercicio los fondos perdieron, en promedio, el 24 por ciento de su valor, lo que puso a Seides 14,5 puntos por delante del Oráculo.

Luego llegó el segundo año. Ya vimos que al Dow Jones no le hicieron falta veintiséis años para recuperarse de la Gran Depresión. Pues bien, tras el golpe del ejercicio de 2008, el S&P 500 comenzó a recuperarse en 2009, construyendo así el inicio de su rebote, que fue lento, pero constante y predecible, lo que nos recuerda una lección importante que nunca debes olvidar: los mercados bajistas no suelen durar mucho.

En realidad, esto es un malentendido común entre los inversores. Tanto los que solamente son meros aficionados como los profesionales de la industria tienden a pensar en los mercados bajistas como tiempos prolongados, lentos y dilatados que requieren de un período dolorosamente largo para lograr salir adelante y resolverse por sí mismos. En realidad, lo que sucede es todo lo contrario. Las crisis suelen ser agudas, graves y extremadamente dolorosas, pero, cuando se comparan con el lento, constante y progresivo ascenso del mercado de valores y sus fases alcistas, lo cierto es que los tiempos bajistas no duran mucho. De hecho, desde la firma del Acuerdo de Buttonwood, allá por 1792, el crecimiento lento y constante del mercado de valores ha sido una tendencia tan predecible como un reloj.

En la tabla 10.1 verás exactamente lo que quiero decir.

Tabla 10.1. Duración de los mercados bajistas y alcistas (1900-2022)

Mercados bajistas			Mercados alcistas		
Inicio	Fin	Meses	Inicio	Fin	Meses
Ene 1900	Ene 1901	12	Ene 1901	Sep 1902	20
Oct 1902	Sep 1904	23	Sep 1904	Jun 1907	33
Jun 1907	Jul 1908	12	Jul 1908	Ene 1910	18
Feb 1910	Feb 1912	24	Feb 1912	Feb 1913	12
Feb 1913	Ene 1915	22	Ene 1915	Sep 1918	43
Sep 1918	Abr 1919	6	Abr 1919	Feb 1920	9
Feb 1920	Aug 1921	17	Aug 1921	May 1923	21
Jun 1923	Aug 1924	14	Aug 1924	Oct 1926	26
Nov 1926	Dic 1927	13	Dic 1927	Sep 1929	21
Sep 1929	Abr 1933	43	Abr 1933	May 1937	49
Jun 1937	Jul 1938	13	Jul 1938	Feb 1945	79
Mar 1945	Nov 1945	8	Nov 1945	Nov 1948	36
Dic 1948	Nov 1949	11	Nov 1949	Aug 1953	45
Aug 1953	Jun 1954	9	Jun 1954	Sep 1957	39
Sep 1957	May 1958	7	May 1958	May 1960	23
May 1960	Mar 1961	9	Mar 1961	Ene 1970	105
Ene 1970	Dic 1970	10	Dic 1970	Dic 1973	36
Dic 1973	Abr 1975	15	Abr 1975	Ene 1980	57
Feb 1980	Aug 1980	6	Aug 1980	Aug 1981	12
Aug 1981	Dic 1982	15	Dic 1982	Jul 1990	91
Aug 1990	Abr 1991	8	Abr 1991	Abr 2001	119
Abr 2001	Dic 2001	8	Dic 2001	Ene 2008	72
Ene 2008	Jul 2009	17	Jul 2009	Mar 2020	127
Mar 2020	May 2020	1	May 2020	Dic 2022	30
Duración media de los mercados bajistas	=	13	**Duración media de los mercados alcistas**	=	47

La tendencia a largo plazo es muy clara. La marcha lenta y constante del mercado de valores es hacia arriba, y las caídas, aunque hayan sido severas y bruscas, han tenido una duración mucho más corta. Por lo tanto, no debería sorprenderte que el ganador del primer año no fuera el Oráculo de Omaha, con un producto tan sencillo como su fondo indexado.[17]

Al final del décimo año, el Vanguard 500 Index Fund Admiral Shares registraba una rentabilidad del 125,9 por ciento des-

17. La única excepción a partir del segundo ejercicio fue el año número cinco, en el que se registró un empate estadístico y ambas partes obtuvieron aproximadamente una rentabilidad del 12,5 por ciento.

pués de descontar los honorarios y gastos, mientras que los *hedge funds* de Ted Seides cerraron la década con un rendimiento general neto de apenas un 36 por ciento. La diferencia era del 89,9 por ciento.

Además, la apuesta puso de manifiesto que el 60 por ciento de todas las ganancias generadas por los *hedge funds* se destinaron a pagar los honorarios de los gestores de los fondos de cobertura o de la entidad que los aglutinaba en el «fondo de fondos» de Ted Seides. Dicho con otras palabras, tanto Ted Seides como los gestores de los *hedge funds* se llevaron millones de dólares por hacer un trabajo tan absolutamente deprimente que, incluso si no hubieran cobrado ni un solo centavo en concepto de honorarios, igualmente habrían perdido la apuesta por un 29,9 por ciento.

Peor aún, como las comisiones se cobran al final de cada año, esto disminuía significativamente el impacto de la capitalización a largo plazo, lo que hacía que el rendimiento del «fondo de fondos» se resintiera aún más. Por ejemplo, durante el período de diez años, Vanguard había promediado una rentabilidad anual compuesta del 7,1 por ciento, mientras que los *hedge funds* se quedaban en un 2,2 por ciento. En términos prácticos, esto significaba que, cada año, la cuenta Vanguard de Buffett crecía, en promedio, un 7,1 por ciento, lo que le daba un 7,1 por ciento más de dinero para reinvertir a lo largo del año siguiente. Esto creaba un potencial aún mayor para apuntalar sus ganancias y beneficiarse del pago de dividendos trimestrales.

Cuando finalmente terminó la apuesta, en 2018, el millón de dólares invertido en los fondos de Seides solamente había crecido en 220.000 dólares, mientras que el millón de dólares invertido por Buffett en el fondo de Vanguard registraba una revalorización de 854.000 dólares. Esta enorme diferencia no era más que el resultado de tres poderosas fuerzas que trabajaron codo con codo para producir un resultado tan extraordinario:

1. La fortaleza histórica de las rentabilidades asociadas a invertir en el S&P 500.
2. Las comisiones extremadamente bajas de Vanguard.
3. El poder de la capitalización a largo plazo.

Si aprovechas estas tres poderosas fuerzas, puedes empezar con una pequeña cantidad de dinero y convertirla, con el paso del tiempo, en un gigantesco colchón de ahorro. La palabra clave aquí es *tiempo*.

El tiempo es el factor X más importante que hace que la capitalización funcione de una forma aparentemente mágica, a pesar de que no tiene nada de sobrenatural y solamente hablamos de matemática básica. Un ejemplo clásico: si coges un centavo y cada día eres capaz de duplicar su valor, en apenas treinta días serías millonario. Recuerdo la primera vez que escuché esto. No me lo creía, así que saqué papel y lápiz e hice los cálculos. Cuando llegué al día 10, me dije: «Esto nunca va a funcionar. Apenas tengo 10 dólares y ya he recorrido un tercio del camino. ¿Cómo puedo llegar a un millón de dólares?». De hecho, cuando llegué al día 20, tenía aún más confianza en que aquello no funcionaría. Me dije a mí mismo: «¡Esto es una tontería! Apenas quedan diez días y tengo apenas 5.000 dólares. ¡No hay manera de que llegue al millón!».

Entonces sucedió algo increíble.

A medida que pasé del día 20 al 30, el número empezó a crecer enormemente.

Nunca olvidaré lo que vi. Era algo como lo que muestra la tabla 10.2.

Tabla 10.2. Crecimiento de una inversión de 1 centavo duplicándose cada día durante 30 días

Día 1:	0,01 $	Día 11:	10,24 $	Día 21:	10.485,76 $
Día 2:	0,02 $	Día 12:	20,48 $	Día 22:	20.971,52 $
Día 3:	0,04 $	Día 13:	40,96 $	Día 23:	41.943,04 $
Día 4:	0,08 $	Día 14:	81,92 $	Día 24:	83.886,08 $
Día 5:	0,16 $	Día 15:	163,84 $	Día 25:	167.772,16 $
Día 6:	0,32 $	Día 16:	327,68 $	Día 26:	335.544,32 $
Día 7:	0,64 $	Día 17:	655,36 $	Día 27:	671.088,64 $
Día 8:	1,28 $	Día 18:	1.310,72 $	Día 28:	1.342.177,28 $
Día 9:	2,56 $	Día 19:	2.621,44 $	Día 29:	2.684.354,56 $
Día 10:	5,12 $	Día 20:	5.242,88 $	Día 30:	5.368.709,12 $

¡Me quedé absolutamente alucinado!

Debí haber repetido diez veces el ejercicio para asegurarme de que no había ningún fallo. Pero no, no había trampa. Aquélla fue mi primera experiencia con el interés compuesto, un fenómeno capaz de coger una cantidad muy pequeña de dinero y convertirla en un millón de dólares.

El gran Albert Einstein estaba intrigado por la extraña forma en que funciona la capitalización, que aumenta primero lentamente y después, de repente, se dispara hasta la luna. Maravillado, se refirió a ella como la «octava maravilla del mundo». Al respecto, dijo que «quien comprende el interés compuesto siempre saldrá ganando; quien no lo entiende siempre lo acaba pagando». Tenía toda la razón, en ambas cosas:

1. La capitalización es increíblemente poderosa.
2. La capitalización puede actuar en ambos sentidos, trabajando a tu favor... o en tu contra.

Por ejemplo, ¿te has preguntado alguna vez por qué las compañías que emiten tarjetas de crédito están siempre tan dispuestas a refinanciarte y permitirte que no pagues el saldo que tienes pendiente a final de mes? No solamente te lo ofrecen: en realidad están rezando para que se lo solicites.

¿Por qué? Porque el interés sobre los saldos pendientes de pago de las tarjetas de crédito se acumula día a día, de acuerdo con la regla del interés compuesto. Dicho de otro modo, al final de cada jornada, el interés acumulado durante la jornada anterior se añade a todo el balance pendiente de pago del mes anterior, de modo que las obligaciones crecen ligeramente, haciendo a su vez que el interés exigido mañana sea aún más alto. Así es como empieza el proceso: de forma lenta, insidiosa. Pronto, acabas rascándote la cabeza y preguntándote cómo coño acabaste debiendo tanto dinero en tus tarjetas de crédito, ¡si en el último año no has comprado más que un par de calcetines nuevos!

Es como una bola de nieve que va rodando lentamente, montaña abajo, acumulando un poco más de nieve en cada giro, lo que aumenta su tamaño y le da una superficie cada vez mayor. Al principio, su tamaño no es nada del otro mundo. Al principio, la bola de nieve era muy pequeña, de modo que es preciso que ruede un poco para que se empiece a notar la diferencia. Y, entonces, casi de repente, la bola de nieve ha crecido tanto que parece que podría derribar cualquier cosa a su paso, empezando por ti.

Eso es lo que sucede cuando uno está del lado equivocado de la capitalización. Antes de que te des cuenta, acabas arruinado, desconcertado y hundido por la manera en que dejaste que tus finanzas se salieran fuera de control. Y, en realidad, lo cierto es que no hace falta mucho para que esto ocurra: solamente la certeza matemática de lo que ocurre cuando la capitalización a largo plazo ejerce su magia en tu contra, de forma maligna.

Por supuesto, como también señaló Einstein, la capitalización puede funcionar a nuestro favor con idéntica facilidad. Con tal fin, hay tres variables clave que te permitirán aprovechar al máximo el poder de la capitalización a largo plazo y convertir incluso una pequeña inversión inicial en un ahorro gigantesco:

1. *La rentabilidad anual de tu cartera de inversión.* Existe una relación directa entre la rentabilidad anual de tu cartera de inversión y la tasa de capitalización. Más específicamente, una mejora en el ROI induce un aumento de la tasa de capitalización, y una caída en el ROI acarrea un descenso de la tasa de capitalización. En el caso de Ted Seides, su ROI de la inversión promedio, del 2,2 por ciento, fue tan mediocre que anuló casi por completo el impacto de la capitalización. Por el contrario, la rentabilidad promedio del 7,2 por ciento que alcanzó la apuesta de Buffett fue más que suficiente para impulsar el importante efecto de la capitalización a largo plazo.
2. *El paso del tiempo.* Cuanto más largo sea el período a lo largo del cual se desarrolla la capitalización, más poderoso será su impacto. Después de un período de tiempo lo suficientemente largo, se habrá alcanzado lo que se conoce como el umbral de la etapa tardía. Éste es el punto a partir del cual la inversión empieza a volverse parabólica.

En un fondo indexado del S&P 500, el umbral de la etapa tardía comenzaría alrededor del año veinticinco y se intensificaría dramáticamente a partir de entonces. Por ejemplo, en treinta años, 10.000 dólares de inversión valdrían más de 365.000 dólares, y en cuarenta años ya estarían generando 1,2 millones de dólares.[18]

3. *Tu compromiso de realizar aportaciones adicionales.* Hacer aportaciones periódicas a una cartera de inversión que ya está experimentando los beneficios propios de la capitalización es algo así como echarle más gasolina al fuego. En la jerga de Wall Street, el proceso de añadir periódicamente una pequeña suma de dinero a una posición preexistente se conoce como el «promedio de coste en dólares». Cuando se aplica este proceso, con un fondo indexado que replica el S&P 500 y que ha venido registrando un interés compuesto del 11,89 por ciento cada año, el impacto financiero es absolutamente asombroso. Usando el mismo ejemplo, si simplemente añadimos 100 dólares al mes a nuestra inversión original de 10.000 dólares, veremos que, pasados treinta años, esa inversión de 365.000 dólares arrojaría una importante revalorización, hasta llegar a los 723.000 dólares. En cuarenta años, tendríamos 2,4 millones de dólares, en vez de 1,2 millones de dólares. He ahí el verdadero poder de la llamada «Trifecta Dorada».
4. *La Trifecta Dorada*

    - La rentabilidad histórica anual del S&P 500 alcanza el 10,3 por ciento.
    - El interés compuesto maximiza su poder en el largo plazo.
    - Hacer nuevas aportaciones de forma regular apuntala el proceso.

18. Este cálculo parte de que el vehículo en el que se invierte reinvierte dividendos y también asume que el S&P 500 mantiene su ROI promedio histórico de los últimos cien años, del 11,89 por ciento.

Recuerda siempre que, debido a que la capitalización requiere un período de tiempo significativo para desarrollar plenamente su poder, la gran mayoría de las ganancias se producen cuando se alcanza el umbral de la etapa tardía. No lo olvides, puesto que puede ser difícil imaginar que todo esto pueda funcionar partiendo de una pequeña inversión. Precisamente por eso hay mucha gente que se siente tentada a recurrir al último grito inversor, para intentar hacerse rica rápidamente. A menudo, lo que esto puede hacer es que acabes muy apalancado o termines perdiéndolo todo.

Ésta es una de las principales razones por las que tantas y tantas personas lidian durante toda su vida con dificultades financieras que les llevan a caer en las zarpas de supuestos expertos que les impelen a hacer inversiones que realmente no sirven de nada. El resultado de esto es que, al final, mucha gente no puede mantener a sus familias como lo haría de otra manera. En última instancia, esto hace que muchas personas no puedan jubilarse con comodidad y dignidad.

Pero no tiene por qué ser así. Ya no.

Puedes recuperar el control de tu futuro financiero y asegurarte una vida mejor para ti y para tu familia. Y todo comienza con una creación como el fondo indexado S&P 500 de bajo coste y sin carga que lanzó Jack Bogle. Esto ayuda a que incluso el inversor más modesto pueda aprovecharse del poder imparable de la Trifecta Dorada, que se ve conjugado aquí con el poder colectivo de las empresas más grandes, poderosas y rentables de Estados Unidos.

De hecho, en el mismo momento en que compras acciones de cualquier fondo indexado que replica el S&P 500, hay cuatro cosas increíbles que te suceden casi al instante:

1. Te conviertes en copropietario de cada una de esas quinientas empresas que cotizan en bolsa y que componen el índice.
2. Tu cartera se diversifica de forma amplia, abarcando todos los sectores de actividad que están impulsando el rumbo de la economía estadounidense.

3. Tu cartera se diversifica también a nivel global, puesto que el índice está dominado por empresas multinacionales que operan en todo el mundo y cosechan el 30 por ciento de sus ingresos a través de su actividad en el extranjero.
4. Tienes a los treinta y dos mil empleados de Standard & Poor's trabajando para ti y dedicados a garantizar que todas las empresas que actualmente figuran en el índice se merecen permanecer en el selectivo.

¿Y cuánto te cuesta beneficiarte de esta propuesta tan tremendamente lucrativa?

Bueno, depende del fondo indexado que elijas, pero si optas por el Vanguard 500 Index Fund Admiral Shares, un vehículo que recomiendo encarecidamente, entonces la comisión anual será del 0,04 por ciento de tu inversión total.

En dólares, esto significa que, por cada 10.000 dólares que inviertas, pagarás una comisión anual de 4 dólares. Así es, 4 dólares.

Suena demasiado bueno para ser cierto, ¿verdad?

De hecho, lo es. Pero, aunque parezca mentira, es cierto.

Es más: la cosa es aún mejor.

Cuando eres «propietario» del índice S&P 500 no solamente tienes en tu cartera todos esos números y letras que se deslizan por la pantalla de tu ordenador, sino que, además, tienes derecho a un pedazo, por pequeño que sea, de los beneficios que cosechen las quinientas empresas más rentables de Estados Unidos. En su conjunto, hablamos de billones de dólares de valor, así como de activos por miles de millones de dólares que están invertidos en bienes de equipo, inventario, patentes, derechos de autor, marcas y procesos patentados o sofisticadas cadenas de suministro que permiten que las materias primas y los productos terminados se abran paso por todo el mundo de forma rentable.

Además, no hay que dejar a un lado los vastos recursos humanos que estas empresas han reunido minuciosamente, como resultado de incontables décadas de búsqueda de talento y reclutamiento. Por ejemplo, en este momento, las quinientas empresas que componen el índice emplean, en conjunto, a más de 32 millones de personas repartidas por 150 países. Muchas de ellas tienen títulos muy avanzados y una capacitación especializada valorada en miles de millones de dólares. Harían falta muchos años para reemplazar semejante ejército de recursos humanos, si es que acaso pudieran ser reemplazados, dado el valor incalculable de su experiencia combinada, tanto individualmente como en equipo.

Día tras día, este ejército global se pone a trabajar para ti. Cada uno de estos trabajadores forma parte de una máquina bien engrasada, diseñada para maximizar las ganancias e impulsar el valor generado para los accionistas, lo que en última instancia se refleja en el precio de las acciones de la empresa y en el tamaño de su dividendo.

Pero eso es solamente el comienzo.

Además de todo el trabajo duro y el ingenio asociado a estar invertido en este índice, uno de los atributos clave del S&P 500 es el hecho de que las empresas que lo componen siguen cambiando con el tiempo. Eso es lo que, a lo largo de los últimos cien años, ha convertido el S&P 500 en una inversión muy fiable.

Así es como funciona.

El comité del índice S&P 500 se reúne una vez cada trimestre para garantizar dos resultados cruciales:

1. Que cada una de las quinientas empresas que actualmente componen el índice siga siendo la mejor opción posible para representar al sector económico al que pertenece.
2. Que cada uno de los sectores económicos (diez en total) esté ponderado adecuadamente en relación con la composición actual de la economía estadounidense.

Por ejemplo, cuando el índice se lanzó por primera vez en 1957, su composición se volcaba enormemente en las empresas de un sector industrial que, en aquel momento, contaba con 425 de las 500 empresas, mientras que la atención sanitaria, las finanzas o las tecnologías de la información representaban a apenas 17 empresas.

Por descontado, la ponderación del índice es casi exactamente la opuesta: los tres sectores más importantes son los de las tecnologías de la información, los servicios financieros y la atención sanitaria, mientras que las empresas industriales que alguna vez fueron dominantes ocupan ahora el último lugar del grupo. Después, en una zona intermedia, figuran todas las empresas de bienes de consumo (divididas a su vez en bienes de consumo básico o de consumo discrecional) y, después, nos topamos con las empresas de energía, las compañías inmobiliarias y las operadoras de suministros o materiales.

En términos prácticos, cuando una empresa cae en desgracia por una mala situación financiera o se convierte en un representante menos relevante dentro de su sector económico, el comité del índice reemplazará a dicha compañía por otra más relevante de su mismo sector. Después de todo, no tendría mucho sentido que el mayor fabricante de coches de caballos del país siguiese formando parte del índice, como tampoco tendría sentido que el selectivo estuviera fuertemente ponderado hacia la industria después de que Estados Unidos haya dedicado los últimos cuarenta años a trasladar su base manufacturera a China y otros lugares.

En esencia, cuando compras el S&P 500, estás apostando por el éxito general de la economía estadounidense. Esta apuesta ha demostrado ser una de las más confiables de la historia económica.

Y es que, a pesar de todos sus defectos y fallos, la estadounidense es una economía que ha demostrado ser extremadamente resiliente y que sirve como una especie de faro para el resto del mundo. Puedes comprobar por ti mismo la rentabilidad a largo plazo del S&P 500 imprimiendo un gráfico que se remonta a los inicios del índice en 1923, cuando se publicaba sólo una vez por semana. Pega ese gráfico a la pared, da unos pocos pasos atrás para verlo mejor y verás rápidamente cuál ha sido su evidente tendencia en el largo plazo.

La tendencia ha sido ascendente.

De hecho, te ahorraré el esfuerzo. No hace falta que busques ese gráfico y te lo imprimas: te lo copio a continuación (gráfico 10.1).

Gráfico 10.1. Evolución del S&P 500 (1923-2023)

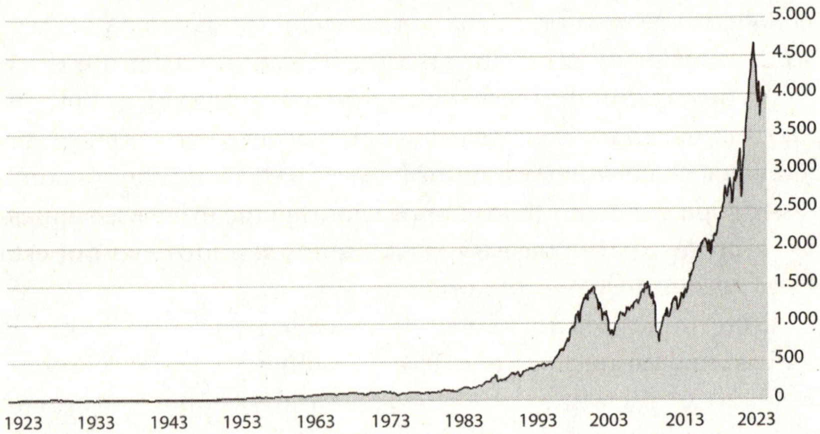

Warren Buffett resumió todo perfectamente en su carta anual a los accionistas de Berkshire Hathaway del año 2017. Ted Seides había tirado la toalla y, como respuesta a este desenlace, el Oráculo escribió lo siguiente:

> A lo largo de los años, a menudo me han pedido consejo sobre inversiones y, a la hora de responder, he aprendido mucho sobre el comportamiento humano. Mi recomendación habitual ha sido la de sugerir la inversión en un fondo indexado del S&P 500 de bajo coste. Por lo general, mis amigos de condición económica más modesta han seguido mi sugerencia.
>
> Sin embargo, creo que ninguno de los megarricos, de las grandes instituciones o de los fondos de pensiones que me han preguntado por esta cuestión han seguido ese mismo consejo cuando se lo di. Estos inversores me agradecen con mucha cortesía que comparta con ellos mis pensamientos, pero luego se dejan seducir por el canto de sirena de algún gestor que, a base de convencerlos, se asegurará sus elevadísimas comisiones. Y, en el caso de muchas instituciones, la mayoría acaban dedicándose a buscar a algún consultor o asesor estrella.

Al final, el consejo de Buffett se puede resumir en cuatro sencillas preguntas que todo inversor debería plantearse antes de dejar que un «experto» administre su dinero:

1. ¿Qué rentabilidad anual puedo esperar razonablemente con mi inversión si me dedico yo mismo a administrar mi dinero?
2. ¿Cuál será la revalorización esperada de mi inversión si dejo que un «experto» administre ese dinero?
3. ¿Cuánto me cobrará este supuesto «experto» por sus servicios de asesoramiento?
4. Una vez deduzco los honorarios que me exige ese supuesto «experto», ¿acaso sigue teniendo sentido dejar que esta persona administre mi dinero?

Vayamos respondiendo punto por punto:

1. *¿Qué retorno anual puedes anticipar para tu cartera si administras por ti mismo tu propio dinero?* Ahora que ya he divulgado el mayor truco de inversión del mundo, sería razonable esperar que el S&P 500 siga funcionando como lo ha hecho durante los últimos cien años, es decir, puedes esperar una rentabilidad promedio de aproximadamente el 10,33 por ciento.
2. *¿Cuál sería el aumento de la rentabilidad anual si optases por contratar a un supuesto «experto»?* La estadística es aleccionadora: en un año dado, solamente el 25 por ciento de los fondos administrados de forma activa superaron a su índice de referencia. Y, durante un período de diez años, casi ninguno de ellos superó su índice de referencia. Además, esos pocos fondos que sí son capaces de lograr esa hazaña milagrosa no están disponibles para la entrada de inversores promedio.
3. *¿Cuánto cobran los supuestos «expertos» por sus servicios de asesoramiento?* Demasiado, si tenemos en cuenta lo que apunta la respuesta anterior.
4. *Si deduzco los honorarios del supuesto «experto» y calculo la rentabilidad neta que me queda, ¿acaso tiene sentido dejar que sea él quien administre mi dinero?* ¡Absolutamente no!

¿Lo pillas?

Supongo que ahora sí lo tienes claro.

De hecho, a estas alturas del libro ya deberías tenerlo todo muy claro. Quizá antes de empezar a leer no lo veías igual. Al fin y al cabo, el Complejo de Máquinas Comisionistas de Wall Street ha realizado un excelente trabajo a la hora de lavarles el cerebro a los inversores comunes, haciéndoles pensar que la inversión activa es el mejor camino que pueden seguir. Esto les hace sentir que deberían permanecer sentados en la mesa, jugando al juego del tonto y siendo esquilados lentamente, como una dócil oveja.

Pero, ahora que eres consciente del mayor truco de inversión del mundo, ¿por qué seguir escuchando al Complejo de Máquinas Comisionistas de Wall Street, que en el fondo solamente intentan justificar sus tonterías egoístas? Dicho de otra forma, ¿por qué alguien como tú o, para el caso, cualquier inversor en su sano juicio debería siquiera plantearse seguir pagando a un «experto» cuando uno mismo puede hacerlo mucho mejor simplemente dejando su dinero invertido en un fondo indexado y sin cargas que replica el desempeño del S&P 500?

Nadie haría algo así, ¿verdad? ¡Entonces tú tampoco deberías hacerlo!

Pues bien, antes de leer este libro, es posible que tuvieses alguna razón legítima para dejar que un «experto» administre tu dinero. Después de todo, si no te hubieras enterado del mayor truco de inversión del mundo, probablemente habrías cosechado rentabilidades muy deprimentes. De hecho, durante los últimos treinta años, la inversión activa ha tenido una rentabilidad anual promedio de apenas el 4,0 por ciento, mientras que el S&P 500 ha promediado un 11,86 por ciento. Además, en el gráfico 10.2 puedes ver cómo, incluso en sus mejores años, la inversión activa ni siquiera se acerca a la rentabilidad pasiva derivada de dejar el dinero invertido en un fondo indexado de bajo coste que replique el S&P 500.

Gráfico 10.2. Rentabilidad media para el inversor de fondos de inversión vs. S&P 500: rentabilidad anualizada (excepto dato de año 1)

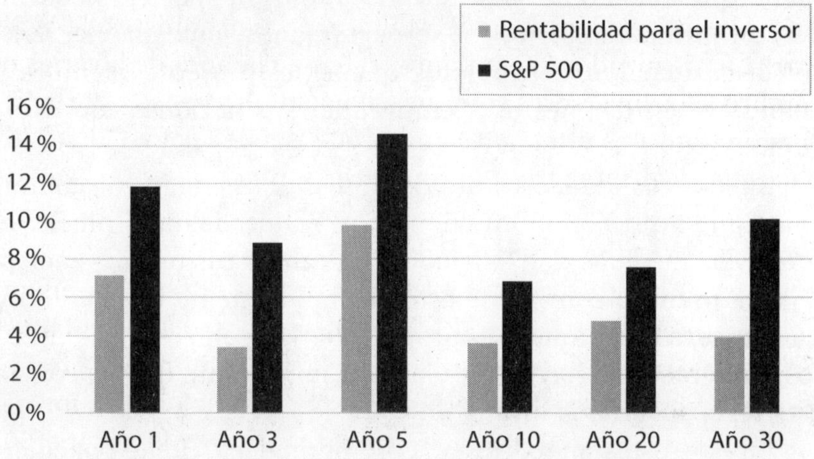

Cuando consideramos el poder del interés compuesto, un 7,86 por ciento adicional puede marcar la diferencia hasta el punto de que te puede cambiar la vida, siempre y cuando tengas paciencia suficiente para esperar a que se alcance el umbral de la etapa tardía, momento en el cual el valor de tu cartera comenzará verdaderamente a despegar. Es importante destacar que esto no significa que no disfrutarás de los beneficios del 7,86 por ciento adicional a lo largo del camino. Lo que quiero decir es que transformar una inversión relativamente modesta en ahorros significativos lleva tiempo. Eso requiere paciencia y confianza, pero, si te mantienes firme y no tomas decisiones apresuradas, el poder del interés compuesto desplegará toda su magia financiera y te hará prosperar.

Sin embargo, hay un pequeño problema. Por naturaleza, los seres humanos no somos criaturas pasivas, sino activas. Estamos genéticamente programados para interactuar con nuestro entorno y lograr nuestros objetivos. El impulso hacia la acción está profundamente arraigado en nuestro ADN y nos ha ayudado mucho desde hace decenas de miles de años. Como afirmó el ilustre general Aníbal en el año 218 a. C.: «¡O encontramos un camino o lo abrimos!». Entonces, de lo que se hablaba era de cruzar los Alpes en elefante para atacar de forma sorpresiva e inesperada la ciudad de Roma. Sus asesores militares consideraban que aquello era una hazaña imposible, pero él pensaba de otra forma. Sabía que los seres humanos son capaces de resolver casi cualquier problema que se les presente, siempre y cuando estén dispuestos a emprender sus acciones con decisión.

En la actualidad, esta cita de Aníbal se usa de forma común como una expresión motivacional que recalca la importancia de tomar las medidas que te ayuden a alcanzar tus propias metas. Es una premisa con la que estoy completamente de acuerdo y que procuro inculcar en mis propias charlas, conferencias y eventos. Sin embargo, hay una excepción importante que va contra esta regla general: la inversión.

En este caso, tomar decisiones y emprender acciones por cuenta propia y de forma impulsiva es un puto desastre.

Por supuesto, esto no significa que la inversión activa nunca pueda ser fructífera. De vez en cuando, un inversor puede tener suerte y experimentar una euforia momentánea y llevarse la correspondiente recompensa financiera. Pero, por desgracia, la mayoría se pasan décadas persiguiendo esa sensación de euforia, al mismo tiempo que pierden sus ganancias y mucho más en el proceso...

La conclusión es clara: a la hora de invertir, no hay nada que justifique una actitud excesivamente activa. Aunque cierto nivel de acción es necesario (por ejemplo, configurar tus cuentas, seleccionar los fondos indexados adecuados y realizar una planificación fiscal apropiada, entre otros aspectos que te explicaré en páginas posteriores), lo cierto es que, cuanto más te alejes de lo básico, peores serán tus resultados.

Paul Samuelson lo demostró exactamente con su tesis ganadora del Premio Nobel: la hipótesis del mercado eficiente (*efficient market hypothesis*, EMH). En esencia, vino a decir que, en mercados bien desarrollados, como la Bolsa de Nueva York o el Nasdaq, toda la información relevante está ya disponible y se refleja en los precios de las acciones. Esto hace que seleccionar acciones de forma individual y obtener mejores resultados que el mercado de forma sostenida sea extraordinariamente difícil, incluso para los inversores más exitosos del mundo. La mayoría de las veces, la constante compraventa y la rotación de cartera causa más mal que bien, lo que hace que un fondo indexado pasivo y de bajo coste se convierta en una inversión mucho más recomendable a largo plazo.

Llegados a este punto, cabe hacerse la siguiente pregunta: dado que se ha demostrado más allá de toda duda que el exceso de actividad por parte de los operadores financieros conduce a una caída de la rentabilidad, ¿por qué Wall Street sigue recomendando el tipo de dinámicas que conducen precisamente a ese tipo de excesos de actividad?

La respuesta es obvia: porque ese tipo de operativa genera mucho más dinero... para ellos.

En el caso de los *hedge funds*, la motivación que justifica su tendencia al exceso de actividad es clara y comprensible. Estas dinámicas son necesarias para justificar la existencia misma de tales vehículos. Después de todo, el administrador de estos fondos de cobertura tiene que encontrar alguna forma de justificar una comisión de gestión del 2 por ciento y una bonificación por resultados del 20 por ciento. Si solamente se dedicase a comprar una réplica del S&P 500 y a reinvertir los dividendos, no sería tan fácil justificar esos honorarios inflados.

Dicho de otro modo, si fuesen honestos, serían destrozados y, por descontado, acabarían en la calle.

En el caso de los agentes de bolsa, la motivación es ligeramente diferente. En su caso, la clave radica en la relación directa entre el exceso de actividad comercial y el aumento de sus ingresos por comisiones. En Wall Street se le llama «*churning*» al proceso de incurrir en dinámicas de negociación excesiva para generar más ingresos por comisiones. ¿Adivinas quién gana siempre con esto? El agente de bolsa.

Ahora bien, para que quede claro, no estoy diciendo que todos los administradores de fondos y todos los corredores que realizan operaciones lo hagan siguiendo un interés egoísta. Estoy seguro de que, en muchos casos, ellos creen genuinamente que sus compras y ventas redundan en el mejor interés de sus clientes y que, en última instancia, darán como resultado una rentabilidad superior al promedio. Pero, al final, todo es una quimera, porque unos y otros no pueden escapar de la realidad matemática que esconde la hipótesis del mercado eficiente ni de la práctica imposibilidad de que un administrador de fondos bata al mercado de manera consistente.

La tendencia hacia la inversión pasiva ya ha comenzado. En los últimos veinte años se ha producido un notable giro. Las estrategias de inversión activa, con sus comisiones tan increíblemente altas y sus mediocres rentabilidades, están perdiendo peso frente a fondos indexados de gestión pasiva que registran, en promedio, mejores rentabilidades a largo plazo con unas comisiones notablemente más bajas.

El gráfico 10.3 pone de manifiesto esta evolución.

Gráfico 10.3. La gestión pasiva ya controla el 53,8 por ciento de la inversión en EE. UU.

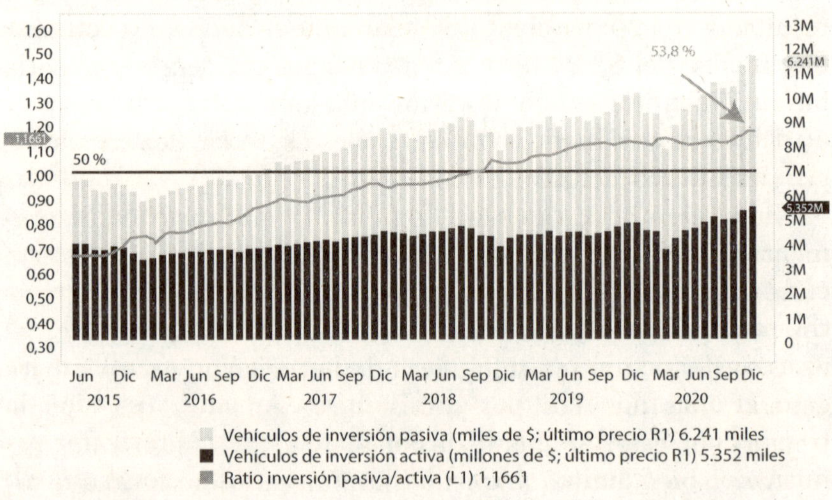

Fuente: Bloomberg Intelligence.

En la actualidad, aproximadamente el 25 por ciento de todas las acciones en circulación de las empresas que componen el S&P 500 pertenecen a fondos indexados, en comparación con el 3 por ciento que ostentaban en 2000. Hoy en día hay docenas de opciones para elegir y esto se debe, en gran parte, a la incansable labor de evangelización financiera de Jack Bogle. Prácticamente todos los principales proveedores de fondos ofrecen su propia versión de un fondo indexado de bajo coste que replica el desempeño del S&P 500 o de otros índices bien conocidos. Los principales proveedores de fondos como Vanguard, BlackRock, Fidelity y Charles Schwab ofrecen miles de fondos indexados diferentes que rastrean todo tipo de segmentos, desde acciones de alta capitalización hasta acciones de baja capitalización, bonos de deuda pública, títulos asociados a mercados emergentes, materias primas o sectores clave de la economía, entre otros.

Por lo general, estos fondos suelen estar estructurados de una de las dos formas siguientes:

1. Como fondos de inversión.
2. Como fondos que cotizan en bolsa (ETF).

Ambos formatos son bastante similares, puesto que son modelos de inversión que permiten diversificar instantáneamente nuestra cartera con una simple operación.

Sin embargo, con un fondo de inversión, uno puede comprar o vender acciones solamente a través de la compañía de inversión que lo comercializa. Por su parte, los ETF cotizan en una bolsa de valores centralizada y se pueden comprar y vender de la misma manera que cualquier otra acción. Por ejemplo, si quieres comprar acciones de uno de los fondos mutuos de Vanguard, la transacción debe realizarse a través de Vanguard Brokerage Services, incluso si tu corredor no trabaja para Vanguard. En ese caso, el operador tendría que acudir a Vanguard y ejecutar la transacción en tu nombre (y, probablemente, te cobraría una comisión por el trámite...). En cambio, si compras acciones de uno de los ETF de Vanguard, entonces el corredor puede ir directamente a la bolsa de valores y ejecutar la operación, tanto si trabaja en Vanguard como si no.

Además, debido a que las acciones de los ETF se negocian en el mercado abierto, su precio fluctuará durante todo el día de negociación, y las acciones se podrán comprar o vender mientras el mercado esté abierto. En cambio, un fondo de inversión solamente puede comprarse o venderse después del cierre del mercado y de que su respectiva gestora haya calculado su valor liquidativo (NAV).

Con pocas excepciones, estas estructuras te funcionarán prácticamente igual de bien. Sin embargo, la simplicidad de poder comprar y vender un ETF como quien ejecuta cualquier otra compraventa bursátil ha hecho que este formato se vuelva extremadamente popular entre los inversores. De hecho, desde que se lanzaron por primera vez los ETF en 1993, su crecimiento ha sido meteórico (véase el gráfico 10.4).

Gráfico 10.4. Activos gestionados por fondos mutuos y ETF (1995-2024)

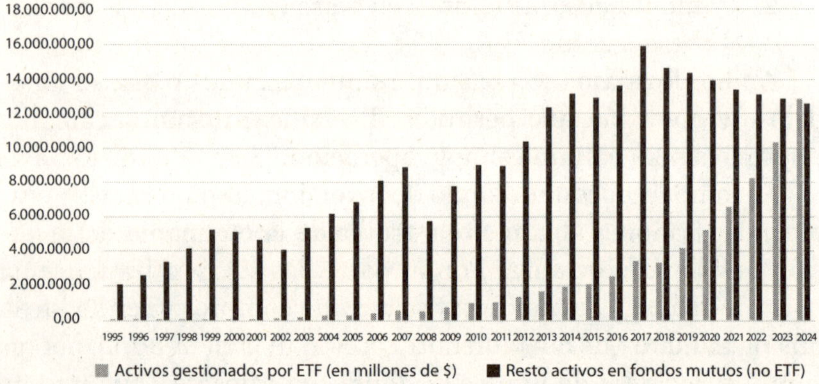

Fuente: <etf.com>, ICI, Factset.

En última instancia, sea cual sea la estructura que elijas, hay aspectos clave que debes considerar para seleccionar un fondo indexado:

1. *La ratio de gastos.* Dado que todos los fondos indexados del S&P 500 tienen un desempeño similar, el principal factor determinante de la rentabilidad neta de un fondo son sus gastos. Como regla general, la ratio de gastos de un fondo indexado debería ser extremadamente baja (de hecho, debería ser casi insignificante), ya que las comisiones se destinan únicamente al mantenimiento general del fondo y no a remunerar generosamente a un gestor de fondos bien pagado que intenta ganarle al mercado.
2. *La inversión mínima requerida.* Esto es importante tanto para la inversión inicial como para posteriores aportaciones. Recuerda que, para aprovechar el poder de la Trifecta Dorada, debes continuar ampliando tu posición a lo largo del tiempo, por lo que debes asegurarte de que cualquier requisito de inversión mínima se ajusta a tu capacidad económica.
3. *Otros productos financieros en oferta.* Si bien un fondo indexado S&P 500 debería constituir el grueso de tu cartera de inversiones, no debería representar el cien por cien de la misma. Dependiendo de tu situación, normalmente habrá dos o tres posiciones clave que deberías mantener para maximizar sus rendimientos y reducir más aún el riesgo.[19] En ese sentido, es muy ventajoso elegir un proveedor de fondos que te ofrezca una amplia gama de productos de inversión para ayudarte a completar tu cartera.
4. *Historial.* Esto tiene que ver con la fecha de inicio de un fondo, no con la rentabilidad del fondo, que debe ser idéntica (o al menos similar) a la de cualquier otro fondo indexado que siga al S&P 500. Cuanto más tiempo haya estado un fondo disponible para el público, más fiable es; aunque un fondo relativamente nuevo ofrecido por un proveedor de fondos que esté bien establecido en la industria también puede ser una opción muy segura.

19. En algunos casos, un fondo indexado ligado al S&P 500 no será la mejor opción de cartera para ciertos tipos de inversor. Por ejemplo, si un inversor tiene un horizonte de inversión de muy corto plazo (menos de un año), debería buscar otras opciones. (Hablaré de esto con más detalle en el capítulo 11.)

¿Cuál de las dos estructuras se adapta mejor a ti?

La respuesta depende de tus objetivos de inversión.

Si quieres aprovechar todo el poder de la Trifecta Dorada, el fondo de inversión tiene una ligera ventaja sobre los ETF por dos grandes razones:

1. Los fondos de inversión te permiten comprar acciones fraccionarias, lo que facilita el promedio de coste en dólares que expliqué anteriormente en este capítulo (con aportaciones de 100 dólares mensuales). Los ETF, por otro lado, requieren que compres al menos una acción (su precio promedio es de 394 dólares), lo que crea un obstáculo importante para los inversores que quieren hacer contribuciones pequeñas pero frecuentes.
2. Los fondos de inversión te permiten reinvertir automáticamente los dividendos simplemente marcando una casilla. Los ETF, por su parte, requieren que seas tú quien reinvierta los dividendos a base de comprar más acciones de ETF en el mercado abierto. Y, si bien hay algunos ETF que hacen esto de forma automática porque carecen de la capacidad de ofrecer acciones fraccionarias, es probable que sigas lidiando con el mismo problema de no tener suficiente dinero para comprar una acción completa (o que acabes con dinero sobrante después de comprar acciones).

Entonces, con eso en mente, si decides optar por un fondo de inversión, aquí tienes tres excelentes opciones con las que no te vas a equivocar: Vanguard 500 Index Fund Admiral Shares, Fidelity 500 Index Fund y Schwab S&P 500 Index Fund. Veámoslas...

Vanguard 500 Index Fund Admiral Shares

Debido a que Vanguard es el proveedor más grande y antiguo de fondos indexados y de bajo coste, ésta es la mejor opción que existe. Y, más allá del S&P 500, Vanguard te ofrece más de ochocientos productos financieros diferentes, y la mayoría de ellos presentan algunas de las ratios de gasto más bajas del mercado, de modo que te proporciona todo lo que necesitas para construir una cartera de inversiones totalmente diversificada.

- *Ticker* de cotización: VFIAX
- Ratio de gastos: 0,04 por ciento
- Rentabilidad por dividendo: 1,49 por ciento
- Activos bajo gestión: 686.000 millones de dólares
- Inversión mínima inicial: 3.000 $
- Inversión mínima posterior: 50 $
- Fecha de lanzamiento: febrero de 2000
- Sitio web: <www.vanguard.com>.

Fidelity 500 Index Fund

Sin requisitos de inversión mínima y con una ratio de gastos incluso menor que la de Vanguard, este fondo de comisiones ultrabajas cumple todos los requisitos. Además, al igual que Vanguard, Fidelity ofrece una amplia gama de productos financieros de bajo coste para que puedas diversificar tu cartera.

- *Ticker* de cotización: FXAIX
- Ratio de gastos: 0,015 por ciento
- Rentabilidad por dividendo: 1,26 por ciento
- Activos bajo gestión: 399.360 millones de dólares
- Inversión mínima: sin mínimo requerido
- Fecha de lanzamiento: febrero de 1988
- Sitio web: <www.fidelity.com>.

Schwab S&P 500 Index Fund

Similar al fondo de Fidelity, tanto en la ratio de gastos como en la ausencia de inversión mínima. Schwab también es una excelente opción.

- *Ticker* de cotización: SWPPX
- Ratio de gastos: 0,02 por ciento
- Rentabilidad por dividendo: 1,58 por ciento
- Activos bajo gestión: 58.380 millones de dólares
- Inversión mínima: sin mínimo requerido
- Fecha de lanzamiento: mayo de 1997
- Sitio web: <www.schwab.com>.

En cambio, si planeas operar de manera más activa, probablemente optarás por un ETF por las siguientes razones:

1. Los ETF se negocian durante toda la jornada bursátil y son tan fáciles de comprar y vender como las acciones normales. Los fondos de inversión, en cambio, operan solamente una vez al día, después del cierre del mercado. Además, es probable que pagues una comisión, a menos que operes a través de la empresa de inversión que comercializa el fondo.
2. Los ETF tienden a ser más eficientes desde el punto de vista fiscal para los inversores que operan a corto plazo, lo cual puede dar lugar a rentabilidades netas después de impuestos significativamente mayores, tanto a corto como a largo plazo.

Así, si decides optar por un ETF, a continuación te presento tres opciones altamente recomendables con las que no podrás equivocarte...

SPDR S&P 500 ETF

Conocido por los operadores profesionales como «la araña», el ETF SPDR de State Street Capital es el más grande y antiguo del mercado. Y, aunque es cierto que ya no es una de las opciones más baratas, su gran volumen de operaciones diario se traduce en menores costes de operación con el paso del tiempo, de modo que, si planeas realizar algunas operaciones de forma activa, el SPDR aún podría terminar siendo la opción de menor coste para ti.

- *Ticker* de cotización: SPY
- Ratio de gastos: 0,095 por ciento
- Rentabilidad por dividendo: 1,6 por ciento
- Activos bajo gestión: 367.000 millones de dólares
- Inversión mínima: 1 acción (precio actual: 394 $)
- Fecha de lanzamiento: enero de 1993
- Sitio web: <www.ssga.com>.

Vanguard S&P 500 ETF

A pesar de que este ETF tiene sólo diez años de historia a sus espaldas, el mero hecho de que provenga de Vanguard lo convierte en una excelente opción. Con un volumen de operaciones suficiente como para satisfacer cualquier necesidad de liquidez y con una de las ratios de gastos más bajas de la industria, este ETF definitivamente debe considerarse como la opción de referencia.

- *Ticker* de cotización: VOO
- Ratio de gastos: 0,03 por ciento
- Rentabilidad por dividendo: 1,6 por ciento
- Activos bajo gestión: 265.000 millones de dólares
- Inversión mínima: 1 acción (precio actual: 394 $)
- Fecha de lanzamiento: septiembre de 2010
- Sitio web: <www.vanguard.com>.

iShares Core S&P 500 ETF

iShares no ha sido solamente la empresa líder de la industria durante los últimos veinte años, sino que también es propiedad de BlackRock, que es la mayor gestora de activos del mundo. Su baja ratio de gastos y su elevado volumen de operaciones diarias hacen de este ETF otra excelente opción.

- *Ticker* de cotización: IVV
- Ratio de gastos: 0,03 por ciento
- Rentabilidad por dividendo: 1,6 por ciento
- Activos bajo gestión: 301.000 millones de dólares
- Inversión mínima: 1 acción (precio actual: 394 $)
- Fecha de inicio: mayo de 2000
- Sitio web: <www.ishares.com>.

Al final, tanto si eliges un ETF como un fondo de inversión tradicional, la diferencia entre los dos será relativamente pequeña en comparación con el elemento común que comparten todos: el hecho de que, con una sola compra, puedes poseer instantáneamente un pedazo de las quinientas empresas más grandes, sólidas y rentables de Estados Unidos. Además, con el comité de índices del S&P dedicado a supervisar el desempeño de cada una de estas compañías con gran atención, sabes que el selectivo está preparado para reemplazar a cualquiera de ellas en caso de que caigan en desgracia o simplemente se vuelvan menos representativas de su sector económico. He ahí un doble puñetazo crucial para el éxito en el mundo de la inversión.

Sin embargo, a pesar de lo poderosa y efectiva que ha demostrado ser esta estrategia, lo cierto es que debe ponerse en práctica después de atender a una importante advertencia: a saber, que no debes asignar el cien por cien de tu capital de inversión a esta única posición. Para construir una cartera de inversiones verdaderamente magistral, capaz de maximizar tu potencial de ganancias a largo plazo y, al mismo tiempo, de minimizar tus riesgos a corto y medio plazo, entonces debes diversificar un poco más tus apuestas de inversión.

En el próximo capítulo te mostraré exactamente cómo hacer esto. Haremos una inmersión profunda en el arte y la ciencia de la asignación de activos, pero también en las vidas de Fernando y Gordita. Así que permanece atento para ser nuevamente un testigo inadvertido mientras me dedico a guiar a mis cuñados favoritos a través del proceso sorprendentemente simple de crear una cartera de inversiones de primera fila que se adapte perfectamente a tus necesidades.

11

Fernando y Gordita contraatacan

«¡Increíble!», pensé. «Mi cuñado Fernando sigue teniendo el toque de Midas..., ¡excepto que ya no le funciona del revés!»

Su nuevo piso era más grande, el comedor era aún más imponente, la ubicación era más prestigiosa, la vista era jodidamente espectacular. Todo ello servía como testimonio de la capacidad de mi cuñado para recuperarse financieramente de su desafortunada incursión en las infestadas aguas de los tiburones del *trading* de corto plazo y las rachas del mercado. «Me alegro por él», pensé. «¡Y también por Gordita, claro!»

Eran poco más de las ocho de la noche y yo estaba sentado en el comedor de su nuevo apartamento, guiándolos en el proceso de asignación de activos. Había pasado poco más de un año desde aquella fatídica noche en la que intenté encontrar alguna explicación para entender el nefasto desempeño de su maltrecha cartera de inversiones. Entre los ingresos generados por su negocio de fabricación de metales y las comisiones por las operaciones de venta de bienes inmobiliarios que cerró Gordita, ambos habían podido ahorrar suficiente dinero para comprar su fabuloso nuevo domicilio. Ubicado en uno de los barrios más prestigiosos de Buenos Aires, ocupaba todo el piso treinta y uno de una reluciente torre de aluminio pulido de cincuenta y un pisos, ofreciendo una vista impresionante del Río de la Plata. Cristina y yo habíamos llegado hacía poco más de treinta minutos y, sin duda, el lugar era realmente magnífico.

Yo acababa de explicarles el mejor truco de inversión del mundo, contándoles la historia de ese hombre llamado Jack Bogle que le había segado las piernas a la industria de los fondos de inversión al convertir el S&P 500 en un sencillo instrumento de inversión que estaba a disposición de los inversores particulares a un coste ridículamente bajo. En esencia, no había ninguna otra inversión que pudiera compararse con aquélla.

Para recalcar este punto, les mostré el gráfico 11.1, que compara las rentabilidades del mercado estadounidense de bonos de deuda con el desempeño del S&P 500, cubriendo los cien últimos años:[20]

Gráfico 11.1. S&P 500 vs. índice de rentabilidad del mercado de bonos de deuda

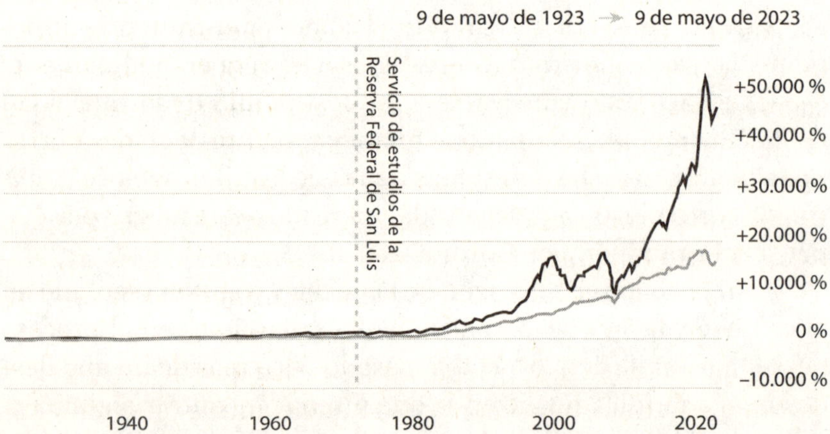

20. Este gráfico se centra en los bonos con calificación o grado de inversión emitidos por gobiernos, municipios y empresas que tienen una posición financiera sólida y un riesgo de impago (o *default*) relativamente bajo. Los bonos de menor calidad se conocen como «bonos basura» y son emitidos por empresas con una posición financiera relativamente débil y un riesgo de impago mucho mayor. Para compensar ese mayor riesgo, los bonos basura se ven obligados a pagar un interés mucho más alto que los bonos con grado de inversión.

La conclusión que arroja el gráfico 11.1 es muy clara: a largo plazo, invertir en las 500 empresas más grandes de Estados Unidos es mucho más lucrativo que hacerlo en bonos de deuda, por mucho que sean bonos de alta calidad, porque se aprecia un diferencial de rentabilidad entre ambos productos que ronda el 7,5 por ciento anual.

Entonces les dije lo siguiente a Fernando y Gordita con la ayuda de mi encantadora intérprete:

—Para que lo entendáis mejor, ese 7,5 por ciento puede marcar una enorme diferencia si se tiene en cuenta la capitalización a largo plazo. Para vuestro caso, si tenemos en cuenta vuestra edad y nivel de ingresos, un 7,5 por ciento puede marcar la diferencia hasta el punto de terminar con decenas de millones de dólares esperando al final del túnel para cuando estéis listos para jubilaros.

De pronto Cristina dejó de interpretar.

—¿Es eso realmente cierto? —me preguntó.

—¡Por supuesto que sí! Todo lo que se necesita es un poco de paciencia..., en realidad, hace falta mucha paciencia para ganar mucho dinero; pero, si comienzan con 100.000 dólares en su cuenta y van aportando a esa misma cuenta unos 10.000 dólares al mes, que es una asignación razonable dado el presupuesto que manejan, lo cierto es que, dentro de treinta años, tendrán más de 13 millones de dólares en su cuenta y, si esperan cuarenta años, serán más de 40 millones de dólares. —Hice una pausa para dejar que mis palabras fuesen asimiladas y continué—: Por supuesto, eso implica suponer que el S&P seguirá alcanzando su rentabilidad promedio a largo plazo, aunque creo que es una apuesta bastante segura, habida cuenta de lo que el índice ha venido haciendo durante los últimos cien años.

—Vaya, está bien —dijo Cristina, impresionada—. Bueno, espero que nosotros también estemos haciendo eso... —Y después se encogió de hombros y empezó a interpretar lo que yo acababa de decir.

Aparentemente hizo un trabajo excelente interpretando, porque, quince segundos después, Fernando se volvió hacia Gordita y le dijo en español:

—¡Eso es! Se acabó toda esta otra mierda. De ahora en adelante, todo nuestro dinero irá al S&P 500.

Al decírselo, le dedicó a Gordita una sonrisa confiada. Ella puso los ojos en blanco y se encogió de hombros, como diciendo: «Si no lo veo, no lo creo».

Irónicamente, con independencia de si Fernando tenía o no intención de cumplir su promesa, había un problema importante con su súbita decisión de poner el cien por cien de su capital en un fondo indexado al S&P 500. Esta decisión iba directamente en contra de la llamada teoría moderna de carteras, o MPT (*modern portfolio theory*). Desde 1952, las enseñanzas de la MPT han sido el patrón oro a la hora de diseñar la gestión de carteras, pero Fernando iba camino de incumplirlas.

La MPT creada por el economista Howard Markowitz, ganador del Premio Nobel, arrasó en el mundo de la inversión casi desde el mismo momento en que éste la publicó. Esta teoría se basa en dos conceptos centrales:

1. Que, en igualdad de condiciones, los inversores preferirían una cartera que los exponga a la menor cantidad de riesgo posible, sea cual sea el nivel de rentabilidad determinado que están buscando.
2. Que el riesgo asociado con cualquier activo de una cartera no se puede calcular de forma aislada, porque se verá significativamente afectado por el resto de los activos que conforman esa misma cartera.

A continuación evaluaré ambos puntos con más detalle.

1. Los inversores preferirían una cartera que los exponga al menor riesgo posible para el nivel de rentabilidad que están buscando

Imagina este escenario por un momento.

Te ofrezco dos formas de obtener una rentabilidad anual del 10 por ciento. La primera es volátil y arriesgada. La segunda, segura y estable.

Ahora, déjame hacerte una pregunta sencilla: ¿cuál de las dos opciones elegirías?

La respuesta parece obvia: el camino que se considera seguro y estable.

La razón, aún más obvia, para optar por esta opción es la siguiente: ¿quién en su sano juicio se expondría a un mayor riesgo y volatilidad si no esperase obtener un mayor rendimiento a cambio? ¡Nadie!

Si tiene posibilidad de elegir, un inversor optará siempre por la inversión que acarrea menor riesgo para conseguir un determinado nivel de rentabilidad. Es una lógica simple.

2. El riesgo asociado con cualquier activo de una cartera no se puede calcular de forma aislada, porque se ve significativamente afectado por el resto de los activos que conforman esa misma cartera

Llamemos a este escenario «*Una historia de dos carteras*».

En la primera cartera se aprecia un reparto al 50 por ciento entre dos clases de activos de igual nivel de riesgo que se mueven siempre en la misma dirección, al mismo tiempo. En la segunda cartera también hay un reparto equilibrado entre dos tipos de activos igualmente arriesgados, pero que tienden a moverse en direcciones opuestas, al mismo tiempo.

Una pregunta sencilla: ¿cuál de estas carteras es la de menor riesgo? Tu respuesta obvia es que, sin duda, lo es la segunda.

La razón es aún más obvia: dado que las dos clases de activos incluidos en la segunda cartera tienden a moverse en dirección opuesta, al mismo tiempo, las pérdidas registradas por la clase de activos que va en descenso se ven, al menos, parcialmente compensadas por las ganancias de la otra clase de activos, que va de subida.

Es un concepto simple.

Ahora bien, si recuerdas el capítulo 3, en el lenguaje de Wall Street se hace referencia a estos tipos de clases de activos divergentes como «no correlacionados», siendo el ejemplo más común las acciones y los bonos. Por ejemplo, cuando el mercado de valores está subiendo en su conjunto, el de bonos tiende a estar bajando en su conjunto. La clave aquí es ese «tiende a», porque las dos clases de activos no están perfectamente descorrelacionadas.[21] De hecho, ocasionalmente se mueven en la misma dirección, al mismo tiempo, como por ejemplo en 2022, después de que la Reserva Federal comenzara a aumentar agresivamente los tipos de interés después de más de una década manteniéndolos cerca de cero. Como una goma elástica que termina demasiado estirada, estas dos clases de activos normalmente no correlacionadas retrocedieron violentamente y empezaron a moverse en la misma dirección al mismo tiempo (en este caso, hacia abajo), provocando un caso grave de agitación y nerviosismo entre innumerables inversores.

Sin embargo, para que quede claro, este desempeño fue algo así como la excepción que confirma la regla.

Si nos fijamos en períodos de cinco años a lo largo de los últimos cien años, no encontramos ni un solo lustro en que tanto el mercado de valores como el de bonos hayan caído simultáneamente. Por eso, en términos generales, cuando se trata de gestionar el riesgo de una cartera de inversiones, las acciones y los bonos funcionan muy bien.

Con ese fin, no debería sorprenderte que las dos principales clases de activos que se utilizan para una correcta asignación de activos en cartera sean, de hecho, las acciones y los bonos de deuda. En tercer lugar aparecen el efectivo y sus posibles equivalentes, caso de los certificados de depósitos (los CD) o los ahorros invertidos a muy corto plazo.[22] Además, también existen clases alternativas de activos que pueden usarse para completar y enriquecer más aún tu cartera. Algunos ejemplos de éstos son los

21. Los analistas utilizan una escala móvil para describir los distintos niveles de correlación de activos. La escala va de +1 a −1, donde +1 representa activos que siempre se mueven en la misma dirección al mismo tiempo, y −1 representa activos que siempre se mueven en direcciones opuestas al mismo tiempo.

22. Cuando hablamos de «efectivo» en este contexto, no nos referimos al dinero en efectivo que tienes en tu bolsillo. Más bien se trata de efectivo (o equivalentes de efectivo) que está a nuestro alcance en cuentas bancarias.

bienes inmuebles, las materias primas, las criptomonedas, las inversiones de capital privado o las obras de arte, sólo por nombrar algunos ejemplos.

Pero, una vez más, y pensando en términos generales, los dos «peces gordos» de la asignación de activos son las acciones y los bonos, que normalmente representan alrededor del 90 por ciento de una cartera bien gestionada. El porcentaje de cada clase de activos está dictado por el apetito del inversor ante el binomio riesgo-recompensa.

Por ejemplo, si un inversor quiere eliminar el riesgo de su cartera (y está dispuesto a aceptar una rentabilidad más baja), entonces reducirá el peso de las acciones frente a los bonos hasta alcanzar la ratio deseada de riesgo-recompensa. Por el contrario, si se trata de aumentar la rentabilidad esperada de la cartera (y se está dispuesto a aceptar más riesgo), entonces se eleva el porcentaje de acciones y se reduce el de bonos, alcanzando el equilibrio riesgo-recompensa.

De nuevo, insisto en que éste es un concepto simple.

De hecho, es esta misma combinación de simplicidad y flexibilidad lo que hace que la MPT sea tan atractiva para los inversores. Basta con seguir ajustando el peso de las acciones frente a los bonos y, de esta forma, la cartera de inversión puede alcanzar cualquier nivel deseado de equilibrio entre el riesgo y la recompensa.

Con todo eso en mente, le dije a Fernando lo siguiente:

—Aprecio tu entusiasmo, pero no importa cuán fuertes hayan sido los rendimientos del S&P 500 a lo largo de los años, créeme que no debes invertir el cien por cien de tu capital así, sino diversificar un poco más tus activos. Estoy seguro de que has oído el viejo dicho que recomienda «no poner todos los huevos en una canasta», ¿verdad?

(Lo de los huevos lo dije en mi deficiente español.)

Cristina dejó de interpretar y me dijo:

—Por supuesto. Es español. El dicho proviene de *Don Quijote*. Y se dice «no poner todos los huevos en la misma cesta».

En ese momento, Gordita intervino:

—¿No poner todos los huevos en la misma cesta? ¿Qué pasa con eso, Jordi?

(Sí, ahora me llamaba Jordi...)

—¡Opino que es excelente! —respondí—. ¡Veo que todos conocéis bien la expresión! Personalmente, no creo que exista una declaración más certera que ésa, y no me refiero sólo al ámbito de la inversión. Me refiero también a todos los aspectos de la vida. Tomad el caso de Vittorio. Por cierto, ¿dónde está Vittorio?

—Está justo detrás de ti —dijo Cristina—. Está jugando con su iPad.

Me volví y, efectivamente, allí estaba su hijo Vittorio, sentado en el suelo, viendo unos dibujos animados en español. Lo miré por un momento, mientras repetía en voz audible cada palabra que decía el personaje, para sí mismo, sin fallar ni una sílaba. Pensé que era una hazaña impresionante para un niño de dos años. Después volví a mirar a los demás y les dije:

—Está bien; cuando Vittorio esté listo para ir a la universidad algún día, imagino que se postulará a varios centros, para asegurarse de que al menos uno lo admita, ¿verdad? Es pura lógica. Lo mismo ocurre con la amistad. No querrás tener solamente un mejor amigo en tu vida y no hacer ningún otro amigo. ¿Por qué? Porque si un día pasa algo con esa relación, entonces no tendrás a nadie más con quien pasar el rato. —Hice una pausa por un momento a fin de darle a Cristina la oportunidad de retomar la interpretación.

Diez segundos después, Fernando y Gordita asintieron con la cabeza, al igual que Cristina. «Excelente», pensé. Y seguí adelante:

—Podría seguir y seguir hablando de esto, porque es un aspecto crucial. Es decir, pongamos por caso a los mormones, por ejemplo. Algunos de ellos tienen tres o cuatro esposas, y todos parecen estar muy contentos con eso. Por no hablar de todos los beneficios evolutivos derivados de tener cientos de millones de espermatozoides persiguiendo un óvulo solitario...

Sin embargo, mientras continuaba compartiendo mis pensamientos sobre las virtudes biológicas de la poligamia mormona, observé cómo la expresión de mi esposa pasaba de la confusión al desconcierto y, en última instancia, a una franca mueca de hostilidad. Peor aún, antes de que tuviera la oportunidad de frenar mi diatriba, ella comenzó a interpretar mis palabras para Gordita, con ganas de venganza...

Unos segundos después, Fernando se echó a reír a carcajadas. Sin embargo, Gordita le lanzó una mirada asesina, y él rápidamente enmudeció, me miró y se encogió de hombros.

En un esfuerzo por calmar la situación, le dije a Cristina, con tono pacificador:

—Escuchad, no habéis entendido del todo lo que quería decir... Lo único que intentaba transmitiros es que, si bien el S&P 500 está muy bien diversificado, porque al fin y al cabo se compone de quinientas empresas, lo cierto es que sigue estando únicamente conformado por acciones, y las acciones, en su conjunto, tienden a subir y bajar describiendo una u otra tendencia... ¡Por eso no quiero que pongáis todos vuestros huevos en esa única cesta!

«Perfecto», pensé. (Dije *cesta*, ya me había redimido del comentario sobre los mormones y podía continuar.)

—¡Eso es lo que estaba intentando transmitir! Simplemente habéis sacado las cosas de contexto... —dije.

—No sacamos nada de contexto —me espetó Cristina—. Con lo de diversificar el riesgo ibas bien. Lo que fue ofensivo fue lo que dijiste después. —Se volvió hacia Gordita y comenzó a interpretar lo que acababa de decirme antes de que yo tuviera siquiera la oportunidad de responder.

—¡Exacto! —asintió Gordita—. Es ofensivo. —Y, luego, con desdén, añadió—: ¡No pongas todos los huevos en la misma cesta! ¡Oh, por favor!

—¡Oh, por favor, tiene razón! —asintió Cristina—. No tiene sentido lo que has dicho...

—Está bien, lo entiendo. Dile a Gordita que pido disculpas. Nos olvidaremos de los mormones y volveremos a la asignación de activos.

Cristina le dijo algunas palabras a Gordita, lo que desencadenó lo que pareció una respuesta de mil palabras por su parte, aunque probablemente fueron más bien veinte palabras, de las cuales no llegué a comprender ninguna. Ahora, las hermanas parecían estar enfrascadas en un acalorado debate que pareció durar cierto tiempo. Finalmente, Cristina me miró y me dijo:

—Está bien, Gordita te perdona.

Miré a Gordita. Ya tenía nuevamente una expresión de satisfacción. Nos miramos a los ojos y asintió una sola vez, como dando por zanjado el tema.

—Está bien —dije, sonriendo—. Entonces, sigamos...

A renglón seguido, yo empecé a profundizar en el concepto de la MPT y en cómo se combinan dos clases de activos no correlacionados para eliminar el riesgo de una cartera en el corto plazo y, al mismo tiempo, aumentar potencialmente su rentabilidad en el largo plazo. Dediqué a ello los minutos siguientes.

—Por tanto, si bien no os recomendaría que depositéis todo vuestro dinero en un fondo indexado del S&P 500, dada vuestra edad y vuestro nivel de ingresos, creo que sí deberíais tener alrededor del 80 por ciento de vuestra cartera en un vehículo así. El 20 por ciento restante debería destinarse a un fondo de bonos de deuda de alta calidad. —Hice una pausa por un momento, para considerar con cautela mis próximas palabras, y proseguí—: Pero todo esto supone que tenéis apartado suficiente dinero en efectivo para cubrir los gastos de subsistencia más básicos, para poder responder en caso de alguna emergencia... Estimo que deberíais tener el equivalente a entre seis y doce meses de gastos guardados para cubrir ese concepto. Si aún no lo habéis hecho, empezad por ahí, y luego ya estableceréis la división 80-20 con el dinero que os quede.

—¿Te refieres a dinero en efectivo? —preguntó Cristina.

—No —respondí—. Y desde luego que no si hablamos de pesos argentinos. Creo que vuestra tasa anual de inflación está en torno al cien por cien anual o más... Pregúntale a Fernando si sabe cuál es el dato...

Cristina miró a Fernando:

—Fer, ¿cuál es la tasa de inflación en este momento?

Fernando se encogió de hombros:

—Sobre el 150 por ciento, más o menos... De hecho, algo más del 150 por ciento, aproximadamente.

—¡Jesús! —murmuré—. ¡Eso es jodidamente loco! ¿Cómo se puede vivir así? ¿Qué hacéis, cambiar los precios del menú cada día?

—Tres veces cada día —chirrió Gordita—. ¡Bienvenido a Argentina, Jordi! Es el único país en todo el mundo donde no se puede obtener una hipoteca para una casa, pero el banco te financia un televisor para cinco años. Está todo del revés.

«Interesante», pensé. Definitivamente, una situación así plantea un desafío muy serio para cualquiera que viva en Argentina y quiera seguir el modelo de asignación de activos de la MPT. Hemos dicho que la regla básica es destinar entre seis y doce meses de gastos de manutención a efectivo o equivalentes de efectivo, como forma de tener una protección ante un eventual problema, como la pérdida del trabajo u otra circunstancia imprevista que te obliga a echar mano de tus ahorros, al menos en el corto plazo. Para aquellas personas que no tienen una familia que mantener, seis meses son, probablemente, suficientes. Sin embargo, si uno tiene una familia a cargo, entonces probablemente debes aumentar ese colchón y situarlo en el entorno de los doce meses. Todo lo que no sea actuar con esa prudencia significa pasarse de frenada. Si las cosas se ponen difíciles, lo ideal es poder recurrir a estos ahorros y dejar a un lado los demás activos de tu cartera de inversión.

Por supuesto, si vives en Estados Unidos, esto es más fácil de poner en práctica, ya que existen numerosas opciones bancarias para elegir y la inflación es relativamente baja, de modo que dejar el dinero en una cuenta corriente no es tan problemático. Pero, en Argentina, si uno guarda su dinero en efectivo en el sistema bancario o si esconde pesos bajo el colchón, al final del año habrá perdido más de dos tercios del valor de estos ahorros al final del ejercicio, solamente debido a la inflación. Huelga decir que esa opción no es precisamente buena.

Con todo eso en mente, dije:

—Bueno, ¡esta situación es un poco jodida! Por eso, dadas las circunstancias, creo que la mejor forma de que hagáis algo así es abriendo una cuenta a través de una firma de corretaje llamada Vanguard. Es fácil de usar en línea y os puede servir como una ventanilla única para todo, porque, además de los fondos indexados, os da acceso a posiciones en efectivo como las que estamos comentando. —Hice una pausa por un momento para dejar que Cristina me alcanzara en su interpretación—. Dile a Gordita que escriba el nombre. Que tome nota: Vanguard. Quiero que se abran una cuenta ahí. Y el nombre del fondo indexado que quiero que compren es el Vanguard 500 Index Fund Admiral Shares. Su símbolo bursátil, o *ticker*, es VFIAX. Definitivamente, es la mejor opción para ellos, ¿de acuerdo?

Cristina asintió y empezó a interpretar. Unos segundos más tarde, Gordita comenzó a escribir en su iPhone, tecleando a la velocidad de una liebre. Tan pronto como terminó, dijo:

—Por favor, continúa, Jordi.

—Muy bien, Gordita. —Luego me volví hacia Cristina y le dije—: El siguiente fondo que quiero que compren es el Vanguard Total Bond Market Index Fund. Y que se hagan con las Admiral Shares, no con acciones regulares.

—¿Por qué? —preguntó Cristina.

—Porque tienen comisiones ligeramente más bajas, lo que significa que tendrán un poco más de dinero en el bolsillo a cierre de año, en vez de dejar ese dinero en el bolsillo de Vanguard, aunque, para ser justos con Vanguard, todos sus productos llevan aparejadas unas comisiones ridículamente bajas...

—Si las Admiral Shares son mejores que las acciones normales y corrientes, ¿por qué no las compra todo el mundo? —insistió Cristina.

—Ésa es, ciertamente, una muy buena pregunta —le dije—. La respuesta es que las Admiral Shares tienen un requisito mínimo de inversión. Son 3.000 dólares y, para algunas personas, eso es un problema...

—Entendido —respondió ella—. Déjame explicárselo a los dos.

Mientras Cristina seguía interpretando, me dediqué a pensar en los acontecimientos del año pasado. Me vino a la mente un momento en particular, aquel en el que Gordita había clavado su mirada gélida sobre Fernando. Parecía un recuerdo especialmente conmovedor en ese momento. Entonces, estaba reaccionando a la actitud aparentemente casual de Fernando ante una pérdida de 97.000 dólares, que, en su opinión, no era el fin del mundo, dada su edad, relativamente joven, y su considerable poder adquisitivo. En cierto sentido, hoy, Fernando estaba demostrando que tenía algo de razón. Aquí estábamos en un nuevo piso, sin duda fabuloso, que servía como prueba de ello. Sin embargo, también aprecié una clara ausencia de mobiliario, lo que sirvió como prueba clara de que Gordita también había tenido razón. Una pérdida comercial de 97.000 dólares no es cosa menor. De hecho, cuando visitamos su nuevo piso por primera vez, nos justificó la falta de muebles de una manera bastante cómica. Según dijo: «¡Si me pones boca abajo ahora mismo y me sacudes, no se me caerá ni un centavo de los bolsillos!». Obviamente, estaba siendo un poco exagerada. Después de todo, la razón por la que me pidieron que compartiésemos la noche hablando de inversiones fue porque querían empezar a reconstruir su cartera. Por tanto, ¿cómo de mal estaban las cosas? Imaginé que, pese a todo, no era el fin del mundo.

Cristina estaba acabando:

—... con la diferencia del 7,5 por ciento. Él cree que podría hacer daño a la Trifecta Dorada de la que hablaste antes. ¿Tiene razón?

De repente, me di cuenta de que Cristina me estaba hablando y planteando una pregunta. Pero, aparte de que escuché que hablaba de la Trifecta Dorada, me perdí todo lo demás. No tenía ni idea de lo que me estaba hablando. Mi cabeza se había ocupado de otras cosas.

—¿Tiene razón en qué? —dije entonces.

—¡Sobre su preocupación! —presionó Cristina—. Le gusta la Trifecta Dorada, pero le preocupa que los bonos reduzcan demasiado su rentabilidad. —Hizo una pausa, como si considerara sus propias palabras. Luego, añadió—: Creo que eso es lo que dijo. ¿Tiene eso algún sentido?

—Sí, así es —respondí—. Tiene mucho sentido.

De hecho, la preocupación de Fernando no sólo tenía todo el sentido del mundo, sino que también ponía de relieve uno de los mayores conceptos erróneos sobre la teoría moderna de carteras

(MPT). A menudo se piensa que, cuando asignas un determinado porcentaje de tu capital a comprar bonos de deuda como forma de protección contra posibles crisis, lo que estás haciendo al mismo tiempo es mermar la rentabilidad a largo plazo de la cartera por el mismo orden de magnitud en el que has incrementado tu presencia en ese activo considerado más seguro. En otras palabras, dado que el rendimiento histórico del S&P 500 es del 11,89 por ciento y se coloca, por tanto, significativamente por delante de la rentabilidad histórica del mercado de bonos de deuda, del 4 por ciento, ¿acaso la protección que se obtiene con una asignación del 20 por ciento a los bonos no actúa también en contra de la rentabilidad de la cartera, recortándola en un margen inaceptable?

Superficialmente, uno puede pensar que esto es así. Pero no es así como funcionan las cosas.

Como estás buscando cierta cobertura invirtiendo en una clase de activo no correlacionada, terminas obteniendo un beneficio asimétrico en su protección a corto plazo. Dicho de otra manera, en cualquier asignación de bonos, el impacto en la rentabilidad a largo plazo de la cartera no es tan profundo como la protección que proporciona a corto plazo.

En la tabla 11.1 puedes ver cuánta protección te brindan las diferentes asignaciones de bonos en una cartera durante su peor año y cuánto reducen la rentabilidad de la cartera a largo plazo.

Tabla 11.1. Asignación de activos (%)

Asignación			
	Acciones	Bonos de deuda	Total
Cartera 1	100 %	0 %	100 %
Cartera 2	80 %	20 %	100 %
Cartera 3	60 %	40 %	100 %
Cartera 4	40 %	60 %	100 %
Cartera 5	20 %	80 %	100 %

Observa cómo asignar a los bonos de deuda un peso del 20 por ciento de la cartera reduce la rentabilidad anual promedio en un 0,6 por ciento, mientras que la caída anual máxima se reduciría más del 8 por ciento. Y, de igual manera, una asignación del 40 por ciento reduce la rentabilidad anual promedio de la cartera en un 1,3 por ciento, recortando la pérdida anual máxima en un 16,5 por ciento. Por último, una asignación del 60 por ciento recorta la rentabilidad anual promedio de la cartera en un 2,2 por ciento, pero reduce la pérdida anual máxima en un 30 por ciento. Claramente, para estos tres escenarios analizados, el impacto en la rentabilidad anual promedio es menor en comparación con la protección a corto plazo que proporciona esta estrategia en caso de caídas.

Para que quede claro, no estoy diciendo que debas tener más bonos en tu cartera porque sí. Más bien, debes tener un porcentaje adecuado de bonos en cartera. Ni más, ni menos.

Y eso me lleva a la pregunta del millón: ¿cuál es el plan de asignación de activos adecuado para cada uno de nosotros?

Según el gran Jack Bogle, la regla general es utilizar tu edad como guía. Dicho con otras palabras, si tienes treinta años, entonces deberías asignar el 30 por ciento de tu cartera a bonos de deuda. Si tienes cuarenta, entonces debería ser el 40 por ciento. Y, si tienes sesenta años, entonces debería ser el 60 por ciento. Y así sucesivamente.

Pero, claro está, este ejercicio es solamente un punto de partida.

Hay cuatro preguntas que todo inversor, incluido tú, querido lector, tiene que hacerse para idear su plan de asignación de activos:

1. ¿Cuáles son tus metas financieras?
2. ¿Cuál es el horizonte temporal de tus inversiones?
3. ¿Cuál es tu grado de tolerancia al riesgo?
4. ¿Cuál es tu situación financiera actual?

Repasemos estas cuestiones una por una.

1. ¿Cuáles son tus metas financieras?

Con casi total seguridad, imagino que tendrás más de un único objetivo financiero y que tu plan de asignación de activos deberá ajustarse con precisión para reflejar esta circunstancia. Por ejemplo, tu objetivo principal podría ser ahorrar para tu jubilación, pero, asimismo, también es posible que estés haciendo el esfuerzo porque buscas suficiente capital como para hacer el pago de la entrada de una casa nueva o sufragar la educación universitaria de tus hijos. Quizá estás interesado en iniciar un nuevo negocio o, simplemente, quieres darte un capricho comprando un coche deportivo nuevo o haciendo un viaje alrededor del mundo.

Hay, literalmente, innumerables objetivos financieros, desde los más desinteresados y nobles hasta los más egoístas y decadentes, pero, al fin y al cabo, no hay respuestas correctas o incorrectas para esta pregunta. Es tu dinero y tienes todo el derecho a hacer lo que quieras con él. La distinción clave, sin embargo, es que algunos de estos objetivos pueden ser de corto plazo y debes tener eso en cuenta cuando diseñes tu plan de asignación de activos, ya que los bonos de deuda son mucho más adecuados para quienes se mueven en horizontes temporales más breves. Este punto me lleva directo a la siguiente pregunta.

2. ¿Cuál es el horizonte temporal de tus inversiones?

Para responder con precisión, debes volver a fijarte en tus respuestas a la primera pregunta y asignarle fechas estimadas al cumplimiento esperado de cada uno de tus objetivos financieros. Por ejemplo, si la meta principal consiste en ahorrar para la jubilación, tendrás que plantearte dentro de cuántos años planeas jubilarte. A renglón seguido, pregúntate qué pasa con tus objetivos secundarios y terciarios.

¿Estás interesado en comprar una casa nueva? ¿Quieres financiar la educación de tus hijos? ¿Quizá esperas poner en marcha un nuevo negocio? Si cualquiera de esos objetivos debe materializarse dentro de menos de tres o cinco años, definitivamente tienes que tenerlo en cuenta a la hora de diseñar la asignación de tu cartera y aumentar consecuentemente el peso de los bonos en relación con las acciones.

De hecho, echa un vistazo al gráfico 11.2, que muestra cómo se ha comportado el S&P 500 en varios horizontes temporales en los últimos cien años.

Gráfico 11.2. Frecuencia de rentabilidades positivas en distintos horizontes temporales; rentabilidades anualizadas prospectivas del S&P 500 (enero 1920-diciembre 2020)

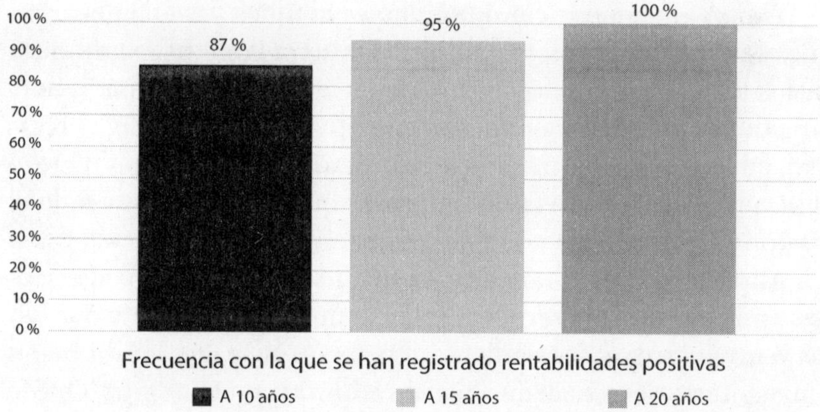

Hay algunos aspectos en los que merece la pena fijarse.

Para empezar, durante cualquier período temporal de veinte años entre 1920 y 2020, el S&P 500 nunca ha registrado una rentabilidad negativa, incluso si se contabilizan los peores años de la Gran Depresión.

Lo mismo puede decirse de cualquier período de quince años comprendido entre 1920 a 2020.

Pero ¿qué pasa con cualquier franja temporal de diez años?

Bueno, en su mayor parte, la respuesta sigue siendo la misma, pero sí hubo un período de diez años (la Gran Depresión) en el que el índice se dejó un 1 por ciento. Y, si bien ése no es ciertamente el resultado que un inversor hubiera deseado, no es tan malo como para tirarlo todo por la borda. De hecho, ese período de diez años fue algo así como la excepción a la regla. En todos los demás casos, el S&P 500 arrojó una rentabilidad positiva, con un resultado promedio a diez años cercano al 11 por ciento.

Pero ¿qué pasa si hablamos de plazos de poco más de un año? ¿El S&P 500 sube siempre y en todos los casos?

No, ni por asomo.

En su peor año, 1931, el índice se dejó el 48 por ciento de su valor, a medida que Estados Unidos cayó en medio de la Gran Depresión. Peor aún, el selectivo ya había perdido el 20 por ciento en 1929 y se había dejado otro 25 por ciento en 1930, de modo que la pérdida total fue del 90 por ciento para dicho período temporal de tres años.

Y, para que quede claro, ésta no es la única vez en la historia que el mercado de valores ha recibido semejante paliza durante varios años. Eso mismo ocurrió después del estallido de la burbuja de las puntocom en marzo de 2000. Por un trienio, el Nasdaq, que agrupa a las principales compañías tecnológicas, perdió el 90 por ciento de su valor, mientras que el S&P 500 se dejó el 50 por ciento.

Ahora, imagina si hubieras invertido todo tu dinero en acciones en las semanas previas al colapso de las puntocom y que, en los veinticuatro meses siguientes, tuvieras que pagar la educación universitaria de tu hija, que ha sido admitida en Harvard. ¿Qué le dirías?: «Oh, cariño, no te preocupes. La universidad local es igual de buena...». Peor aún (y ésta es una historia real): he tenido varios amigos que han decidido no apartar ningún dinero para pagar impuestos y dedicar todo ese capital a invertir en bolsa. ¿Qué les pasó? Que el mercado se desplomó y, por tanto, perdieron todo ese dinero y, además, un agente de la Agencia Tributaria terminó llamando a su puerta con cara de pocos amigos...

Por eso, incluso las acciones de alta calidad no son especialmente adecuadas para inversiones planteadas bajo horizontes temporales más cortos. Eso no quiere decir que no puedas acometerlas, pero sí implica que tales movimientos necesitan verse compensados con una asignación lo suficientemente generosa con los bonos o el efectivo.

3. ¿Cuál es tu grado de tolerancia al riesgo?

En cierto sentido, ésta es la pregunta más importante que te pueden hacer cuando se trata de asignar activos. ¿Por qué? Porque, si respondes incorrectamente, la próxima vez que el mercado se hunda, te encontrarás en la desafortunada situación de tratar de resistir el impulso de entrar en pánico y vender en pérdidas. Aquí es donde entra en juego la llamada «prueba del sueño». Sí, ¡lo digo en serio!

¿Qué es la «prueba del sueño»? En pocas palabras, dada la combinación actual de activos en tu cartera, ¿puedes dormir tranquilo por la noche si el mercado se va a la mierda? Si tu respuesta a esta pregunta es negativa, entonces tu plan actual de asignación de activos no tiene sentido para ti y debes cambiarlo.

¿Cómo? Bueno, sin conocer todos los detalles, diría que un buen punto de partida sería aumentar el porcentaje de bonos frente al de acciones, a pesar de que su rentabilidad ha sido históricamente más baja. De lo contrario, terminarás sucumbiendo a tus peores impulsos y terminarás vendiendo tus acciones cuando estén en mínimos durante el próximo mercado bajista.

Si crees que estoy exagerando, entonces sígueme el juego por un momento e imagina que estás en esta situación: invertiste el cien por cien de tu capital de inversión en el índice compuesto Nasdaq el 1 de marzo de 2000, dos semanas antes del colapso de las puntocom. ¿Por qué lo hiciste? Bueno, para empezar, no había forma de saber que esto sucedería, especialmente con payasos como Jim Cramer diciéndote que hicieras todo lo posible para entrar a tiempo en ese mercado alcista que crecía con furia y sin aparente freno.

Pues bien, ¡ahora estás jodido! ¡Jodido! ¡Bien jodido!

Al cabo de un mes, el mercado se sigue hundiendo como una piedra que cae al fondo del mar. Pasa el tiempo, pero la bolsa sigue hundiéndose. De pronto los expertos de CBNC van cambiando el tono y dicen que la fiesta ha terminado y que estamos a las puertas de un largo mercado bajista. Aún más exasperante: el jefe de los payasos, Jim Cramer, finge que nunca te dijo que hicieras todo lo posible para invertir en las tecnológicas. En apenas un mes ha cambiado de discurso y dice que a inversores como tú os vendría mucho mejor quedaros sentados y al margen por un tiempo, porque las cosas se ven muy inciertas... Pero no puedes quedarte al margen. De hecho, ¡ya estás dentro porque seguiste el consejo de este imbécil! Entonces, ¿qué se supone que debes hacer?

Bueno, quizá te mantengas fuerte al principio. Pero, por desgracia, las cosas van de mal en peor y el mercado de valores sigue cayendo en picado. Al final del primer año, te has dejado más del 22 por ciento.

Estás absolutamente atónito.

Tus finanzas personales están por el suelo, estás emocionalmente destrozado, te estás arrancando el pelo de la cabeza y no ves la luz al final del túnel. Pero el mercado no puede caer en picado para siempre, ¿verdad?

Mmm... Bueno, eso depende de cuál sea tu definición de *para siempre*. ¿Recuerdas el cuadro que vimos hace algunas páginas?

Para la mayoría de las personas, la definición de *para siempre* en el mercado de valores está inversamente relacionada con la cantidad de dinero que están perdiendo en relación con su patrimonio neto. Más específicamente, cuanto mayor es esa proporción, más corto se vuelve el «para siempre». Por eso, en un mercado bajista intenso, cualquier cosa que vaya más allá de los seis meses puede parecer una eternidad insoportable para la mayoría de las personas. Y es entonces cuando finalmente acabas vendiendo...

¿Entiendes ahora a qué me refería antes?

Al fin y al cabo, el hecho es que hay muy pocos inversores cuyo nivel de tolerancia al riesgo sea tan alto como para poder inyectar todo su dinero en el mercado de valores y soportar ese tipo de crisis sin sentir la necesidad de actuar. De hecho, recuerdo haber recibido no menos de una docena de llamadas de amigos cercanos afectados por la caída del Nasdaq. Casi todos habían invertido en el selectivo en los meses previos al colapso de las puntocom. Y, uno por uno, los vi salir con apuros del fondo en el que habían invertido. Llegó un momento en el que no pudieron soportar la situación, y se dijeron a sí mismos: «¡A la mierda! Prefiero retirarme ahora, que todavía me quedan unos pocos dólares, antes que seguir viendo cómo el mercado cae aún más. ¡Esta mierda no es para mí!». Y así, sin más, entraron en pánico, vendieron en pérdidas y vieron cómo casi todo su dinero se esfumaba.

Por el contrario, aquellos amigos que tenían carteras más apropiadas para lidiar con el riesgo no sufrieron tanto, puesto que los bonos que poseían ayudaron a amortiguar el golpe. Entonces, aunque todavía estaban registrando pérdidas sobre el papel (todas las carteras estaban en números rojos a raíz del colapso de las puntocom), sus caídas eran mucho menos severas, lo que hizo que las cosas fueran mucho más manejables para ellos a nivel emocional. Así, al final, pudieron superar la tormenta y esperar a que el mercado cambiara de rumbo. ¡Y así fue! Hizo falta un poco de paciencia (cinco años en el caso del Nasdaq, y tres en el del S&P 500), pero, como siempre vemos, a largo plazo, el mercado tiene una tendencia alcista.

4. ¿Cuál es tu situación financiera actual?

Esto último afecta a tu plan de asignación de activos de distintas maneras. Por ejemplo, si tienes un nivel de renta anual sustancial (digamos, un millón de dólares al año, o más), te resultará mucho más fácil manejar los constantes altibajos asociados con una cartera con muchas acciones. Después de todo, si tienes la capacidad de regenerar rápidamente cualquier pérdida que estés sufriendo actualmente (sobre el papel), entonces te resultará mucho más fácil mantener también la apuesta de largo plazo y no venderás por pánico durante la próxima gran crisis.

En cierto nivel, esto explica por qué Fernando podía especular frenéticamente y seguir conciliando el sueño por las noches. Sabía que su nivel de renta lo protegería de sufrir las peores consecuencias financieras que se derivan de llevar a cero una cartera de inversiones. Por eso, por muy molesto que hubiera estado mientras perdía sus ahorros, lo cierto es que tampoco se metía en la cama por la noche y se decía entre sudores fríos: «¿Qué diablos voy a hacer ahora? ¡No podré comprar comida para mi familia! ¡Todos acabaremos en la calle! Nos van a quitar hasta el iPad de Vittorio...». Más bien, Fernando pudo digerir sus pérdidas con cierta calma y decirse a sí mismo: «¡Bueno, esto realmente es una cagada! Ahora tendré que trabajar más duro este año para recuperar todo el dinero que he perdido, sobre todo si quiero comprar ese hermoso apartamento nuevo con una impresionante vista del Río de la Plata».

¿Me entiendes?

En cambio, alguien que apenas llega a fin de mes y que parece estar al borde de la ruina financiera tiene muchas más probabilidades de entrar en pánico ante un mercado bajista y vender sus posiciones presa del miedo, porque las pérdidas que verá ante sí (y que, repito, solamente están sobre el papel y no son reales hasta que se liquida la posición) tendrán un impacto mucho mayor para alguien que está en esta situación.

De igual manera, cuando un inversor alcanza un cierto punto de riqueza, su objetivo principal pasará de ser el tratar de maximizar sus rentabilidades a centrarse meramente en preservar el capital. Dicho de otra manera, se preocupan menos de cuánto más pueden ganar y empiezan a reflexionar sobre cuánto pueden perder. Esto tiene sentido. Después de todo, un inversor extremadamente rico puede poner todo su dinero en un fondo de bonos de deuda de alta calidad y vivir simplemente de los intereses sin tener la menor preocupación. Eso no quiere decir que eso sea lo que hace la mayoría de los inversores ricos. De hecho, una gran mayoría opta más bien por una cartera equilibrada, aunque con un ligero sesgo hacia los bonos de deuda en lugar de las acciones, para garantizar de esa forma la preservación del capital.

Entonces, en el extremo opuesto del espectro, y en un escenario mucho más común, estaría el caso de un inversor relativamente joven que lleva algunos años trabajando y que tiene un futuro brillante por delante. En su caso, hay que considerar qué tipo de ocupación liberal tiene y qué tipo de ahorros para la jubilación le ofrece dicha senda profesional. Por ejemplo, si ese inversor trabaja en una empresa grande que le ofrece un sofisticado plan de pensiones 401(k), entonces puede ser más agresivo a la hora de diseñar el resto de su cartera. Por el contrario, si trabaja por cuenta propia o es un emprendedor con varios proyectos en marcha, probablemente querrá ser un poco más conservador a la hora de planificar su jubilación, ya que no tiene nada más en qué confiar excepto su ingenio y su voluntad.

La conclusión es la siguiente: ahora que entiendes el concepto que subyace a la MPT, todo lo que debes hacer es responder a cada una de las cuatro preguntas y descubrir lo fácil que es crear una cartera perfecta para ti, una vez que tengas las cosas claras.

¿Por qué?

Porque al menos el 90 por ciento de tu cartera estará compuesta por dos posiciones principales:

1. Un fondo indexado y de bajo coste que replique el S&P 500 (ya te lo he explicado hasta la saciedad).
2. Un fondo de bonos de deuda, que también sea de bajo coste y solamente compre títulos con grado de inversión (te lo explicaré en un momento).

Así de sencillo es vencer a Wall Street en su propio juego. Todo lo que necesitas hacer es no complicarte más la vida.

Permíteme ahora volver a hablar de los «viejos y aburridos» bonos de deuda. Quiero tocar el tema por un momento para completar algunas cuestiones que han quedado en el tintero.

Por fortuna, ya te he explicado cómo funcionan los bonos de deuda y por qué son más seguros que las acciones, por lo que puedo ir directo al grano y hablarte con una honestidad brutal sobre la verdadera naturaleza de estos instrumentos de deuda que se pueden emplear de forma astuta.

De la misma manera que es una tontería tratar de seleccionar acciones individuales y cronometrar el *timing* del mercado, es aún más absurdo tratar de hacer lo mismo con los bonos de deuda. De hecho, en muchos casos tal estrategia no es más que una receta para el desastre... Hay tres razones principales por las que esto no es recomendable:

1. Los bonos de deuda son productos jodidamente complicados. Se necesita estudiarlos durante años para captar completamente todos los matices de cada emisión, e incluso, en ese caso, son auténticas bombas de relojería repletas de trampas en las que es fácil caer y que pueden acabar resultando muy caras. ¿Quién coloca allí todas esas bombas de relojería y esas trampas explosivas? ¡El Complejo de Máquinas Comisionistas de Wall Street, claro! ¿Y por qué lo hacen? ¡Para joderte! ¡Por eso mismo! Así que no dejes que lo hagan.
2. Los profesionales dedicados a la compraventa de bonos son una raza notoriamente despiadada que con gusto te arrancará los ojos si con ello saca cinco centavos extra de rentabilidad. Una vez te hayan desplumado, regresarán a sus mansiones y dormirán como bebés. Por tanto, puedes dar casi por seguro que un inversor aficionado que intente negociar contra ellos terminará llorando. Y, peor aún, ellos estarán felices de haberte hecho llorar...
3. Existe una gran cantidad de fondos de bonos de alta calidad que tienen costes ultrabajos, que no llevan aparejada ninguna carga de ventas por delante ni por detrás y que, por tanto, son muy fáciles de comprar y de añadir a nuestra cartera. Entonces, teniendo en cuenta todo eso, ¿por qué diablos tú, o cualquier otra persona, debería intentar ser capaz de elegir bonos aislados, cuando los principales proveedores de fondos están dispuestos a entregarte en bandeja de plata una cartera de bonos previamente seleccionada por expertos que podrás usar sin apenas pagar comisiones? (¡También puedes darle las gracias a Jack Bogle por este hito!) Claro que no tiene sentido hacer algo así. Por tanto, ¡no lo hagas!

Por ejemplo, el fondo Vanguard Total Bond Market Index Fund Admiral Shares (VBTLX) es una solución perfecta para cualquier cartera de inversiones con un horizonte temporal de más de cinco años. Con un índice de gastos de apenas el 0,05 por ciento, posee aproximadamente seis mil títulos individuales de deuda, todos con grado de inversión y con una fecha de vencimiento promedio de cinco años. Si el horizonte temporal de tu cartera es inferior a cinco años, entonces el Vanguard Short-Term Bond Index Fund Admiral Shares (VBIRX) encajará mucho mejor, aunque su rentabilidad anual promedio es aproximadamente un 33 por ciento menor (2,19 por ciento en el caso del VBIRX, frente al 2,95 por ciento que ofrece el VBTLX). Este diferencial es debido a los plazos de vencimiento promedio más cortos de las tenencias del fondo.

Para aquellos que prefieran una opción distinta a Vanguard, el ETF SDPR Portfolio Aggregate Bond (SPAB) y el ETF Schwab US Aggregate Bond Fund (SHCZ) son dos excelentes opciones para quienes manejen horizontes temporales de cinco años o más. Por otro lado, para un horizonte temporal de menos de cinco años, el ETF SPDR Short-Term Corp Bond (SPSB) y el ETF iShares Core 1-5 Years US Bond (ISTB) se adaptan mucho mejor.

Hay muchas otras opciones además de las que he mencionado. Simplemente te comento algunos de los vehículos mejor calificados para no aburrirte recorriendo toda la lista de opciones. Si quieres recorrerla tú, puedes visitar <morningstar.com>, donde encontrarás suficientes opciones y productos como para que te acabe dando vueltas la cabeza. Recuerda siempre que la clave del éxito con cualquier fondo indexado es tener una ratio de gastos muy baja y no soportar ninguna carga de ventas oculta en el anverso o el reverso, cual letra pequeña. Siempre que tu elección tenga esas dos cosas a su favor y que confíes en un fondo de bonos con calificación de inversión, será difícil que te equivoques.

Si te preguntas por qué no he mencionado algunos de los bonos más «exóticos» del mercado (como los bonos de alta rentabilidad, también conocidos como bonos basura, así como los bonos municipales que están libres de impuestos en Estados Unidos, los bonos que no están denominados en dólares o los títulos del Tesoro ajustados a la inflación), mis razones son las siguientes:

1. Dado que los bonos basura son productos de riesgo y el propósito de tener bonos en tu cartera es protegerte contra el riesgo, ¿por qué diablos querrías tener este tipo de productos en tu cartera? De hecho, los bonos basura se parecen más a las acciones que a los bonos de alta calidad, lo que los hace muy poco adecuados para el propósito con el que hemos decidido comprar títulos de deuda. Por eso, mi consejo es dejar que los operadores de bonos profesionales se ocupen de hacer la selección de títulos más solventes y no perder el tiempo con estas opciones.
2. Los bonos municipales están exentos de tributación en Estados Unidos y, ciertamente, puede tener sentido invertir en estos títulos en algunos casos, puesto que al menos son más eficientes desde el punto de vista fiscal. (De hecho, son productos exentos de impuestos federales, estatales y municipales.) Sin embargo, como ocurre con todas las demás inversiones, nada es gratis. Al fin y al cabo, cualquier corporación local que te ofrezca una rentabilidad muy alta no actúa por bondad: lo hacen porque no tienen más remedio y no hay otra forma de conseguir financiación por esta vía, lo que significa que, probablemente, el ayuntamiento está a punto de declararse en quiebra o enfrenta un escenario financiero parecido. Mi consejo es que no pierdas el tiempo con este tipo de productos.
3. Los bonos no denominados en dólares reembolsan el principal y los intereses en divisa extranjera, lo que implica que no sólo tienes que preocuparte por la solvencia del bono en sí mismo, sino también por la posible devaluación de esta moneda. Dicho con otras palabras, si el capital y los intereses se cobran en moneda extranjera, ¿qué ocurre si el valor de tal divisa baja en relación con el dólar estadounidense? La respuesta es que cualquier interés adicional que percibas probablemente terminará siendo devorado por la disminución del valor de la moneda cuando finalmente cobres el bono. Así que, una vez más, mi consejo es que te alejes de estos brillantes objetos extraños.

4. Los bonos del Tesoro protegidos contra la inflación (Treasury Inflation-Protected Securities, TIPS) son, en realidad, un buen producto que se ha ganado un lugar muy merecido en algunas carteras de inversión. Pero, probablemente, en tu cartera no tienen cabida. Para ser justos, lo que intento decir es que, a medida que uno logra mayores niveles de riqueza, es más probable que tenga sentido subdividir su asignación de bonos para incluir algunos TIPS en su cartera. Pero, salvo que ése sea tu caso, no me preocuparía por estos productos. La forma en que funcionan los TIPS es ajustando los intereses y (en última instancia) el capital que se te paga en función de lo alta o baja que está la inflación. A largo plazo, los TIPS han tenido una rentabilidad ligeramente mayor que los títulos de deuda que no están protegidos contra la inflación, pero sólo ligeramente, de modo que, al final del día, la diferencia en términos de dólares no merece la pena, salvo que tu cartera sea muy grande.

Entonces, por resumir, si bien hay muchos tipos diferentes de bonos de deuda entre los que se puede elegir, la gran mayoría no son dignos de consideración, puesto que no ofrecen ningún beneficio adicional al grueso de los inversores, pero sí abren la puerta a que el Complejo de Máquinas Comisionistas de Wall Street meta sus sucias manos en tu bolsillo. Dicho de otra manera, es mejor aplicar la máxima del acrónimo KISS, que significa «*keep it simple, stupid*» ('hazlo fácil, estúpido'). Ésa es la clave: «Haz todo esto de manera que todo sea estúpidamente simple». Otra posible lectura: «Escucha, idiota, ¡no seas estúpido! ¿Dejarás de complicar las cosas sin ningún motivo y actuarás con sencillez?». Y, sea como sea, recuerda que, cuando se trata de elegir un fondo de bonos de deuda, tu objetivo debe ser hacer que las cosas funcionen de la manera más simple. Tan fácil como eso.

Entonces, con todo esto en mente, ¿cuál es el modelo de asignación de activos adecuado para ti?

No quiero ser tibio, pero mi respuesta es que... depende.

Por ejemplo, si le preguntas esto mismo a cualquier asesor financiero que no esté intentando joderte, te dirá que la asignación de activos más común es una división 60-40, con las acciones en una posición de relativo predominio.

Pero ése es solamente el punto de partida.

A partir de ahí, debes tener en cuenta la fórmula mágica de Jack Bogle (a saber, que el peso porcentual de los bonos de deuda que tienes en tu cartera debe ser igual a tu edad) y, más importante aún, también debes responder seriamente a las cuatro preguntas que te hice.

Combinando estos tres factores, así como una buena dosis de sentido común, no debería resultarte demasiado difícil idear un plan de asignación de activos que se adapte a tus objetivos, a tu nivel de tolerancia al riesgo, a tu horizonte temporal y a tu situación financiera actual.

Por ejemplo, en el caso de Fernando y Gordita, ¿cómo llegué a recomendarles que hiciesen un reparto 80-20?

En parte, ciencia; en parte, arte; y en parte, mera conjetura...

La parte «científica» partía de una división 60-40, que luego ajusté a 70-30 para tener en cuenta sus edades, relativamente jóvenes, y sus ingresos, de rango alto. La parte «artística» consistió en aumentar la asignación de acciones otro 10 por ciento, para tener en cuenta un nivel de tolerancia al riesgo que, en el caso de Fernando, es superior a la media. Personalmente, no creo que tenga el temperamento de tener más bonos en cartera y evitar arrancarse los pelos de la cabeza. Y la parte de las «conjeturas» pasó por aconsejar a Fernando que se reservase otro 5 por ciento para poder seguir especulando a su manera.

Mi razonamiento para este último consejo fue simple: ¡a Fernando le gusta especular!, y se divierte con eso, a pesar de que sus resultados en dicha forma de inversión han terminado en desastre.

Pero, bueno, eso no tiene nada de malo, ¿verdad? Se supone que la vida debería ser divertida, ¿no?

Además, temía que, si le hubiera dicho a Fernando que tener

una cartera de inversiones adecuada y seguir especulando como él lo hacía son cosas mutuamente excluyentes, me habría «matado con un "sí"» en ese momento y habría acabado frustrado, de modo que, en última instancia, habría terminado especulando de todos modos. En efecto, una vez hecho, hubiese empezado a recorrer ese camino; probablemente habría comenzado a asignar aún más dinero a esta estrategia y habría vuelto a meterse en un callejón sin salida. Por eso le dejé el 5 por ciento de margen: porque tenía un plan general de asignación de activos cubriendo el 95 por ciento restante.

Así que éste fue el trato que le propuse y que te propongo a ti también.

Siempre que el 95 por ciento de una cartera esté correctamente asignado, no hay absolutamente nada de malo en que tú o cualquier otro inversor incurra en una pequeña aventura de especulación. Esto puede ser saludable si solamente se hace con ese porcentaje de cartera al que hemos asignado un peso del 5 por ciento. Y, en el caso de Fernando, plantear esa opción me invitó también a intentar ayudarle a tener más probabilidades de éxito a base de desarrollar una estrategia de *trading* de corto plazo llamada «negociación de base», o *base trading*. (Te daré una explicación de ello más adelante, en este mismo capítulo.)

Pero, primero, quiero que eches un vistazo rápido a las tablas que se ofrecen agrupadas en la tabla 11.2. En ellas, establezco diferentes planes de asignación de activos para tres grupos de edad distintos, ajustando la propuesta para contemplar distintos niveles de tolerancia al riesgo. Ir más al detalle que esto sería como agarrarse a un clavo ardiendo porque, simple y llanamente, hay demasiadas variables y matices involucrados como para abordar cada escenario individualmente. Para eso, estos ejemplos son los puntos de partida a partir de los cuales puedes terminar de personalizar tu plan de asignación, teniendo en cuenta tu edad y tu respuesta a las cuatro preguntas anteriores.

Tabla 11.2. Asignación de activos para los inversores promedio, conservador y agresivo, en función de la edad

INVERSOR PROMEDIO	Acciones	Deuda
Joven	80 %	20 %
Mediana edad	60 %	40 %
En proceso de jubilación	40 %	60 %
Jubilado en fase más tardía	20 %	80 %

INVERSOR CONVERSADOR	Acciones	Deuda
Joven	70 %	30 %
Mediana edad	50 %	50 %
En proceso de jubilación	30 %	70 %
Jubilado en fase más tardía	10 %	90 %

INVERSOR AGRESIVO	Acciones	Deuda
Joven	90 %	10 %
Mediana edad	70 %	30 %
En proceso de jubilación	50 %	50 %
Jubilado en fase más tardía	30 %	70 %

Es importante señalar que, una vez se ha ideado y diseñado el plan de asignación de activos adecuado, no debemos tomarlo como algo inamovible. Probablemente tiene sentido volver a replantearlo de vez en cuando, para asegurarte de que todavía tiene sentido para ti. Si no es así, deberás ajustar el plan de forma consecuente.

En la jerga de Wall Street, el proceso de ajustar periódicamente la combinación de activos que conforman una cartera de inversiones se conoce como reequilibrio y, como ocurre con la mayoría de las cosas que se hacen en Wall Street, su forma de abordar esta cuestión consiste en complicarlo todo en exceso, de forma intencionada e innecesaria, colocando etiquetas aparentemente sofisticadas para ofrecer diferentes metodologías para las que se plantean variaciones tan diferentes que la persona promedio se acaba sintiendo tan abrumada que decide contratar a un «experto» que no deja de ser un miembro más del Complejo de Máquinas Comisionistas de Wall Street. Y, ¿qué pasa después? Después, te joden.

Pero lo cierto es que no necesitas contratar a nadie para esto. La regla de oro del reequilibrio es la siguiente: menos es más. Eso es todo.

Por descontado, Wall Street intentará convencerte de lo contrario emitiendo términos muy elegantes y hablando de «asignación dinámica de activos» o de «asignación táctica de activos». Bla, bla, bla.

Mi consejo es el siguiente: revisa tu plan de asignación de activos con la menor frecuencia posible (pero no te olvides de hacerlo de vez en cuando) para evitar caer en la trampa de convertirte en un administrador activo de fondos. Se supone que la tuya es una cartera administrada pasivamente. ¿Lo entiendes? Por tanto, ¡relájate! Tómate un tranquilizante. Lo más probable es que pueda pasar mucho tiempo hasta que tengas que hacer un reequilibrio, a menos que haya sucedido algo muy significativo en tu vida que haya alterado drásticamente las respuestas que ofreces a las cuatro preguntas que han articulado tu plan. En caso contrario, deberás reequilibrar tu cartera una vez al año, pero en ningún caso en más ocasiones. Cualquier cosa que sea ir más allá de eso probablemente supondrá pecar de exceso y exponerse al riesgo de convertirse, sin querer, en una versión de inversor activo, y no pasivo.

Sin embargo, cuando llega el momento de reequilibrar la cartera, hay dos cosas principales que debes tener en cuenta:

1. ¿Tu plan actual de asignación de activos todavía tiene sentido, en función de tus objetivos actuales? ¿Y qué hay de tu horizonte temporal? ¿O de tu grado de tolerancia al riesgo? ¿También está bien pensado para tu actual situación financiera? Si la respuesta a todas esas preguntas es afirmativa, entonces no es necesario realizar ningún cambio: puedes dejar que las cosas sigan como están. Sin embargo, si dijiste «no» en cualquiera de las cuatro pre-

guntas, probablemente necesitas ajustar los porcentajes relativos de acciones versus bonos hasta que la asignación vuelva a tener sentido para ti.

2. ¿Las ganancias (o las pérdidas) en una de las clases de activos en las que has invertido han provocado que la relación actual entre acciones y bonos ya no refleje tu plan de asignación de activos original? Por ejemplo, si el S&P 500 viene de tener un año excelente y tu inversión ha crecido más del 30 por ciento, esto tendrá un impacto importante en el peso relativo de las acciones. Más específicamente, tal escenario hará que acabes estando sobreponderado en acciones e infraponderado en bonos, al menos en comparación con el plan de asignación de activos que diseñaste originalmente y que estás intentando seguir. En esa situación, ¿qué haces? Bueno, en términos generales, mi consejo sería, en caso de duda, no hacer nada. ¿Por qué? Porque, cada vez que compras o vendes algo, siempre se abre la posibilidad de tener que pagar comisiones e impuestos. Entonces, a menos que creas que tus porcentajes se te han ido de control, hasta el punto de que ya no reflejan el *mix* diseñado para tener en cuenta tus objetivos financieros, tu horizonte temporal, tu tolerancia al riesgo y tu situación financiera, no deberías pecar de ser excesivamente cauteloso, y dejar las cosas como están sería probablemente la mejor opción. Recuerda que el objetivo aquí es ser lo más pasivo posible en nuestra forma de gestionar nuestros ahorros, para dejar que el paso del tiempo haga el trabajo por nosotros.

Además, también vale la pena señalar que, si bien los estudios académicos han demostrado que el 90 por ciento de la variación de la rentabilidad a largo plazo de una cartera se basa en la asignación de activos, un cambio del 5 por ciento en el peso de las acciones y los bonos te supone una diferencia muy pequeña. De hecho, hay un viejo refrán en el ámbito de la carpintería que se puede aplicar perfectamente a este caso: «Medir dos veces; cortar una vez».

Dicho con otras palabras, tómate el tiempo necesario para desarrollar tu plan de asignación de activos de forma adecuada. Actúa bien desde el principio y no te apresures. Aborda las cuatro preguntas de manera honesta y directa, para saber cómo asignar los porcentajes adecuados desde la primera decisión de inversión. Luego, una vez que hayas tomado esa decisión y hayas elegido los dos fondos indexados principales que conformarán la mayor parte de tu cartera, siéntate y relájate. No te vuelvas loco si el peso relativo de una de las dos posiciones de referencia empieza a desviarse y sube o baja algunos puntos. Es algo normal y predecible, de modo que, si simplemente te quedas sentado y no haces nada, todo irá bien. Simple y llanamente, no caigas de nuevo en la sangrienta espiral de muerte de ponerte a seleccionar acciones individuales e intentar cronometrar el desempeño del mercado.

Hablando de muerte, antes de pasar al salvaje mundo de la (sana) especulación bursátil, me quiero parar a hablar un momento de la segunda certeza desagradable que nos depara la vida además de la defunción. Me refiero a los impuestos.

Mi consejo para ti en este campo es simple. Debes hacer todo lo que esté a tu alcance para pagar la menor cantidad de impuestos posible, sin infringir la ley. ¿Cómo se hace eso? Bien, es más complicado de explicar, pero no porque las estrategias que debes seguir sean complicadas.

De hecho, no lo son. En realidad son bastante simples.

El problema es que este libro se publicará en numerosos países y cada uno de ellos tiene su propio código fiscal, con condiciones distintas en la tributación de las acciones, los fondos de inversión o los planes de pensiones. En cada caso, la idea es posponer el pago de impuestos todo lo posible y, si acaso puede hacerse, evitarlo por completo.

No nos equivoquemos: esta misión es de importancia crítica.

Los tipos de cuentas en los que desarrollas tus inversiones tienen un impacto decisivo en tu declaración de la renta, lo que a su vez se traduce en un efecto aún más decisivo en tus estrategias de capitalización a largo plazo. En Estados Unidos, por ejemplo, tenemos cuentas de ahorro de tipo IRA y 401(k). En Australia tienen los superfondos. En el Reino Unido solamente Dios sabe bien qué ofrecen al inversor-ahorrador. En Alemania aplican los planes de pensiones Riester y Rürup, semejantes a otros sistemas de planes de pensiones, como en España y otros países. Pero a lo que quiero llegar es a que hay estrategias fiscales que tienen sentido para un país en particular, pero quizá no son recomendables en otro caso. Por eso, en vez de ser el típico estadounidense que habla como si todo el mundo viviese en mi país y pagase impuestos aquí, voy a evitarte una larga charla sobre la legislación tributaria estadounidense de las cuentas de inversión, porque no quiero dejar a los lectores del resto del mundo a la intemperie. En lugar de ello, voy a ofrecerte algunos consejos generales que, con un poco de suerte, serán valiosos para todos los lectores:

1. Cuando decides si debes colocar un fondo de inversión o un ETF en una cuenta sujeta a impuestos o al pago de impuestos que se pagan de forma diferida, lo más importante que debes considerar es la eficiencia fiscal relativa de cada vehículo incluido en tu cartera. Si profundizas en esto, es probable que descubras que una de las opciones es significativamente menos eficiente desde el punto de vista fiscal que las otras. Con eso en mente, y dado que es probable que tengas una cantidad limitada de capital en la cuenta en la que puedes diferir la tributación, lo importante es que priorices el colocar ahí el vehículo menos eficiente desde el punto de vista fiscal, para compensar de esta forma sus mayores niveles de imposición. En cambio, tu inversión más fiscalmente eficiente debería estar en la cuenta de inversión al uso (suponiendo que ya has agotado las aportaciones a la cuenta en la que tienes algunas desgravaciones o ventajas fiscales).
2. En el próximo capítulo, repasaré los diferentes grupos de personas que intentarán activamente joderte atrayéndote de regreso a su casino corrupto. Uno de esos grupos son los planificadores financieros. Pero, lamentablemente, y

aunque odio admitirlo, lo cierto es que tienen un propósito válido cuando se trata de ciertos asuntos, caso por ejemplo de planificación fiscal. Entonces, a menos que estés del todo seguro de que estás completamente al día con las últimas leyes tributarias vigentes en tu país y sepas cómo maximizar tus ahorros tributarios en materia de inversión, te recomiendo que consultes con un planificador financiero muy cualificado, pero también siempre que sigas los protocolos de seguridad que te presento en el siguiente capítulo para lidiar con los miembros potenciales de lo que yo llamo el Complejo de Máquinas Comisionistas de Wall Street.

Bien, ahora hablemos de esa especulación sana a la que me he referido. ¿Es importante? En caso afirmativo, ¿por qué lo es? Mi respuesta es que la relevancia de estas cuestiones depende mucho del tipo de persona e inversor que sea cada uno.

Por ejemplo, como le expliqué a Fernando, si a alguien le gusta especular, entonces es importante que pueda especular. Al fin y al cabo, terminará haciéndolo de todos modos, porque la naturaleza humana es así. No hay forma de resistir permanentemente la tentación de involucrarnos en una actividad emocionante, en especial en un caso como éste, en el que nos vemos bombardeados constantemente con mensajes ingeniosos emitidos por el Complejo de Máquinas Comisionistas de Wall Street, que nos anima continuamente a tirarnos por un precipicio financiero.

Entonces, para todos aquellos que se divierten y disfrutan dedicándose a elegir acciones individuales, la oportunidad de intervenir en dicho mercado y tener alguna opción de ganar dinero pasa por una estrategia a corto plazo conocida como «negociación de base», o *base trading*.

En resumen, la negociación de base pasa por tomar una posición de largo plazo en una acción de alta calidad como Apple, Google, Tesla o Facebook y, a renglón seguido, operar en torno a esa posición, comprando y vendiendo a corto plazo una pequeña parte de nuestros títulos de la compañía, según el desempeño actual del precio de estas acciones.

El «objetivo» aquí es aprovechar el poder de una estrategia de comprar y mantener acciones a largo plazo (*buy and hold*) y combinarlo con ganancias de corto plazo que nos permitan obtener lo mejor de ambas formas de inversión.

En términos prácticos, una estrategia de negociación de base te permite asegurar ganancias a corto plazo a medida que aumenta el precio de una acción, pero mantiene al mismo tiempo una exposición al alza de largo plazo que se espera en la cotización, puesto que incluye la preservación de las acciones restantes de la posición de base que no hemos vendido por el camino. Por otro lado, uno puede reconstruir su posición de base aprovechando cualquier retroceso en el precio de la acción.

Por ejemplo, imagina que tienes una posición base de cien acciones en Apple (AAPL) a razón de 100 dólares por acción. Si las acciones aumentaran a 105 dólares por título, podrías vender el 20 por ciento de tu posición, unas veinte acciones, y esperar a un posible retroceso en el precio de Apple para volver a comprar esas acciones y de esa forma restablecer tu posición base original de cien acciones.

Al hacer esto, lograrías tres cosas:

1. Una ganancia del 5 por ciento.
2. La minimización del riesgo de caída en lo que queda de tu posición de base.
3. La posibilidad de capitalizar las futuras subidas en el precio de la acción.

La lógica que subyace a la negociación de base radica en el hecho de que las acciones (y, en realidad, cualquier otro activo negociado en los mercados) no suben ni bajan en línea recta; en cambio, cotizan hacia arriba y hacia abajo, con numerosos picos y valles, a medida que el activo evoluciona en una dirección que se aprecia más claramente en el largo plazo. Por ejemplo, si miras el gráfico de una acción que sube de 100 a 150 dólares por acción, verás muchos movimientos bruscos al alza seguidos de algunos retrocesos a corto plazo, denominados «correcciones» en el lenguaje financiero. Esas caídas vinieron seguidas, una vez más, de movimientos alcistas más bruscos, a los que siguieron otras correcciones de corto plazo. Y así sucesivamente. Con el tiempo, estos giros de precios tienden a ordenarse y a describir patrones predecibles, formando «niveles de soporte» (es decir, la parte inferior del rango de precio en el que se está negociando una acción) y «niveles de resistencia» (en este caso, la parte superior del rango de negociación del precio de dicha acción). Los operadores centrados en el corto plazo intentan sacar provecho de esos soportes y resistencias que dibuja la trayectoria de la acción.

En el lenguaje de Wall Street, la ciencia (o, más exactamente, la mezcla de ciencia y de vudú) que hay detrás de la identificación de estos niveles de soporte y resistencia se conoce como «análisis técnico», el cual contrasta marcadamente con el «análisis fundamental» usado como base para la inversión en valor. En teoría, ambos deberían funcionar muy bien juntos, en el sentido de que se puede utilizar el análisis fundamental (estudiando los beneficios, los activos, el balance, los flujos de efectivo o el PER de la empresa) para identificar una acción infravalorada y, a continuación, utilizar técnicas de análisis para tratar de cronometrar la compra cuando el título se esté moviendo en la parte inferior de su rango de negociación.

Mmm... Ésa es la teoría.

Si le preguntas a alguien como Warren Buffett sobre estas cuestiones, te dirá que es probable que los monos ciegos que se dedican a lanzar dardos también logren hacerlo mucho mejor que cualquiera dedicado a seleccionar el «valle» o el «pico» de negociación de cualquier acción, descartando así la valía de cualquiera de los analistas técnicos a los que ha conocido.

Pero, bueno, ésa es sólo su opinión. ¡El hecho de que casi siempre tenga razón no viene al caso! Y, además, aquí estamos hablando de especulación, y no de inversión en valor. Por tanto, ¿a quién le importa lo que piense el Oráculo sobre este tema?

Sea como fuere, así es como funcionan los rangos de negociación... Cuando el precio de una acción se acerca a un nivel de resistencia, los operadores a corto plazo buscan obtener ganancias, lo que posteriormente provocará un retroceso en el precio de la acción. A cambio, cuando este retroceso se acerque al nivel de soporte, se abre una oportunidad para comprar más acciones a un precio más bajo, lo que luego hará que la acción suba nuevamente, y así sigue y sigue.

Sencillo, ¿verdad?

Dicho de otra manera, una estrategia comercial básica permite que un operador inteligente centrado en el corto plazo pueda aprovechar la presión constante de compraventa que experimentan diariamente los títulos de toda compañía cotizada fundamentalmente sólida. Cuando la acción se dispara, la presión de venta a corto plazo aumenta hasta alcanzar un punto de ruptura, el nivel de resistencia. En ese momento, la corriente a favor de la venta a corto plazo supera la intensidad de las compras a corto plazo, y la acción cae. Cuando su precio se reduce lo suficiente y se alcanza ese umbral conocido como nivel de resistencia, entonces, las ventas disminuyen y la presión a favor de las compras comienza a aumentar nuevamente, lo cual reduce de nuevo las dinámicas partidarias de la venta y hace que las acciones comiencen a subir nuevamente.

¡Listo! Ahí lo tienes, explicado en pocas palabras.

Sin embargo, antes de intentar actuar en este sentido, ten en cuenta que tratar de encontrar estos niveles de soporte y resistencia requiere mucho tiempo y práctica. Piensa, además, que te encontrarás operando contra profesionales que viven y mueren por estos movimientos de precios a corto plazo. Eso no quiere decir que no puedas convertirte en un experto del análisis técnico y desarrollar una «sensibilidad» para encontrar el máximo y el mínimo del rango de negociación de una acción.[23] De hecho, tengo un amigo en particular que ha hecho una fortuna

23. Se han escrito innumerables libros sobre análisis técnico, por lo que, si deseas profundizar más, te recomiendo uno de Andrew Aziz titulado *Cómo vivir del* day trading*: una guía para principiantes que cubre las herramientas y tácticas, la gestión del dinero, la disciplina y la psicología del* trading (Valor Editions de España, Barcelona, 2021), así como *Trading: technical analysis masterclass*, de Rolf Schlotmann y Moritz Czubatinski (ed. de autor, 2018). Pero recuerda que esto debe inscribirse en la categoría de especulación saludable y, por tanto, limitarse al 5 por ciento de tu cartera.

absoluta utilizando la estrategia de la negociación de base, pero, claro está, es un *trader* profesional que ha operado en el mercado durante treinta años.

Entonces, con todo eso en mente, éstos son los cinco pasos clave para ejecutar con éxito una estrategia de negociación de base:

1. Elige la acción correcta.
2. Fija tu posición de base inicial.
3. Vende acciones cuando puedas obtener ganancias a corto plazo.
4. Recompra acciones con caídas de precio para restablecer tu posición de base.
5. Repite y repite eso, una y otra vez.

Vayamos ahora punto por punto.

1. Elige la acción correcta

Dado que mantendrás tu posición de base a largo plazo, debes elegir una empresa que tenga fundamentos sólidos. Hay varias formas de hacer esto, pero la más sencilla es utilizar el trabajo de las principales casas de investigación independientes, cuyos equipos de analistas elaboran numerosos informes sobre empresas de gran capitalización. Algunos ejemplos serían Finviz, Koyfin, Zack's Research y Seeking Alpha. Cualquiera de estos recursos será útil, y el coste de suscripción es relativamente pequeño e incluso incluye una oferta de prueba gratuita y la garantía de devolución del dinero.

Lo que estamos buscando aquí es una marca importante, como Apple, Google, Facebook o Tesla. Estas compañías no sólo tienen fundamentales muy sólidos, sino que también registran suficiente volatilidad diaria en sus acciones como para crear oportunidades suficientes para aplicar una estrategia de negociación de base.

Un ejemplo perfecto sería el de Apple.

Hablamos de la empresa con más valor del mundo, de modo que los fundamentales a largo plazo de la compañía son, hoy por hoy, lo más sólido que se puede encontrar en el mercado. Además, sus acciones tienden a ser volátiles, debido a la propiedad institucional de parte de sus títulos, especialmente en el caso de los *hedge funds*, que constantemente entran y salen en su accionariado.

En el gráfico 11.3 se puede ver que, a pesar de la evidente tendencia alcista a largo plazo, la cotización de Apple en 2021 describe innumerables «picos» y «valles» a lo largo de su camino hacia arriba. Cada «pico» y cada «valle» representa una oportunidad potencial de ejecutar operaciones enmarcadas en una negociación de base, o *base trade*.

Gráfico 11.3. Evolución del precio de cotización de la acción de Apple Inc. (2021)

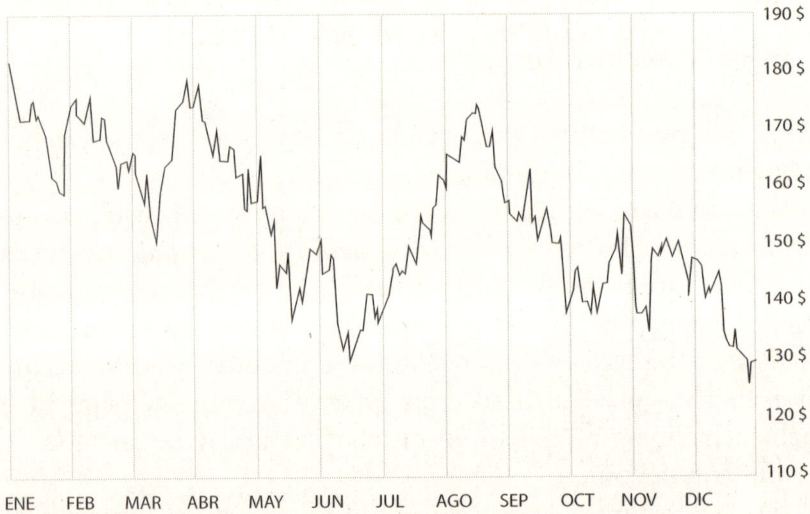

2. Fija tu posición de base inicial

La clave del éxito en este punto pasa por no intentar establecer tu posición de una sola vez. En vez de eso, intenta acumularla poco a poco, utilizando una estrategia de coste promedio en dólares para reducir el coste medio de hacerte con tu posición de base. En otras palabras, al dividir el dinero dedicado a la compra de la posición base inicial (amasada durante un período de, digamos, cinco semanas), eliminamos el llamado factor humano de las decisiones de compra, lo que generalmente resulta en mejores resultados, en puntos de entrada más atractivos y una estructura de costes generales más bajos. Por ejemplo, digamos que deseamos establecer una posición base conformada por cien acciones de Apple. La forma correcta de hacerlo sería comprar veinte acciones por semana durante un período de cinco semanas, hasta tener una posición completa de cien acciones. En el gráfico 11.4 puedes ver exactamente cómo se puede desarrollar todo esto a lo largo un período de varias semanas.

Gráfico 11.4. Evolución del precio de cotización de la acción de Apple Inc. (mayo- julio de 2021)

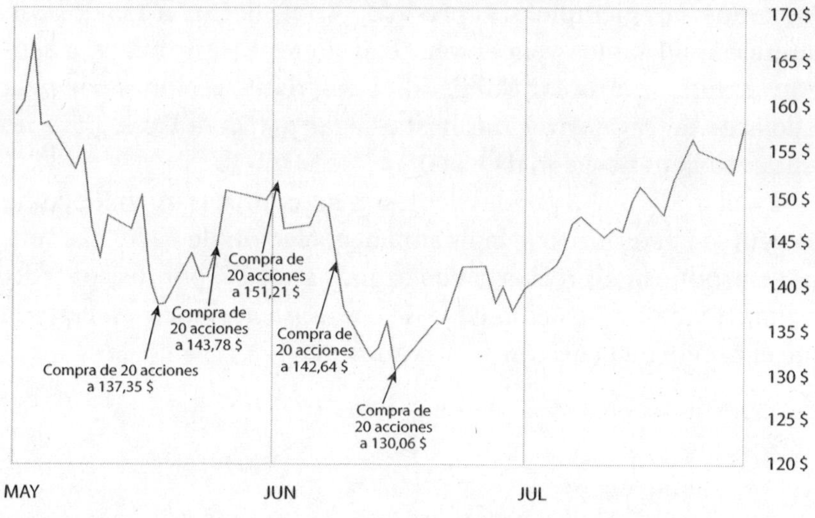

Los cinco puntos de entrada ocurrieron en el mismo día de la semana en las cinco ocasiones semanales en que se realizaron las compras, independientemente de lo alto o bajo que era el precio de la acción en ese momento. En este caso, el coste medio de cien acciones de Apple acabó siendo de unos 141,01 dólares por acción. Obviamente, uno podría haber utilizado esta misma estrategia para acumular mil acciones de Apple, o cualquier otra cantidad de acciones, siempre que tal posición se adapte a nuestra tolerancia al riesgo, sin exceder un peso total del 5 por ciento de la cartera de inversiones. (¡Recuerda, solamente estás especulando!)

3. Vende acciones cuando puedas obtener ganancias a corto plazo

Una vez que hayas establecido tu posición base, deberás decidir qué porcentaje de tu posición deseas vender a medida que aumenta el precio de las acciones, así como a qué precio hacerlo. Una regla general de uso extendido nos habla de vender el 20 por ciento de las acciones con una ganancia aproximada del 10 por ciento, usando un número redondo como referencia de las ganancias que buscamos. Por ejemplo, si el precio de Apple llegara a 155 dólares, entonces podríamos vender veinte acciones de entrada y, a renglón seguido, continuar vendiendo otras veinte acciones por cada 5 dólares de revalorización, hasta llegar a 150 dólares, para no vender toda tu posición de base.

En el gráfico 11.5 puedes ver tanto las compras iniciales como las ventas posteriores de la misma negociación de base. Las ventas se producen a precios cada vez más altos (y, por descontado, se mantiene una posición base de cuarenta acciones, en caso de que el precio de la acción siga avanzando).

Gráfico 11.5. Sacando beneficio a tu posición de base

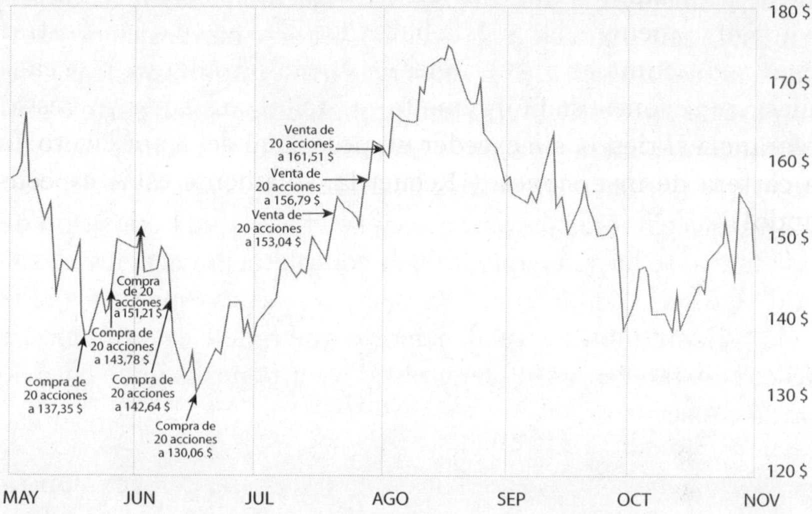

4. Recompra acciones con caídas de precio para restablecer tu posición de base

Este paso pasa por recomprar la misma cantidad de acciones que vendiste en el camino hacia arriba, para así restablecer tu posición de base. Sin embargo, antes de hacer esto, deberías investigar por qué se ha producido la caída de precio en las acciones de la compañía. ¿Acaso fue parte de un patrón normal en la cotización de la acción o más bien sucedió algo en el negocio que afectó negativamente a sus fundamentales?

Si lo que ocurrió fue lo primero, entonces ejecuta la estrategia de recompra en el nivel apropiado. Si lo que pasó fue lo segundo, entonces espera hasta que tengas claro que la empresa sigue teniendo unos fundamentales sólidos y que, por tanto, sus acciones han pasado a un nuevo rango de negociación.

Para determinar ante cuál de los escenarios anteriores estamos, deberás investigar un poco, estudiando todas las noticias recientes sobre la compañía, incluidos los informes 8-K que se envían a la SEC (como vimos en el capítulo 6, las empresas cotizadas deben presentar un informe 8-K si se produce algún cambio importante o relevante en ellas). Además, también deberías volver a consultar el informe de investigación en el que te basaste inicialmente para elegir la acción y ver si se han realizado cambios o actualizaciones. Si no observas nada importante tras consultar estas fuentes, el retroceso probablemente sea parte de un patrón comercial normal en la acción en la que has invertido, de modo que podrás recuperar tu posición base. Para lograrlo, realiza nuevas compras de veinte acciones hasta que tu posición de base inicial se haya recuperado por completo. Por el contrario, si pasa algo serio con la empresa, entonces debes esperar a que la acción fije un nuevo nivel de soporte que refleje este cambio en sus circunstancias, para luego restablecer la posición de base de forma consecuente.

5. Repite y repite eso, una y otra vez

En esta estrategia, la clave para el éxito a largo plazo pasa por lograr pequeños éxitos que se acumulen a lo largo del tiempo, en vez de intentar un gran triunfo sin más. Entonces, con eso en mente, deberás resistir el impulso natural de volverte más codicioso cuando las cosas te están saliendo bien. No trates de aumentar el tamaño de tus operaciones ni intentes anticipar movimientos alcistas más importantes. Para una estrategia de negociación de base, actuar así es el equivalente a la muerte. En cambio, debes mantener el rumbo y continuar operando a ambos lados del mercado, en los niveles predeterminados y sin aumentar el tamaño de cada operación. Lograr un gran triunfo es el objetivo de toda la posición de tu negociación de base, no el propósito de una única operación aislada, por eso has elegido una empresa con fundamentales sólidos.

En resumen, éstas son las cuatro mayores fortalezas de una estrategia de negociación de base:

1. Esta estrategia puede aumentar tus ganancias a corto plazo al permitirte aprovechar las fluctuaciones habituales

observadas en los precios de las acciones de cualquier empresa cotizada.
2. Te permite conservar la posibilidad de obtener capital a largo plazo, aferrándote a tu posición de base.
3. Puede reducir tus pérdidas en un mercado bajista, al asegurar ganancias comerciales a corto plazo a medida que el *stock* de su posición de base evoluciona hacia abajo.
4. Te permite experimentar la emoción del *trading* a corto plazo, lo que hace que sea más fácil ser paciente con el resto de tu cartera, que poco a poco irá generando riqueza para ti, conforme vaya pasando el tiempo.

Por el contrario, aquí están las cuatro mayores debilidades de la negociación de base:

1. Se ha demostrado históricamente que es extremadamente difícil comprar barato y vender caro de manera consistente.
2. Las compras y ventas constantes conducen a ganancias (y pérdidas) de capital a corto plazo, lo que hace que esta estrategia sea mucho menos eficiente desde el punto de vista fiscal que una mera apuesta por el tradicional modelo de comprar y mantener acciones a largo plazo (el llamado *buy and hold*).
3. Cada vez que compras o vendes acciones, incurres en comisiones, que poco a poco consumen tus ganancias generales.
4. Es fácil dejar que tus emociones se apoderen de ti. Cuando eso ocurre, es habitual que se abandone la disciplina requerida para que esta estrategia sea exitosa y que uno se la juegue, y entonces las decisiones tomadas serán cada vez más desacertadas.

Nunca olvides que, a pesar de que esta estrategia arroja perspectivas dignas de mención, la baraja sigue estando en tu contra. Teniendo en cuenta las comisiones de negociación, las implicaciones fiscales y la dificultad inherente de tratar de cronometrar el desempeño del mercado, lo cierto es que la negociación de base solamente debe considerarse como parte de nuestra categoría de especulación saludable, a la que no debemos asignar más del 5 por ciento de nuestra cartera de inversiones, suponiendo que no tengas otras inversiones especulativas en mente. Si las tuvieses, entonces deberás reducir más aún el capital que has dedicado a estas operaciones, a fin de que el peso del valor total de tus inversiones especulativas nunca exceda el 5 por ciento de la cartera.

Esto es aplicable para todo el mundo, incluso si crees que tienes un «don» para la negociación de base y logras algunas ganancias a corto plazo. Recuerda que la hipótesis del mercado eficiente sigue estando fuertemente en tu contra, como también lo están los hallazgos de innumerables estudios académicos, dos de los cuales merecieron el Premio Nobel de Economía. Todas las pruebas disponibles apuntan al hecho de que tratar de ganarle al mercado de manera consistente es un ejercicio inútil.

Así pues, si después de unos meses de operaciones exitosas te sientes sumamente confiado y quieres aumentar tus apuestas, te insto a que recuerdes las palabras del economista y premio Nobel Paul Samuelson, que dijo lo siguiente: «Si acaso hay un pequeño subgrupo de administradores de fondos que sí poseen un cierto "talento" que les permite superar repetidamente el resultado promedio del mercado, lo cierto es que tales gestores están sorprendentemente bien ocultos».

¿Entiendes mi enfoque?

Estoy seguro de que sí; pero, a veces, la naturaleza humana puede ser muy caprichosa, especialmente cuando el Complejo de Máquinas Comisionistas de Wall Street te bombardea constantemente con mensajes que alimentan tus peores impulsos egoístas. Por eso es necesario permanecer alerta.

Dicho con pocas palabras, el Complejo de Máquinas Comisionistas de Wall Street no se va a quedar de brazos cruzados ni se va a limitar a desearte la mejor de las suertes mientras construyes tu riqueza de manera responsable, utilizando las estrategias que detallo en este libro. No importa cuántas veces hayan jodido financieramente a todo el mundo, nunca dejarán de intentar redefinirse, presentando un Wall Street más amable, gentil y benévolo, un Wall Street que ahora antepone las necesidades de sus clientes y que se preocupa profundamente por cuestiones sociales importantes como el cambio climático, la diversidad y cualquier otra cosa a la que puedan recurrir para ganarse nuevamente la buena voluntad del público. Y, mientras ellos mismos se bañan en toda esa falsa luz de virtud, poco a poco volverán a atrapar a más gente en su casino corrupto, donde ellos establecen las reglas, controlan las probabilidades y se aseguran de ganar todas las partidas.

Sin embargo, hay un lado positivo en todo esto: una vez que eres consciente de todas las insidiosas estrategias y manejos mediante los que el Complejo de Máquinas Comisionistas de Wall Street quiere influir en tus decisiones de ahorro e inversión, te es mucho más fácil protegerte de las consecuencias de ser absorbido de nuevo.

En el próximo capítulo te mostraré exactamente cómo puedes evitar que los cabrones de Wall Street te enreden de forma definitiva.

12

Aprende a reconocer a los cabrones de Wall Street

La mejor forma de protegerse contra todas las mentiras que el Complejo de Máquinas Comisionistas de Wall Street intentará lanzarte a la cara para intentar inflar tu ego y hacerte caer en sus redes es comprender tres cosas:

1. ¿Desde qué ámbito del Complejo de Máquinas Comisionistas de Wall Street te están lanzando esa mierda exactamente?
2. ¿Cómo intenta disfrazar benevolentemente las características del producto tu proveedor o intermediario?
3. ¿Qué oscuro y malvado propósito quieren cumplir a base de colocarte su bazofia?

Una vez sepas dar respuesta a estas tres preguntas, podrás considerar que estás vacunado contra cualquier peligro derivado de estar expuesto a esa basura financiera. Sin embargo, como todos aprendimos por las malas durante la reciente pandemia del coronavirus, ninguna vacuna es infalible hasta el punto de eximirte de responsabilidad personal, por lo que tendrás que permanecer alerta y mantener siempre la guardia alta.

Con todo eso en mente, cuando el Complejo de Máquinas Comisionistas de Wall Street intente arrastrarte de nuevo a su casino corrupto, debes saber que te atacarán desde cinco direcciones. Sus mensajes te llegarán desde posiciones aparentemente inocuas:

1. Los canales de noticias y publicidad financiera de las cadenas de televisión por cable.
2. Periódicos y revistas.
3. *Influencers* en redes sociales.
4. Agentes de bolsa, planificadores financieros, etcétera.
5. Gurús que imparten seminarios dedicados a asuntos de inversión.

Lo anterior es sólo un resumen; pero veamos cada caso uno por uno...

1. Los canales de noticias y publicidad financiera de las cadenas de televisión por cable

En Estados Unidos, las dos cadenas más grandes son CNBC y Bloomberg, sin duda miembros de honor del Complejo de Máquinas Comisionistas de Wall Street, aunque con sus diferencias. Así, Bloomberg se centra en llegar a inversores institucionales y profesionales, mientras que la CNBC se dirige a inversores particulares que son mucho menos sofisticados. Obviamente, esto hace que CNBC sea mucho más problemática para el ciudadano promedio, ya que, en vez de tener una emisión técnica y aburrida, como ocurre con la programación de Bloomberg News, lo cierto es que se presenta de una forma más divertida e interesante, sin duda complaciendo los peores impulsos del inversor incauto.

Con ese fin, el primer paso para estar blindado ante su influencia es entender, precisamente, cómo estructura su programación la CNBC.

En términos generales, se divide en tres categorías distintas:

1. *Noticias financieras legítimas.* Emisión de noticias relevantes sobre la economía, los asuntos políticos, las deci-

siones de la Reserva Federal, las empresas cotizadas, el mercado de materias primas, el inmobiliario, las criptomonedas u otros sectores y ámbitos. En general, se trata de información valiosa. Cualquier persona con conocimientos financieros debería estar al tanto de ello y, por lo general, CNBC presenta estos desarrollos de una manera fácilmente comprensible.

2. *Entretenimiento.* Programación desligada de las noticias financieras y ajena a cualquier tipo de asesoramiento financiero. Ejemplos de ello son «Shark Tank», un programa que disfruto mucho; «American Greed», que dedicó un capítulo a la película *El lobo de Wall Street* (¡sorpresa!); «The Profit», que me parece aburrido; y «Garage», de Jay Leno, que no me disgusta..., aunque no entiendo qué está haciendo Leno en la CNBC.
3. *Infoentretenimiento.* Como su nombre indica, consiste en una mezcla de noticias financieras pertinentes y entretenimiento ligero, en el contexto del asesoramiento de expertos. Su interés informativo puede ser de distintos grados, desde consejos financieros generales con un trasfondo benévolo —caso de Suze Orman, que realmente intenta educar, empoderar financieramente y proteger a sus espectadores— hasta el modelo de «Fast Money», que ofrece consejos escandalosamente complejos y poco asesoramiento financiero de expertos financieros válidos que realmente sepan lo que hacen y no estén simplemente tratando de herir intencionadamente a sus espectadores, los cuales no se dan cuenta de que los van a desplumar y caen en el error de pensar que, usando sus tácticas, pueden obtener alguna ganancia. Y luego, en lo más bajo del escalafón, nos topamos con Jim Cramer, el director de la pista en este particular circo. Su programa es tan absolutamente tóxico para el inversor promedio que es difícil expresarlo con palabras. Pero intentaré expresarlo...

Veamos..., ¿qué es lo que hace que Jim Cramer sea casi como una máquina de demolición que puede acabar con ese inversor medio que ha encendido la pequeña pantalla para ver esta emisión?

Para empezar, cambia de opinión con más rapidez que el viento cambia de dirección. Dice tal o cual cosa, y luego dice otra cosa, sobre comprar o vender una acción, un bono, una opción, una divisa o cualquier instrumento financiero. De hecho, los constantes cambios de opinión de Cramer se han vuelto tan absolutamente descarados que incluso el Complejo de Máquinas Comisionistas de Wall Street ha acabado por considerar al presentador como una broma de mal gusto. Ahora bien, eso no quiere decir que no sepa de qué está hablando, pues posee un amplio conocimiento de los mercados financieros. Claramente, su base de conocimientos es enorme.

Pero ¿significa eso que Cramer puede ser legítimamente tomado como un experto en elegir acciones, una suerte de gurú de las inversiones? ¡Por favor! La velocidad y ferocidad con la que pasa de ser bajista a defender posiciones alcistas se le ha ido tanto de las manos que ya solamente es una burda caricatura de lo que podría ser un gurú de la inversión en acciones. Por eso, lo único que lograrás siguiendo los consejos de Cramer será un grave desastre financiero y un billete de ida a un hospicio para pobres.

Ahora bien, dicho esto, si Jim Cramer te entretiene, si su sentido del humor ruidoso, bullicioso y explosivo te hace gracia, entonces, ¡adelante! ¡Disfruta! Pero será mejor que mantengas la guardia alta, no vaya a ser que termines contagiado por su locura y termines sufriendo pérdidas graves en tu cartera de inversiones.

Por otro lado, recuerda que, aun si te limitas a ver las noticias y te abstienes de sintonizar el resto de los programas de la CNBC, hay problemas potenciales que te pueden llegar a afectar si no eres consciente de algunos peligros más sutiles. Por ejemplo, en medio de su presentación rutinaria de los últimos acontecimientos en la economía, el mercado de valores y las finanzas en general, los presentadores de la CNBC también programan entrevistas con importantes directores ejecutivos de las principales empresas estadounidenses, así como con gestores de la «élite» del mundo de los *hedge funds*.

Aquí es donde empiezan los problemas.

Tú estás sentado en tu sofá, viendo las noticias, y tu presentador favorito comienza a entrevistar a un tipo. Después de unos diez o quince segundos, probablemente percibes que el tipo es auténtico, un verdadero profesional que sabe lo que hace. Así que acabas estando muy pendiente de cada palabra que dice. Un minuto después, ese mismo experto te empieza a hablar de su estrategia de inversión, basada en operaciones con opciones sobre acciones, o *stock options*. Dice que no le gusta jactarse de su éxito, pero que realmente le están saliendo bien las cosas con ese enfoque, que ha venido usando desde hace medio año. Y después añade lo siguiente: «Basándonos en todo lo que estamos viendo en el mercado, creemos que a esta estrategia todavía le quedan otros cuatro o seis meses de recorrido antes de que termine la fiesta. Básicamente, es lo más parecido a imprimir tu propio dinero en casa. Es lo mejor que he visto en el sector».

De repente, te quedas paralizado en tu sofá. «¿Qué tipo de estrategia podría hacerle ganar tanto dinero a este tipo?», te preguntas intrigado. Si tan sólo lo dijera... Si lo supieras... Y, entonces, ¡bum! Sin más, el presentador le hace al *trader* la pregunta del millón: «Entonces, ¿puedes contarnos un poco más sobre esa estrategia? Estoy seguro de que a los espectadores les encantaría conocer todos los detalles».

«Oh, por supuesto», responde el invitado, feliz de compartir una táctica que al parecer ya están utilizando innumerables expertos y que es demasiado complicada para el inversor medio. «En realidad, es bastante sencillo», responde con una sonrisa. «Lo que estamos haciendo...» A renglón seguido, continúa explicando las cosas en términos vagos, pero cuidándose mucho de recordar a los espectadores que este tipo de inversión debe ser ejecutada solamente por profesionales experimentados, ya que cualquier cosa que involucre opciones sobre acciones tiene riesgos inherentes.[24]

24. Una opción sobre acciones, o *stock option*, es un «contrato financiero» apalancado que te otorga el derecho, pero no la obligación, de comprar o vender una determinada acción a un precio predeterminado, conocido como «pre-

El presentador escucha su advertencia, frunce los labios y asiente lentamente, como diciendo: «Bien dicho, amigo mío. ¡Eso es lo que yo llamo ética!». Luego, mira directamente hacia el cañón de la cámara y te dice directamente a ti, su espectador: «Ahí lo tienes. ¡Así es como lo hacen los profesionales! Recuerda no probar esto en casa sin la supervisión de un adulto». Luego te lanza un guiño de complicidad y una sonrisa que parece decir: «¡Hazlo! ¡Hazlo ahora, antes de que sea demasiado tarde!».

Así que te pones en marcha, investigando, buscando en Google, analizando o llamando a otros aficionados de la inversión, tratando de hacer algún tipo de ingeniería inversa y deducir cómo aplicar esa increíble estrategia comercial de la que te acaban de hablar. Quizá te comprarás el libro del experto, su curso online o su suscripción mensual. O, si buscas lo suficiente en Google y prestas atención, seguramente encontrarás algo sobre esa estrategia. Puede que no encuentres exactamente eso que hace este operador, pero al menos darás con alguien que está haciendo algo muy similar.

De hecho, volviendo a nuestro amigo Jim Cramer, por unos cien dólares al mes puedes suscribirte a su servicio de asesoramiento por correo electrónico y tener el privilegio único de recibir sus alertas por correo electrónico en tiempo real. Las últimas novedades, entregadas directamente en tu bandeja de entrada o enviadas por mensaje de texto a tu teléfono. El único peligro aparente es que el correo acabará saturado por un aluvión constante de materiales de marketing de Cramer, que intentará convencerte de que entres a fondo en Cramerica y te registres en uno de sus programas más avanzados.

Como un médico investigador que se administra una vacuna experimental pensando en el beneficio de la humanidad, yo mismo opté por «entrar a fondo en Cramerica» y ver cuán agresivo

---

cio de ejercicio». No he analizado las opciones sobre acciones en este libro porque te recomiendo encarecidamente que te mantengas alejado de ellas. Con pocas excepciones, la gran mayoría de los inversores promedio que se introducen en la operativa con opciones sobre acciones terminan perdiendo todo su dinero.

sería alguien como él a la hora de tratar de captar a un «inversor sencillo», que fue como me presenté en mi formulario de adhesión. Tenía curiosidad por saber qué pasaría. Pues bien, desde entonces, he recibido aproximadamente cinco mil correos electrónicos a lo largo de un período de ocho semanas, pidiéndome que me inscribiera para tener el honor de que el voluble jefe de pista del circo me diga cómo dejar mi cuenta a cero.

Vale, estoy exagerando un poco. En realidad fueron más bien 120 correos electrónicos, que llegaban a un ritmo de aproximadamente dos al día. Pero, sin duda, sigue siendo una campaña muy agresiva y, al fin y al cabo, un poco exagerada para un experto financiero supuestamente muy respetado que emite su programa en una importante cadena de televisión. Honestamente, aquello parecían más bien los correos recordatorios que te mandan los portales de reserva de viajes cuando dejas tus búsquedas a medio hacer y no llegas a hacer un pago.

Para ser justo con Cramer, no estoy diciendo que sea un ser humano malvado que intenta deliberadamente hacer que la gente pierda dinero. (Aunque es increíblemente bueno en eso.) Y tampoco estoy diciendo que CNBC sea una cadena ilegítima que esté tratando deliberadamente de vaciar el bolsillo de sus espectadores. (Aunque es justo lo que termina pasando cuando sigues los consejos de quienes aparecen en pantalla cuando miras sus canales.)

Lo que estoy diciendo, en cambio, es que Cramer y la CNBC son parte de un sistema que constantemente intenta lavarte el cerebro para que pienses que la forma más eficaz de administrar tu dinero es adoptando todo tipo de movimientos activos, es decir, participando en estrategias de corto plazo que pasan por comprar, vender y rotar acciones, cuando no títulos vinculados al petróleo, a los futuros, a las criptodivisas o, de nuevo, a más acciones. Frente a eso, tanto la historia como las matemáticas han demostrado que la inversión pasiva y de largo plazo es una estrategia mucho mejor que el enfoque activista de corto plazo. Pero, claro está, el Complejo de Máquinas Comisionistas de Wall Street trabaja las veinticuatro horas del día para reforzar constantemente sus dos mensajes clave:

1. Quieren que pienses que los expertos de la comunidad financiera pueden hacer un trabajo mucho mejor que tú a la hora de administrar tu dinero.
2. Quieren que asumas que, incluso si administras tu dinero, la forma más efectiva de hacerlo es mediante la inversión activa, buscando sincronizarte con el comportamiento del mercado.

Ésta es la razón por la que los muchos Jim Cramer del mundo son tan absolutamente cruciales para el correcto funcionamiento del Complejo de Máquinas Comisionistas de Wall Street. Después de todo, si los inversores promedio dejaran de escuchar sus tonterías egoístas a diario, sin duda reducirían drásticamente su nivel de confianza en las estrategias activistas y de corto plazo que nutren a Wall Street de clientes, honorarios y comisiones.

2. Periódicos y revistas

Si buscaras en el diccionario la frase *espada de doble filo*, deberías encontrar un *collage* gigante de los más respetados periódicos y revistas con cuyo papel se ensucia el mundo financiero, junto con la siguiente advertencia:

> Leer solamente con fines de entretenimiento. No te engañes pensando que cualquier artículo de cualquiera de estas publicaciones te ayudará a tomar una mejor decisión comercial a corto plazo o a hacer una inversión más rentable a largo plazo. Recuerda que el impacto de cualquier noticia positiva de la que te informamos ya ha sido descontado en el mercado mucho antes de que esta publicación llegue a tu escritorio, por lo que es igualmente probable que esa acción pueda bajar o subir, aunque, a decir verdad, ni siquiera estamos seguros de eso; también puede suceder lo contrario, y con la misma facilidad. De hecho, la verdad es que no tenemos ni idea de la evolución que van a tener las acciones que comentamos.

Es crucial que interiorices este aspecto, porque, con el tiempo, te encontrarás leyendo innumerables artículos que han sido «colocados» directamente en la prensa por el Complejo de Máquinas Comisionistas de Wall Street u otra parte interesada que comparte el mismo objetivo financiero: separarte del dinero que tanto trabajo te costó ganar.

Recuerda que estas publicaciones también son un negocio, y que el afán de lucro influye significativamente en sus decisiones editoriales, si bien no las impulsa totalmente. Es por eso que, cuando lees un artículo, siempre debes considerar qué incentivos monetarios podrían estar involucrados para poder identificar conflictos de intereses e informaciones sesgadas.

En términos generales, estas publicaciones tienen tres estrategias principales de monetización, cada una de las cuales acarrea posibles conflictos de intereses:

1. *Cobrar un precio de portada.* Si bien esto es cada vez menos común en el mundo digital actual, todavía se venden copias de revistas y periódicos en quioscos y tiendas minoristas de todo el mundo. Sus compradores son sensibles a lo que aparece en la portada. En el caso de las revistas financieras, esto conduce a menudo a titulares llamativos que, por ejemplo, hablan de «Siete acciones que están a punto de dispararse», «Nuestra selección de nueve acciones que el año pasado superaron al mercado en un 65 por ciento» o «Las cinco mejores estrategias de inversión para 2022».
2. *Venta de suscripciones anuales.* A raíz de este tipo de compra, se envían copias de revistas por correo a los hogares de las personas, las empresas y las oficinas de todo tipo de profesionales, con frecuencia semanal o mensual. Además, prácticamente todas las revistas fuera de línea tienen una contraparte en línea que cobra una tarifa anual para penetrar su muro de pago.
3. *Ingresos por publicidad.* La industria de servicios financieros gasta una enorme cantidad de dinero en publicidad, lo que acarrea el potencial de desencadenar conflic-

tos de interés muy serios, especialmente en publicaciones con un enfoque específico de la industria. Por ejemplo, una revista que atiende a la industria de los *hedge funds* no querrá publicar artículos que se centren en lo infladas que están las comisiones de los fondos de cobertura o en lo mejor que le iría al lector si simplemente se limitase a invertir en el S&P 500 a través de un fondo de inversión con muy bajas comisiones, tipo Vanguard. Si publicaran tales artículos, se quedarían sin sus principales anunciantes (los propios *hedge funds* u otros miembros del Complejo de Máquinas Comisionistas de Wall Street que ganan dinero recomendado ese tipo de vehículos de inversión). Después de todo, ¿por qué una empresa querría colocar un anuncio en una revista que ataca activamente los servicios que vende esa misma empresa? Y, de hecho, ¿por qué un suscriptor querría seguir pagando por una revista que se centra en una industria que, según vemos, pretende desplumar a ese suscriptor?

Para ser claros, esto no sucede solamente con las revistas que atienden a la industria de los *hedge funds*, sino que pasa algo muy similar con todas las demás revistas específicas dedicadas al sector financiero. En ninguna de estas publicaciones se publicarán sistemáticamente artículos que alienen a los lectores o ataquen a los anunciantes. En cambio, se pintará al sector de la manera más favorable posible, para mantener contentos a los anunciantes y asegurar que los lectores vuelvan a por más.

Aun así, a pesar de estas reservas, te recomiendo encarecidamente que leas al menos una publicación financiera de forma regular (preferiblemente, una que no sea específica de la industria), aunque solamente sea para estar informado sobre la economía y los negocios, sobre las tendencias del mercado, etcétera. Esto también evitará que parezcas un tonto que está desconectado del mundo en la próxima cena a la que asistas. Solamente recuerda que siempre debes permanecer alerta mientras lees y que tienes que prestar mucha atención a las advertencias que formulé en líneas anteriores. De lo contrario, es posible que acabes pensando que realmente puedes ganar dinero con «una de las cinco estrategias de inversión más populares de 2023», porque, simplemente, ¡así lo ha dicho la revista!

3. *Influencers* en redes sociales

Empecemos primero por las malas noticias.

Cuando se trata de redes sociales, los vendedores ambulantes y los charlatanes son como moscas en la mierda.

Plataformas como Facebook, Instagram, TikTok y YouTube están plagadas de «personas influyentes en el ámbito financiero» que hacen algunas de las afirmaciones más escandalosas que jamás he escuchado en todos mis años de presencia en los mercados —y, como creo que ya sabes, he escuchado todo tipo de afirmaciones...

La mierda que sale de la boca de estos «*influencers* financieros» alcanza niveles completamente inimaginables que revelan su completa y absoluta absurdidad. Con ese fin, uno de mis pasatiempos menos favoritos (pero solamente es eso, un pasatiempo al fin y al cabo) es navegar por una plataforma de redes sociales hasta encontrar a uno de los muchos idiotas que están promocionando míseras acciones de mierda (las llamadas *penny stocks*), criptomonedas mierdosas o directamente estafas. Me resulta divertido ver cómo dicen cosas que, con total certeza, no tienen absolutamente ningún sentido, mientras, de paso, violan al menos una docena de leyes diferentes. Y la mejor parte siempre llega al final, cuando el *influencer* dice el mismo chiste predecible, que suena más o menos así: «Ahora, si yo fuera tú, actuaría ahora mismo y compraría estos cuatro increíbles tokens que sin duda tienen la garantía de que se van a disparar hasta la luna. ¡Y no olvides darle a "me gusta" a este post, ni dejes de seguirme en mis perfiles y de compartir todo con tus amigos!». Y, en la parte inferior, a menudo me encuentro con la última broma de todas, un pequeño rótulo que dice algo así como: «El consejo financiero que acabo de darte no es en realidad un consejo financiero». (¡Sí, díselo al juez cuando te condene por fraude en el mercado de valores!)

Es difícil decir por qué siento una alegría tan irracional al ver estos vídeos, aunque tiene algo que ver con el hecho de que no puedo esperar a ver las miradas de asombro en los rostros de estos llamados *influencers* financieros cuando los arresten y se filtren las fotografías de su detención... De todos modos, la buena noticia es que, con un pequeño entrenamiento, podrás detectar a estos charlatanes y protegerte fácilmente contra sus tonterías, que detectarás a un kilómetro de distancia.

Si de mí dependiese, metería a estos vendedores ambulantes en un enorme recipiente y les pondría la siguiente etiqueta de advertencia: «No toméis esta información en serio. Consumir solamente con fines de evasión».

De esta forma, no importará lo que digan estos charlatanes, porque sabrás bien que hasta la última palabra que escapa de sus bocas es parte de un plan general para separarte de tu dinero.

4. Agentes de bolsa, planificadores financieros, etcétera

La mejor forma de describir este grupo tan diverso, compuesto en su mayor parte por sanguijuelas chupasangre, es usar la misma palabra simple que Warren Buffett usó cuando describió la industria de los *hedge funds*. «Es innecesaria», dijo el Oráculo.

Dicho esto, sería muy injusto meterlos a todos en el mismo saco y pintarlos con la misma brocha. Algunos de estos «expertos» (en particular, los planificadores financieros) pueden realmente ser honestos, volcarse en proteger tus intereses y desempeñar un papel útil como facilitadores de tu operativa en el mercado. En otras palabras, la función de un planificador financiero no es aconsejarte sobre cómo batir al mercado mediante estrategias de inversión de corto plazo, sino brindarte servicios financieros auxiliares, como, por ejemplo, abrir una cuenta de ahorro libre de impuestos, que en Estados Unidos sigue el modelo del plan 401(k). Son, por lo tanto, profesionales que pueden ayudarte con la planificación fiscal y la gestión patrimonial y, al mismo tiempo, garantizar que mantengas una cantidad adecuada de seguridad en tu operativa.

Entonces, con todo eso en mente, si decides contratar a un planificador financiero, la mejor manera de estar protegido ante las tonterías egoístas que pueden soltarte algunos de ellos pasa por detectar si ese planificador, gestor o bróker es miembro del Complejo de Máquinas Comisionistas de Wall Street y solamente quiere llevarte a su fábrica financiera para hacerte picadillo. Así pues, analicemos las pistas, los indicios y las reveladoras señales que pueden sugerir que, en efecto, estamos ante uno de esos cabrones.

Pista 1. Las llamadas a puerta fría

Permíteme ser franco...

Hazte un gran favor y nunca trates con un planificador financiero o corredor de bolsa que te llame a puerta fría o que marque tu número de teléfono después de que hayas completado un formulario ligado a algún tipo de publicidad online. Da igual que llegue a ti a partir de lo que por tu parte solamente era una búsqueda de Google o una sesión de navegación en redes sociales.

Cualquier anuncio con el que te topes online puede encerrar una estafa, sobre todo si te aborda con los pasos que detallo a continuación, de los cuales el más peligroso es el cuarto:

1. Tu primer clic te llevará a una página de destino o de aterrizaje (*landing page*).
2. Se te pedirá que introduzcas tu información personal y que des tu consentimiento para empezar a recibir correos electrónicos, mensajes de texto o llamadas telefónicas.
3. Empezarás a recibir una serie de correos electrónicos o mensajes de texto escritos por expertos y que serán cada vez más agresivos; cada uno de esos mensajes habrá sido diseñado para alcanzar un objetivo diferente.
4. El proceso culminará cuando recibas también una llamada telefónica, una invitación a un chat de vídeo o incluso

> una propuesta para una cita en persona; en cualquiera de los casos, los interlocutores intentarán convencerte de que, si abres una cuenta con ellos, podrás lograr rentabilidades anuales que superarán con creces el S&P 500, y sin riesgo alguno.

Si alguna vez te encuentras en este tipo de situación, quiero que huyas. Corre sin mirar atrás. Dicen que toda regla tiene una excepción, pero en este caso no la hay. Nunca vuelvas la vista atrás. Hay tan pocas posibilidades (por no decir nulas) de que recibas una llamada telefónica en frío o una serie de correos electrónicos y de que los «expertos» que hay detrás estén genuinamente preocupados por ayudarte que no merece la pena correr el menor riesgo.

Con diferencia, la mejor forma de encontrar un planificador financiero válido (pues no hay razón alguna por la que debas acudir a un corredor de bolsa) es recurrir a alguien a quien conozcas y en quien confíes desde hace mucho tiempo, o bien a alguien que te haya sido encarecidamente recomendado por un amigo muy cercano y que tenga reputación de persona honesta e íntegra.

Pista 2. Compra esto, vende lo otro

Esta pista es fácil.

Si un bróker o un planificador financiero intenta convencerte de que empieces a operar de forma muy activa, haciendo y deshaciendo posiciones o intentando seguir el *timing* del mercado, sal corriendo y no se te ocurra volver la vista atrás.

Como ya sabrás a estas alturas, es prácticamente imposible ganar dinero de forma sostenida operando de esa manera; de modo que, si alguien intenta convencerte de hacerlo, estarás ante una señal reveladora de que estás lidiando con un financiero que sólo estará tratando de generar tarifas y comisiones excesivas para llenarse los bolsillos a tu costa.

Yendo un paso más allá, si deseas participar en operaciones a corto plazo con una pequeña cantidad de dinero que has reservado para inversiones especulativas, entonces, lo último que necesitas es que un agente de bolsa te asesore y te cobre una comisión. Ya es bastante difícil ganar dinero con ese tipo de inversión sin pagar comisiones y sin que haya alguien cuyos intereses a corto plazo entran directamente en conflicto con los tuyos.

Pista 3. Estrategias patentadas

Aunque no todas las supuestas estrategias patentadas son malas, la verdad es que casi siempre lo son.

Te lo explico un poco mejor.

A veces, Wall Street te dirigirá hacia productos ofrecidos por una determinada empresa de servicios financieros que vende sus estrategias como únicas y específicas, como formas patentadas y exclusivas de inversión. Sin embargo, aunque nadie te lo va a decir, a menudo hay productos muy similares a tu alcance. Por eso, cada vez que te encuentres en esa situación, no olvides que muy posiblemente la oferta que te están haciendo no sea la mejor del mercado. Esto es especialmente probable cuando, en el momento en que pides que te planteen otras alternativas, te despachan con alguna frase hecha de comercial barato, el cual, en el fondo, no quiere ni oír hablar de otra cosa que no sea lo que te quiere vender.

Veamos un ejemplo perfecto... Imagina que tu oficina bancaria te envía un correo electrónico elaborado por expertos que dice algo así:

> Estimado depositante:
>
> Vemos que has mantenido de forma constante un gran saldo de dinero en tu cuenta de ahorros principal. En el entorno actual de tasas de interés relativamente bajas, esta posición te genera solamente un rendimiento modesto. Es por esta misma razón que has sido especialmente seleccionado para recibir una sesión de consultoría gratuita con uno de nuestros asesores financieros. Haz clic en el siguiente enlace para programar tu cita.
>
> Atentamente,
>
> Tu benefactor banquero

A primera vista, esto parece algo realmente bueno. Sin embargo, antes de que empieces a sentirte lleno de buenos sentimientos ante este generoso gesto por parte de tu sucursal bancaria, ten en cuenta dos cosas:

1. La única razón por la que tu banco te ha enviado un correo electrónico es porque un algoritmo informático informó de que, a menos que hagan algo para que saques tu dinero de esa cuenta de ahorros que apenas aporta intereses y lo deposites en algún producto de inversión a largo plazo más apropiado, entonces, alguna otra entidad financiera de la competencia tomará la delantera, y ese depósito terminará «emigrando» a otro banco.
2. Una vez que te llamen por teléfono, en vez de ofrecerte la opción de menor coste de cualquier producto financiero que pretendan recomendarte, lo que harán será ofrecerte un producto similar creado por el propio banco, pero con comisiones y un índice de gastos anuales sustancialmente más altos que los de la competencia.

¿Qué hay detrás de este comportamiento?

La respuesta es simple: los corredores de bolsa y los planificadores financieros suelen recibir comisiones sustancialmente más altas cuando venden productos financieros desarrollados en el seno de su propia empresa. En Estados Unidos, esto puede constituir una violación importante de las leyes federales de valores (por ejemplo, al recomendar un producto que exige una comisión más alta a pesar de que haya un producto similar disponible ofrecido por otra empresa y con una comisión más baja); pero no tengas duda de que es algo que ocurre continuamente...

Siendo justos, no estoy diciendo que cada vez que tu banco se acerca a ti con algún tipo de oferta lo haga con malas intenciones. Pero, cuando te hagan una oferta, si sólo te presentan sus productos internos, debes preguntar siempre por los de la competencia y, después, estudiar y comparar las características y ventajas de las diversas opciones.

No hay nada malo en comprar un producto desarrollado dentro de un banco o de una firma de corretaje... si resulta que ésa es la mejor opción que tienes a tu alcance. En ese caso, ambas partes ganan y todo es felicidad. Pero recuerda que, por ley, los profesionales financieros están obligados a mostrarte los productos financieros que han desarrollado internamente sus compañías, pero también los que han concebido sus competidores.

¡Así que no te olvides de hacer preguntas!

Pista 4. Ve al baño y apaga la luz

Ya toqué este tema en el capítulo 6, al hablar sobre los folletos informativos de los vehículos de inversión registrados ante las autoridades competentes, pero, sin duda, vale la pena repetirlo, porque este tipo de comportamiento se manifiesta de manera recurrente y de muchas formas.

A lo que me refiero aquí es al caso de un corredor o planificador financiero que quiere convencerte de que no es necesario leer la llamada letra pequeña. Esa letra pequeña puede ser un folleto informativo al completo, las advertencias que se incluyen en las webs financieras, los términos y condiciones del acuerdo de cliente que nos liga a la entidad o cualquier otro tipo de documento de divulgación financiera.

Si, en algún momento, te encuentras en una situación en la que tu agente está tratando de disuadirte de leer un documento (recordarás aquel «quiero que vayas al baño, que cierres la puerta, que apagues las luces y que leas el folleto en la puta oscuridad», en el capítulo 6) o intentando convencerte de que desestimes leer la letra pequeña por considerarla poco importante, entonces es hora de correr hacia otro lado y huir con decisión.

Sin embargo, si por alguna razón sigues creyendo que la cosa merece la pena y que te están ofreciendo una propuesta con mucho potencial, entonces asegúrate de formar tu opinión después de leer la letra pequeña.

Si el documento es un folleto, revisa las secciones más importantes que detallamos en páginas anteriores.

Además, permanece muy atento ante las siguientes señales de alerta:

- *Cláusulas de salida anticipada para los* insiders *de la empresa.* Este tipo de cláusulas permiten a los *insiders* vender sus acciones antes de que la empresa logre el éxito esperado. Al final, puede ser una forma de pasarles el muerto a los accionistas. Los *insiders* deberían quedar obligados a seguir invertidos en la compañía durante al menos dos años, a menos que la empresa ya haya alcanzado un nivel significativo de éxito.
- *Comisiones excesivas.* Con operaciones de financiación que busquen levantar menos de diez millones de dólares, asegúrate de que no más del 6-8 por ciento del capital recaudado en total se destina a pagar esa misma operación.
- *Autonegociación entre personas con información privilegiada.* Asegúrese de prestar especial atención a la sección del folleto que alude a «determinadas transacciones». Aquí es donde encontrarás toda la información sobre las operaciones por cuenta propia y las relacionadas con terceros.

Por último, si la inversión que estás considerando implica la suscripción de acciones en una posible operación de oferta pública para salida a bolsa, asegúrate de tener derecho a registrar tus acciones para la venta cuando la empresa salga al mercado. Así, si se impone algún tipo de restricción o retención que limite el uso de tus acciones, no será un veto más estricto que el vigente en las acciones de los *insiders* de la empresa.

Recuerda, cuando se trata del mundo financiero, el diablo está en los detalles.

Pista 5. El nombre de la empresa es Aerotyne International

¿Recuerdas la clásica escena de *El lobo de Wall Street* que recrea mi primera llamada a puerta fría desde la oficina de Investors

Center? Después de saludar por encima a mi interlocutor, mis primeras palabras al cliente potencial fueron las siguientes: «Hace unas semanas enviaste una carta a mi empresa solicitando información sobre acciones de bajo coste que tengan un enorme potencial de crecimiento y muy poco riesgo de caída. ¿Te suena?».

Ante la respuesta afirmativa que me dio el cliente potencial, respondí con algo así: «¡Bien, excelente! Bueno, el motivo de mi llamada en el día de hoy, John, es que hay algo en mi escritorio que quizá sea la mejor oportunidad de este tipo que he podido ver en los últimos seis meses. Si tienes sesenta segundos, me gustaría compartir la idea contigo. ¿Tienes un minuto?».

Ante una nueva respuesta positiva, añadí lo siguiente: «El nombre de la empresa es Aerotyne International. Es una compañía tecnológica de vanguardia radicada en el Medio Oeste estadounidense...».

Aquí, la película corta brevemente la imagen y muestra una vieja choza de madera perdida en medio de la nada con el letrero «Aerotyne Int.» colgado en su puerta: «Están a la espera de lograr la inminente aprobación de una patente para el desarrollo de una generación de detectores con tecnología de radar que pueden tener enormes aplicaciones, tanto militares como civiles...».

Gracias a la brillantez de Scorsese, el espectador sabe exactamente de qué tipo de empresa estoy hablando, y no hace falta decir ni una palabra más.

De hecho, no era necesario ver la foto de una vieja choza de madera para saber que Aerotyne no era una empresa en la que merezca la pena invertir. Como dice el viejo refrán, si algo parece o suena demasiado bien para ser cierto, entonces es que, probablemente, no es cierto... Y, si se trata del mercado de valores, podemos cambiar el «probablemente» por un «definitivamente».

Simple y llanamente, nada es gratis en el mercado, eso siempre ha sido así. Ya he tocado este tema en numerosas ocasiones, empezando por el capítulo 2, cuando analicé la relación inversa entre los tipos de interés y los precios de las acciones y expliqué cómo esto creó las dos mentalidades distintas, de apetito por el riesgo y aversión al riesgo. Para refrescar tu memoria, recuerda que «eliminación del riesgo» (o mayor aversión al riesgo) significa priorizar la seguridad del capital a cambio de obtener menores rentabilidades, mientras que «asumir más riesgo» implica priorizar unas rentabilidades más altas a cambio de una menor seguridad del capital. Sin embargo, de lo que no hablé entonces fue de una mentalidad de aversión al riesgo capaz de generar mayores rentabilidades. Y no hablé de ella... porque no existe.

La razón de que esto sea así es que el mercado no lo permitiría, al menos no por mucho tiempo. Una cosa que los mercados hacen extremadamente bien es cerrar este tipo de ineficiencias de precios. Por lo tanto, si hubiera una operación increíble que pudiera brindarte unas rentabilidades extraordinarias sin ningún riesgo, los operadores profesionales rápidamente intervendrían y comenzarían a comprar esos activos, provocando que su precio suba y anulando así esa ventaja. La ineficiencia quedaría neutralizada.

Es por eso que este tipo de oportunidades son, en el mejor de los casos, fugaces, ya que son rápidamente aprovechadas por un subconjunto de operadores profesionales conocidos como «árbitros de riesgo», que se sientan todo el día frente a sus ordenadores buscando capitalizar oportunidades ligadas a ineficiencias en los precios. Y, créeme, son realmente buenos en lo que hacen. Por eso, cualquiera que te diga que puede conseguirte una rentabilidad extraordinariamente alta con muy poco riesgo está mintiendo como un bellaco o ejecutando algún tipo de estafa piramidal. En uno u otro caso, terminarás perdiendo todo tu dinero.

Pista 6. Mi nombre es Bernie Madoff y estoy aquí para ayudarte

Hablando de estafas piramidales, quisiera tocar por un momento el caso de Bernie Madoff.

Lo que hizo que su infame esquema Ponzi fuera tan eficaz no fue que prometiera a los inversores una rentabilidad extraordinariamente alta. En cambio, sí decía generar una rentabilidad extraordinariamente consistente, con un promedio ligeramente superior al 1 por ciento mensual. Y, si bien prometer una rentabilidad anual del 12 por ciento puede servirnos como señal de alerta porque dicho porcentaje está ligeramente por encima del promedio a largo plazo del S&P 500, en el caso de Madoff, lo que debería haber sido una alerta gigantesca pero fue ignorado por incontables profesionales e inversores fue el hecho de que su vehículo ofreciese una rentabilidad tan consistente. Sin embargo, nadie dijo nada.

¿Por qué? ¿Qué fue lo que hizo que tanta gente ignorase todas las señales de alerta? Bueno, seguro que había algo de codicia en la motivación de muchos implicados, eso es obvio. Pero, además de este factor más básico y predecible, probablemente también estaba sucediendo algo mucho más profundo y se estaba activando el deseo humano de creer que realmente existen cosas demasiado buenas para ser verdad.

Esto es algo que se remonta a nuestra infancia, cuando nuestros corazones se aferraban a la noción de Papá Noel o a la creencia en el Ratoncito Pérez mucho después de que nuestro intelecto tuviera evidencia de lo contrario. Esa forma de pensar sigue estando dentro de nosotros, enterrada profundamente en el subconsciente de nuestras mentes.

Pero, por encima de todas las cosas, lo que realmente llevó a aquella multitud adinerada al punto álgido de la idiotez financiera no fue otra cosa que el deseo de «pertenecer». En un mundo dominado por exclusivos clubes de campo y lujosas fiestas privadas, la voluntad de estar dentro y no quedarse fuera es tan abrumadora que nubla el juicio de todos, salvo en el caso de personas muy seguras.

Te lo explicaré mejor de la siguiente forma.

He pasado toda mi vida adulta en el mundo de las finanzas y las inversiones, de modo que he visto u oído hablar de prácticamente todas las extravagancias inversoras que existen. Y, si hay algo que te puedo asegurar es que, cuando una inversión parece demasiado buena para ser real, entonces es que, con seguridad, no es real. Así de simple.

No me importa lo supuestamente genial que sea la persona que está detrás de esa inversión. No me impresiona que sea un excéntrico, un inversor con aspecto de «empollón» o simplemente alguien cuya apariencia y gestos parecen rezumar sabiduría. Si alguien se acerca a ti con una estrategia de inversión no tradicional que ha venido generando rentabilidades más altas que el S&P 500 durante más de tres o cuatro meses (me da igual que sea con la negociación de futuros de oro, con operaciones en el mercado internacional de divisas, con la compraventa de certificados de depósitos de alta rentabilidad o con cuestiones más exóticas, como las entradas para conciertos, las mercancías revendidas a minoristas de descuento, los acuerdos legales o los seguros), te diría que hay 99,99 por ciento de posibilidades de que la persona esté ejecutando un esquema Ponzi. Y, al final, tarde o temprano (y, probablemente, más temprano que tarde), todo se desmoronará y los inversores involucrados perderán todo su dinero.

Pista 7. Pon todos tus huevos en una sola cesta

Una posición de acciones concentradas es algo diametralmente opuesto al ideal de una cartera bien diversificada. Tal situación se produce si colocas la mayor parte de tu dinero en una sola acción.

Por el lado positivo, si la apuesta por una única acción fuese todo un acierto, entonces tu cartera tendría una rentabilidad extremadamente buena. Sin embargo, lo malo aquí es que, si la posición resulta ser un grave error, entonces no habrá forma de que te recuperes.

Y, si bien siempre desaconsejo mantener una posición concentrada, una cosa es crear una como resultado de tu propia convicción y otra muy distinta es que un corredor te aconseje hacer lo propio. De hecho, una de las primeras cosas que un corredor o planificador financiero aprende cuando está estudiando para examinarse es que no es ético aconsejar a un cliente que construya una posición concentrada en un número limitado de acciones.

Al fin y al cabo, poner todos los huevos en una sola cesta no es una buena idea —salvo si hablamos de asuntos matrimoniales, como me recordaron tan amablemente Cristina y Gordita.

Por eso, si alguien te aconseja que coloques tu cartera en una sola posición (una acción, una opción, una divisa, un NFT o cualquier otra cosa), sin duda te está dando una pista y una señal reveladora de que, en realidad, esa persona no busca proteger tus intereses. De nuevo: corre y huye a otro lado.

5. Gurús que imparten seminarios dedicados a asuntos de inversión

He pasado buena parte de los últimos quince años dentro del circuito de conferencias, de modo que puedo decir con toda certeza que cada vez que veas a un «gurú financiero» hablando en un escenario o dirigiendo un seminario web y que concluye su presentación con un intento de venderte un mágico sistema de inversión que emplea un algoritmo secreto y te puede hacer más rico que el rey Creso, entonces no dudes de que lo que está contando es una gran mierda, y cuando digo una gran mierda me refiero exactamente a eso: a una gran mierda. Con casi toda seguridad, si sigues ese camino acabarás perdiendo todo tu dinero, amén de tu tiempo.

Para hacer todo aún más ridículo, este supuesto gurú te dirá que él es un operador financiero de clase mundial que ha utilizado ese mismo modelo para obtener ya no decenas de millones, sino cientos de millones. Te narrará espectaculares ganancias, con rentabilidades de hasta un 75 por ciento en algún año determinado. Pues bien, querido gurú financiero: si todo eso es cierto, ¿por qué carajo estás perdiendo el tiempo tratando de vender tu sistema de *trading* a 2.000 dólares por licencia? Si lo que estás diciendo fuera mínimamente cierto, cualquier *hedge fund* de Wall Street te compraría gustosamente el secreto —por no menos de mil millones de dólares, ¡o aún más!—. En serio, señor gurú, si tienes alguna duda, no te preocupes: yo mismo te acompañaré a la oficina de cualquiera de los cinco principales directivos de fondos de cobertura y, si lo que dices es cierto, verás que te firmarán un cheque en cuanto terminen las comprobaciones y diligencias debidas. De hecho, también comprarán para ti un jet privado, una casa en los Hamptons y, además, un par de cuadros de Van Gogh y Picasso. La conclusión es la siguiente: es claramente ridículo pensar que hay algo de verdad detrás de toda esa fanfarronería.

De hecho, después de muchos años en los que me he dedicado a hablar en conferencias y escenarios repartidos por todo el mundo, nunca he conocido a un «gurú financiero» que venda un producto comercial de corto plazo que tenga la más mínima eficacia. No importa si hablamos de acciones, materias primas, divisas, criptomonedas, futuros, opciones, oro o cualquier otra cosa. Al final, lo que te sucederá si confías en este tipo de gurús será una de estas dos cosas:

1. El algoritmo del sistema sufrirá un fallo técnico y aconsejará al inversor que realice una serie de operaciones que terminarán liquidando por completo su dinero o provocando tales pérdidas que el propio inversor se verá obligado a abandonar antes de quedarse a cero.
2. El inversor sufrirá un colapso emocional, dejará de seguir los consejos del sistema y empezará a asumir riesgos escandalosos hasta quedarse sin dinero. Esto suele ocurrir después de que el primer escenario ya se haya desencadenado, puesto que muchas veces vemos que el inversor intenta recuperar todo el dinero que ha perdido y comete errores aún más grandes en su intento de neutralizar el daño que ha sufrido.

De nuevo, la conclusión está muy clara. Quizá estabas sentado en tu casa siguiendo un seminario en internet, quizá estabas siguiendo una charla organizada en un gran centro de convenciones, pero el caso es que, si acabas escuchando a algún tipo de gurú financiero que te habla de su mágico software de inversión y te dice que puede hacerte rico si simplemente te quedas en casa y te dedicas a hacer *trading* un par de horas al día sin quitarte el pijama, lo cierto es que debes salir corriendo en dirección opuesta y sin mirar atrás. Por maravilloso que parezca, por muchos clientes satisfechos que te muestren en un vídeo promocional o por muchas que sean tus ganas de seguir creyendo en Santa Claus, no caigas en la trampa.

No cometas el error de ir al fondo de la sala y registrarte para acceder a ese software de inversión tan mágico después de que el orador te muestre una diapositiva en la que puedes ver hasta siete niveles de afiliación, más allá del inicial que comentó en su oferta original.

«Ahora mismo, el coste de todo el paquete supera los 30.000 dólares», dirá y, entonces, te mostrará una gran «X» roja en la diapositiva y proseguirá: «Pero si vas al fondo de la sala podrás sentarte a hablar con uno de los miembros de mi equipo que, sin duda, te atenderá muy bien y te permitirá comprar este sistema que normalmente cuesta 30.000 dólares por apenas 2.037 dólares. ¡Y podrás financiarlo en tres cómodos pagos de 679 dólares!». «Recordad que hay un número limitado de personas a las que podemos asesorar a la vez», continuará, dirigiéndose al conjunto de los reunidos: «De modo que sólo puedo ofrecer este increíble descuento a las primeras doce personas que corran a las mesas y se apunten... ¡ahora mismo! Así que corre y ve ahora mismo, porque cualquiera que se inscriba después de los primeros doce tendrá que pagar el precio total de 30.000 dólares». Y, como ocurrencia tardía, agregará: «No es que queramos cobrar 30.000 dólares por cobrarlos. Simplemente se trata de recompensar a las personas que están haciendo todo esto posible. Pero, si estáis interesados, ¡salid corriendo ahora mismo! El reloj ya está contando el tiempo...». El orador seguirá su diatriba y no estará contento hasta que todos los tontos salten de su asiento y salgan corriendo hacia las mesas traseras. Al final, da igual que doce, quince o doscientas personas intenten apuntarse; tal «escasez» es falsa. El orador simplemente levantará las manos en el aire, sonreirá tímidamente y dirá: «¡Guau, qué respuesta! ¡Nunca habría esperado algo así! Bueno, querido equipo, ofrecedles a todos el mismo trato... ¡Hoy me siento generoso! ¿Os parece bien a todos?». Y todos los asistentes aplauden y celebran la generosidad del gurú. Es muy triste...

Ninguno de estos mágicos sistemas de inversión (y cuando digo ninguno quiero decir ninguno) ha generado rentabilidades de forma sostenida para los inversores. Desde su irrupción en la década de los sesenta, estos productos comercializados a través de conferencias, charlas y similares no han cumplido en ningún caso las expectativas que generan. De hecho, si inviertes en un producto así, deberías estar satisfecho si no lo pierdes absolutamente todo.

Pero ésa ni siquiera es la peor parte. ¿Sabías que, además de todas las maneras con las que estos gurús te desangran lentamente (mediante comisiones, cargos por operaciones y ventas adicionales de nuevas sesiones de *coaching*), la mayor cantidad de dinero la sacan creando cuentas secretas de inversión o «cuentas B»?

En resumen, una «cuenta B» es una cuenta separada creada en paralelo cuando este tipo de operadores captan a clientes que participan en estrategias de inversión a corto plazo que resultan tan flagrantemente autodestructivas que, sin duda, parece garantizado que esos clientes lo perderán todo en muy poco tiempo. Sabiendo que ése es el desenlace, y en lugar de ejecutar simplemente las operaciones del cliente, la plataforma recoge las operaciones internamente (en una «cuenta B»), pero apostando directamente contra el cliente. En otras palabras, dado que la persona que te vendió la plataforma en línea en la que ejecutas tus operaciones es consciente también de lo terribles que serán los resultados de tus decisiones de inversión, esa persona también pone en marcha una «cuenta B» para hacer un seguimiento a estas transacciones. Dicho de otra manera, es el equivalente a que la plataforma actúe como una casa de apuestas deportivas. En ese mismo símil, tú eres el mismo ludópata degenerado que termina arruinado al final de cada temporada.

Por cierto, la mejor forma de saber que probablemente están haciendo esto contigo pasa por fijarse en tu proceso de registro en este tipo de plataformas. Si te requieren que abras una cuenta en una plataforma de inversión online específica, aquí es donde entra en juego la «cuenta B».

Siendo justos, las plataformas de inversión en línea recurren a este tipo de estrategia con otros clientes que no llegan a ellos a través de los falsos gurús de los seminarios o las conferencias. Al fin y al cabo, estas compañías utilizan programas avanzados de inteligencia artificial que monitorean constantemente la actividad de sus clientes, buscando a esos ludópatas degenerados a los que pueden aprovechar para encajar en este tipo de operativa. Y, francamente, si somos justos con el gurú de turno, lo cierto es que, si hacen esto con sus clientes más imprudentes, tampoco sorprende que se callen cuando llega más carne fresca. Por supuesto, siempre podrían enviarles un mensaje a los clientes que van por este camino y decirles algo así como lo siguiente: «Espero que te des cuenta de que eres un operador tan terrible que ni siquiera nos basta con gestionar tu cuenta, sino que hemos abierto otra para estar del otro lado de tus operaciones. Así, cuando pierdas todo tu dinero, irá directamente a nuestro bolsillo en lugar de al de otra persona».

Pero las plataformas no están obligadas legal ni moralmente a comunicar eso y, de hecho, no saben con certeza si el cliente perderá todo su dinero —tan sólo lo sospechan muy intensamente—. De cualquier modo, lo que quiero decir es que es muy diferente que una plataforma intente identificar a *traders* imprudentes y ganar unos cuantos dólares extra empleando una «cuenta B» a que estas plataformas estén totalmente confabuladas con los gurús que acaban atrapando a muchos incautos en eventos y conferencias. Además, en la gran mayoría de los casos, el gurú del seminario no comunica abiertamente a la plataforma que sus clientes perderán con seguridad su dinero. Más bien, lo que hay aquí es un pacto tácito: la plataforma sabe que debería abrir una «cuenta B» en cuanto le llega un cliente captado por el gurú del seminario que ha marcado la casilla clave en el formulario.

Pero, sea como sea, el resultado es el mismo. Gracias a las enormes ganancias generadas con la «cuenta B», el gurú que inicialmente te vendió el sistema no sólo obtiene una buena y generosa comisión con cada operación, sino que también se queda con el 50 por ciento del dinero. El cliente pierde por haber seguido un sistema que al final no es tan mágico como nos han dicho.

Sin embargo, siendo justos, el sistema tiene algo de magia, al fin y al cabo, puesto que su truco estrella no es otro que hacer que tu dinero se desvanezca en el aire...

Así que, ahora que has tenido la oportunidad de conocer a los cabrones de Wall Street, permíteme tomar un momento para resumir las cosas y aplicar el contexto apropiado ante estas distintas formas de mierda financiera.

Para empezar, es importante recordar que no todos los cabrones son igual de malos, puesto que unos son mucho peores que otros. Así que, al final, deberás usar tu propio sentido común y tu criterio, junto con todo lo que has aprendido con este libro, a la hora de atravesar con seguridad el negro pozo de mierda del Complejo de Máquinas Comisionistas de Wall Street, que lanzará en tu contra todo tipo de intentos de captación. Navega esas complejas aguas con la inteligencia de quien busca encontrar pequeñas pepitas de oro informativo, por ejemplo siguiendo las últimas noticias sobre la economía, las tendencias generales del mercado o la evolución de la cotización de los fondos indexados de bajo coste.

Pero, aun así, independientemente de lo malo que sea cada uno de estos cabrones, no olvides que todos son malos, de modo que mantén la guardia bien alta y permanece siempre vigilante, ignorando el aire de legitimidad que pueda desprender cualquiera de ellos.

Recuerda que estos cabrones te lanzarán ataques continuamente desde todo tipo de modalidades de comunicación, tanto en internet como en el resto de los ámbitos, en forma escrita y también vía comunicación verbal. Pero, cualquiera que sea la modalidad que utilicen, su intención y el trasfondo de sus acciones no cambia, siempre es el mismo: quieren separarte del dinero que tanto te costó ganar y, para ello, te van a prometer una rentabilidad extraordinaria que estará muy por encima del promedio a largo plazo del S&P 500, al mismo tiempo que te dicen que en su operativa hay poco o ningún riesgo, merced a una mágica estrategia de inversión.

Pero, una vez más, nada es gratis en Wall Street. Siempre ha sido así..., y seguirá siendo así.

La buena noticia es que, gracias a Jack Bogle y su revolucionaria contribución al ámbito de las finanzas, no hay necesidad de terminar atrapado por ninguna de estas tonterías de embaucadores. Todo lo que tienes que hacer es abrir una cuenta en cualquier proveedor de alta calidad que ofrezca fondos de inversión o ETF bajo modelos de bajo coste y vinculados al desempeño general del mercado. El tiempo y los vehículos de inversión mencionados en el capítulo anterior se encargarán de hacer el trabajo por ti.

¡Por el amor de Dios! ¿Por qué no ibas tú a poder hacer así las cosas?

Varios economistas ganadores del Premio Nobel han demostrado una y otra vez que dedicarse a seleccionar acciones y/o a tratar de cronometrar el comportamiento del mercado es un ejercicio prácticamente inútil. Por tanto, no lo hagas.

¡En serio! Si quieres torturarte a ti mismo, ve a la Casa del Dolor de Helga. Probablemente te divertirás mucho más allí y te saldrá muchísimo más barato. Ése es, sin duda, el mejor consejo que puedo darte.

Puedes agradecérmelo cuando estés listo para jubilarte y tengas unos enormes ahorros esperándote.

Agradecimientos

En primer lugar, y por encima de todo, quisiera extender mi agradecimiento a mi cuñado Fernando y a mi cuñada Gordita. Sin conocer su historia, este libro no habría pasado del primer capítulo. Gordita, eres la mejor y sabes que te quiero y te respeto. También quiero poner por escrito mi eterno agradecimiento a mi agente literario, Jan Miller, así como al increíble equipo de edición de Gallery Books/Simon & Schuster. Su orientación fue muy valiosa, como de costumbre.

Muchas gracias también a Mike Picozzi por ayudarme a explicar la estrategia del *base trading* de manera sencilla y fácil de entender. Eres un gran amigo y un gran inversor.

Muchas gracias a Negede Iyob-Tessema (también conocido como Abu) por ayudarme con las labores de investigación y la elaboración de todos los gráficos. Me ahorraste innumerables horas de trabajo que, gracias a tu buen hacer, no tuve que desperdiciar.

Muchas gracias también a mis buenos amigos James Packer, Ilya Pozin y Alan Lipsky. Fuisteis los primeros en leer las cien páginas iniciales y vuestros comentarios fueron más que útiles.

Por último, pero no menos importante, infinitas gracias a mi gran familia: mi mamá, mi mujer y mis maravillosos hijos. Su paciencia y comprensión durante el último año no han pasado desapercibidas. Os quiero.

Impreso en Rotoprint By Domingo, S. L.
Carrer de la Garrotxa, 104
08211 Castellar del Vallès, Barcelona